JN495916

상장·제의례 용어집성

양무석·김철재 편저

도서출판 보성
BOSEONG

머 리 말

하나의 전공분야에 접근하여 학문내용을 탐색해 들어가는 데 있어서 <전공용어에 대한 先이해>는, 매우 효과적인 전공 이해의 방법 중의 하나이다. 장례지도과의 경우도 역시 예외는 아니다. 그리하여 2002학년도 우리 대학에 장례지도과가 처음 개설된 이래로 <전공용어라는>교과목은, 장례지도과의 주요한 전공교과목으로서 그 자리를 차지하여 오고 있다.

그런데 학문의 역사가 일천한 관계로 적절한 교재가 제대로 준비되지도 못한 채 그 동안의 수업이 진행될 수밖에 없었던 점은, 매우 아쉬운 측면이라 아니 할 수가 없다. 이처럼 교재에 대한 아쉬움을 느껴오던 차, 이제 지금까지 수집된 여러 상장제(喪葬祭) 관련 자료들을 종합 정리하여, 마침내 <전공용어>교과목에 적절한 하나의 교재를 발간하게 되었다. 제목은 편의상 <상장·제의례 용어집성(喪葬祭儀禮用語集成)>이라고 명명하였다. 만시지탄이지만 그나마 다행으로 여기지 않을 수 없는 바이다.

내용 구성은 크게 네 부분으로 나누어, 제1장 상장의례(喪葬儀禮) 용어, 제2장 제의례(祭儀禮) 용어, 제3장 풍수지리(風水地理) 용어, 제4장 기타 의례관련(儀禮關聯) 용어 등으로 구분하였다. 그리고 각 장에서의 용어에 대한 설명 순서는, 사전적(辭典的) 편찬 방식에 따라, 가나다 순으로 하였다.

내용을 이처럼 구분한 이유는, <상장의례학>과 <제의례학>이 비록 서로 비슷한 학문 내용으로 혼용되어 구성되어 있기는 하지만, 그러나 앞으로의 장례학과의 학문 정착을 위해서는, 이제부터라도 각자의 고유 독자 영역을 확립해야 하지 않을까 하는 기대와 바람 때문이며, 또한 <풍수지리학>의 용어 역시 우리나라에서 명품 장례지도사가 되기 위해서는 넘어야 할 고지(高地)라고 여겨지기 때문이다. 그리고 용어의 설명 순서를 가나다 순으로 정한 것은 그러한 사전적 설명 방법이 용어를 정리하는 데 대체적으로 무난한 방법이라고 여겨졌기 때문이다.

일단 정리는 하였지만 미흡한 부분이 너무 많이 눈에 띈다. 부족한 부분은 앞으로 계속해서 수정 보완해 나갈 예정이다. 독자 제현(諸賢)의 아낌없는 질정(叱正)을 바란다.

2011. 8.
저자 식

목 차

1 상장의례 용어

• 가가례(家家禮) : 집집마다 달리 행하는 예법.

• 가공(加供) : 보통 제사를 지낼 때 자손(子孫)이나 지손(支孫)들이 따로 제물과 술을 갖추어 유식(侑食) 후에 제상 앞에 벌여 놓는 것이다. 참고로 『사례편람』에서는 이러한 예를 잘못된 것으로 표하고 있는데, 만약 올바른 도리를 표할 마음이 있으면 이러한 제물이나 술을 준비한 돈을 직접 제주 또는 주부에게 보태주는 것이 합당하다고 하였다.

• 가령(加領) : 상복의 부분 명칭으로 바깥쪽에 덧대는 겉깃.

• 가례(家禮) : 『가례(家禮)』란 중국 송나라 때의 성리학자 주희(朱熹, 1130~1200)가 일상생활의 예절에 관한 내용을 모아 기록한 책으로서 총 5권으로 구성되어 있다. <사고제요(四庫提要)>에는 <가례(家禮)>라는 제목으로 5권과 부록 1권이 실려 있다. 이 책은 주희의 장례식 때 참석한 조객에 의해 제시되었고, 내용이 주희가 말년에 제시했던 예설과 다른 점이 많았기 때문에 위작이라는 논란도 있다. 그러나 <주문공문집>에 <가례서>가 있고, <가례부록>에 이 책을 다시 얻게 된 경위를 밝히고 있음을 근거로, 주희가 지은 책으로 보고 있다. <문집>이나 <어류(語類)>에 나타나는 내용으로 보아, 주희는 아버지의 상(喪)을 당한 후인 17, 18세부터 예(禮)에 관한 여러 자료들을 수집 · 정리하여 40세에 어머니의 상을 당한 후 일부를 찬술했는데, 이는 개인적으로 초년의 부친상과 중년의 모친상을 겪으면서 인정(人情)에 맞고 실제로 행하기 쉬운 예의 필요성을 느꼈기 때문

인 것 같다. 그 후에도 계속 수정하다가 만년에 유실된 것으로 보인다. 10권으로 된 <찬도집주문공가례(纂圖集注文公家禮)>, 7권으로 된 <문공가례(文公家禮)>, 8권 또는 4권으로 된 <주문공가례의절(朱文公家禮儀節)>, <가례(家禮)> 4 · 5 · 7권본 등의 판본이 전한다.

이와 같이 판본에 따라 차이점이 있으나 편차에는 큰 차이가 없다. <성리대전서(性理大全書)>에 실린 <가례(家禮)>를 기준으로 편차목록을 살펴보면, 권1 가례도설(家禮圖說), 권2 가례서(家禮序) · 통례(通禮) · 관례(冠禮) · 혼례(昏禮), 권3 상례(喪禮), 권4 상례 · 제례(祭禮)로 되어 있다. 권1의 <가례도설>은 주로 가묘(家廟) · 사당(祠堂) · 관리(冠履) 등에 관한 도설이 실려 있다. 권2 가운데 <통례>는 사당 · 심의제도(深衣制度) · 사마씨거가잡의(司馬氏居家雜儀)로서 사마광(司馬光)이 <서의(書儀)>에서 다루었던 것과는 다르며, <관례>는 관(冠) · 계(笄)의 2조목으로, <혼례>는 의혼(議昏) · 납채(納采) · 납폐(納幣) · 친영(親迎) · 부견구고(婦見舅姑) · 묘견(廟見) · 서견부지부모(壻見婦之父母)로 이루어져 있는데, 제목에서 보듯이 혼례의 시간적인 경과에 따라 거기에 맞는 예법을 서술한 것이다. 권3 · 4의 <상례>는 초종(初終)부터 담(禫)까지의 예(禮)로서 우제(虞祭) 및 거상잡의(居喪雜儀) 등에 필요한 모든 예법을 설명했다. 권4의 <제례>는 사시제(四時祭) · 초조(初祖) · 선조(先祖) · 예(禰) · 기일(忌日) · 묘제(墓祭)로 이루어져 있다. 이 책은 사마광의 <서의>에 비해 전통적인 의례의 비중이 적고 속례(俗禮)와 주희의 독자적인 형식을 덧붙였으나, 편차나 협주에 인용되는 '사마온공왈'(司馬溫公曰)에서 보듯이 사마광의 설을 이어받고 있음을 알 수 있다.

주자의 이『가례(家禮)』는 우리나라에는 고려 말기에 성리학의 수입과 함께 전래되어 조선시대 성리학자들에게 매우 커다란 영향을 주었다. 특히 17세기 이후 예학(禮學)의 홍기와 함께 사대부들의 의례(儀禮)로 정착되었으며, 여러 유학자들에 의해 주석서가 저술되기도 하였다.

• 가례집람(家禮輯覽) : 조선 선조 32년(1599) 한국 예학의 종장(宗長)이라고 일컬어지는 사계(沙溪) 김장생이 주자의 『가례(家禮)』를 중심으로 저술한 예학이론서이다. 아들 김집(金集)이 교정을 보았으며, 숙종 11년(1685) 서문중(徐文重), 이사명(李師命)이 목판본으로 간행하였다. 주자가례를 기반으로 하였다고는 하나 한국의 가정의례 전반에 걸쳐 그때까지의 여러 학설과 풍속에 대하여 기술하고, 또 저자 자신의 의견을 곁들여 놓았기 때문에 주체적인 색채가 짙은 책이다. 권1에 의례 전반에 대한 그림을 설명과 함께 실어 보기에 편리하게 한 점도 하나의 특징이다. 또한 저자의 서(序)와 우암(尤庵) 송시열의 <가례전집람후서(家禮專輯覽後序)>가 있고, 권2에 성년의식인 관례(冠禮), 권3에 혼례(婚禮), 권4~9에 상례(喪禮), 권10에 제례(祭禮)의 순으로 실려 있다. 조상의 위패를 모시는 가묘(家廟) 제도와 혼례, 상례, 제례에 대한 일반 가정의 의식절차와 그 의미가 상세하게 기술되어 있다.

• 가례증해(家禮增解) : 18세기 말엽 조선 정조 때의 학자 경호(鏡湖) 이맹종(李孟宗)이 ≪주자가례≫를 대본으로 하여 고금(古今)의 예설(禮說)을 모아 놓은 것을, 그의 아들 이의조(李宜朝)가 다시 교정·해설하여 1792년에 간행한, ≪주자가례≫를 증수(增修)·해설한 책이다. 예제(禮制)는 때에 따라 변하지만 가례는 일정하여 가치와 의의를 가지고 있다고 하면서 시대에 따라 달라진 여러 변례(變禮)를 보충하여 고례(古禮)의 본질을 자세히 해설하였다. 우리나라 가정의례의 변례(變禮) 부분을 거의 망라해 많은 참고가 된다. 저술을 『사례편람』 보다 뒤져서 내용에 『사례편람』을 인용한 부분도 있으나, 간행은 『사례편람』 보다 50여 년 앞선다. 도암 이재의 <사례편람(四禮便覽)>과 함께 <가례>의 해설서로 널리 보급되었다. 규장각 등에 소장되어 있다.

• 가마(加麻) : 초상이 났을 경우 유복자(有服者)가 임시로 쓰는 두건. 혹은 소렴 때 복인(服人 - 상주)이 수질을 머리에 얹는 일을 일컬었

으나, 특수한 관계에 따라 수질·요질 등을 더하는 상복 규정의 하나로서 심상(心喪)과 관계가 있다.

• 가매장(假埋葬) : 임시로 시신을 묻어 두는 것.

• 가모(嫁母) : 아버지의 유고 등으로 다른 집으로 시집간 어머니.

• 가묘(家廟) : 사대부 등 개인이 집안에 제사를 지내도록 마련한 공간. 국가의 제사를 지내는 곳은 종묘(宗廟)임. 제의례 용어 중 사당(祠堂) 참조.

• 가복(加服) : 상례에서 상복을 입는 관계에 있는 사람들이 특수한 이유로 본래대로 정한 정복(正服)에 한 등급을 더하여 더 무겁게 입는 오복제도의 하나.

• 가빈(家殯) : 집안에 빈소를 차림. 흔히 초빈(草殯)이라고도 하며, 상례기간이 길 경우에 보통 빈소와 시신안치 장소를 분리하게 되는데, 이 때 시신이 안치되는 곳을 바로 가빈(家殯)이라고 하는 것이다. 3일장을 넘겨 5, 7, 9일장 등 또는 그 이상이 되면 시신을 방안에 모시지 않고 마당의 뜰이나 헛간에 안치하기도 하였다.
조선시대에는 왕은 5월장, 대부는 3월장(三月而葬), 선비는 1월장(翌月葬)을 치르도록 장기(葬期)를 규정하였다. 그리하여 국상(國喪)이 나면 찬궁을 설치하여 임금의 재궁(梓宮)을 안치하는데, 보통 빈궁 내부 사방 벽에는 사신도(四神圖)를 그린다. 사대부의 경우는 담장 밑이나 헛간 등에 장목을 깔고 그 위에 관을 안치한 후 모래와 떼를 덮어 가매장을 한다. 이렇게 시신을 따로 하여 가매장 형태를 취하는 것은, 긴 장기(葬期)로 인한 시신의 부패를 관리하는 일종의 위생처리라 할 수도 있고, 또 실내로부터 격리되어 화재의 위험으로부터의 예방효과라고도 할 수 있다.

• 가산(家山) : 한 집안의 묘지(墓地).

• 가신(家神) : 집을 지켜주고 수호하는 신.

• 가장(假葬) : 임시 매장. 지금도 일부 서, 남해도서 지방에서 시행되고 있는 초분(草墳)과 같은 가매장의 한 형태.

• 가족묘지(家族墓地) : 민법상 친족관계에 있던 자의 분묘를 동일한 구역 안에 설치하는 묘지를 의미한다.

• 가횡대(加橫帶) : 나무를 횡판으로 하여 5판 또는 7판으로 하되 매판 정면에 '1234567'이라고 숫자를 명시하고 내광을 아래서부터 덮되 위로 1장을 남겼다가 현훈을 드린 뒤 상주 이하가 2번 절하고 곡할 때 덮는다. 그 다음 회(灰)를 고루 펴서 단단히 다지되 외금정(外金井)까지를 한도로 한다.

• 각공(刻工) : 지석(誌石)의 글자를 새기는 사람. 석공(石工). 전각 기술자.

• 각지석(刻誌石) : 망인의 성명, 세덕(世德), 사적(事蹟), 자손 등을 간단히 적어서 묘 앞에 묻는 것으로, 돌에 새기거나 번자(燔瓷), 편회(片灰), 사발(沙鉢) 등을 사용하였다. 이것은 후일 봉분이 무너져 알아보지 못 할 때를 대비하는 것이다.

• 각사(角柶) : 짐승의 뿔로 만든 수젓가락. 복(復)을 한 후 또는 시신을 시상(屍牀)에 옮긴 후 입이 다물어지고 수족이 오그라드는 것을 방지하기 위하여 설치철족(楔齒綴足)을 할 때 사용하는 도구이다. 멍에처럼 구부러지게 만들고, 중앙의 구부러진 부분과 양쪽 끝이 위로 향하게 해서 치아를 버티어 놓는다. 뼈로 만드는데, 길이는 6촌이다. 각사가 없으면 나무를 깎아서 만들기도 한다.

• 갈(碣) : 가첨석(加添石 - 갈석 위에 지붕 모양으로 얹은 돌)을 얹지 않고 머리를 둥그스름하게 만든 작은 비석.

• 갈대(葛帶) : 상복에 착용하는 칡의 섬유로 만든 띠. 자최, 참최의 거상(居喪)에는 졸곡 때 남자는 갈대(葛帶)를 띠고 여자는 마대(麻帶)를 띠며 대공, 소공복 이하의 경(輕)한 복제에서는 졸곡 때 남자

와 여자 모두 갈대(葛帶)로 바꾼다.

• 갈장(渴葬) : 서둘러 장사를 지내는 것. 예월을 기다리지 않고 급히 지내는 장례.

• 갈질(葛絰) : 칡으로 만든 수질(首絰). 세속에서는 청홀치(青忽致)라고도 하는데, 청홀치란 겉껍질을 벗겨낸 칡덩굴의 속껍질로서 노끈이나 베 등의 자료로 쓰이는 것이다.

• 강복(降服) : 상례에서 상복을 입는 관계에 있는 사람들이 특수한 이유(예, 父在母喪 등)로 본래대로 정한 정복(正服)에서 한 등급을 내려서 복을 더 가볍게 입는 오복제도의 하나인데, 참최 3년과 자최 3년에는 강복이 적용되지 않는다.

• 강쇄(降殺) : 복의 등급을 내리는 것.

• 개관개렴(改棺改殮) : 개장(改葬) 시 관을 바꾸고 염을 다시 함.

• 개두(蓋頭) : 상복을 갖추어 입을 때 여자들이 머리에 쓰는 수질(首絰)에 끼워 머리를 덮는 삼베로 만든 천으로서 얼굴을 가릴 정도로 길게 한다. 이는 곡(哭)을 할 때나 슬퍼할 때 일그러진 표정을 가리는 얼굴가리개 역할을 한다. 관행에서는 이를 '터드레'라고도 하고, '개두포(蓋頭布)'라고도 한다. 수질은 이마의 앞에서부터 오른쪽을 향해 둘러서 정수리부터 뒤로 지나가 그 끝을 밑동의 위쪽에 놓는다. 길이는 키와 같거나 혹은 다섯 자로 한다. 참최는 가장자리를 꿰매지 않고, 자최는 가장자리를 꿰맨다.

• 개명정(改銘旌) : 명정을 다시 씀. 왕이나 왕비는 묘호가 정해지면 명정을 다시 쓰는데, 이를 개명정이라 한다. 사대부도 이와 마찬가지로 시호(諡號)를 받으면 개명정을 하여 사용한다.

• 개복(改服) : 상복 옷을 갈아 입음.

• 개분(開墳) : 무덤을 연다는 의미로 합장을 한 경우, 이를 이장하기

위해 무덤을 파는 일을 말한다.

• 개영역(開塋域) : 무덤, 즉 산소(묘)를 쓸 자리를 정하여 무덤자리를 판다는 의미이다.

• 개인묘지(個人墓地) : 1기의 분묘 또는 당해 분묘에 매장된 자와 배우자 관계에 있던 자의 분묘를 동일한 구역 안에 설치하는 묘지.

• 개자(介子) : 맏아들(宗子) 이외의 모든 아들.

• 개장(改葬) : 합장(合葬), 이장(移葬) 등 무덤을 다시 고쳐 만들거나 옮기는 일 일체를 일컫는 말이다. 즉 매장한 시체 또는 유골을 다른 분묘 또는 봉안시설에 옮기거나 화장한 유골을 봉안시설에 옮기는 것이다. 이미 장례한 묘지에서 시신을 발굴하여 다른 묘지로 옮겨 안장하는 것.

• 개제주고사(改題主告辭) : 신주의 글자를 고쳐 쓸 때에 고하는 고사(告辭). 모든 상례절차를 마치고 고인의 신주를 사당에 모실 때, 4대조를 넘는 5대조 조상의 신주는 땅에 묻고 나머지 신주에는 신주의 글자를 고쳐 쓰게 되는데 이를 일컬어 개제주(改題主)라고 하며, 이 때 지내는 고사(告辭)가 바로 개제주고사(改題主告辭)이다.

• 개토고사(開土告辭) : 천광 시 묘를 파기 전 토지신을 달래기 위해 제상을 차려 제사를 올리는데, 이 때 읽는 고사.

• 개토제(開土祭) : 묘를 쓸 때 흙을 파기 전 토지신에게 올리는 제사.

• 개호(介護) : 간호(看護)의 일본식 표현.

• 갱장(更葬) : 다시 장사지내는 것.

• 거(袪) : 소매의 끝자락으로 소매부리라고도 한다.

• 거(炬) : 횃불. 화톳불. 또는 길이 멀어서 하루를 묵을 때에는 머무는 곳의 뜰과 문에 마련한다.

• 거관(擧棺) : 관을 든다는 의미의 한자말.

• 거관포(擧棺布) : 관을 들 때 사용하는 베. 보통 두 가닥을 쓰는데, 넓이는 온 폭이고 각각 열자 정도이다.

• 거려(居廬) : 여막살이. 상주가 여막(廬幕)에서 거처하는 것.

• 거애(擧哀) : 애통함을 드러냄.

• 거촉(擧燭) : 촛불을 켬.

• 거포(擧布) : 시신을 드는 베이다. 즉 시신을 들어 올릴 때 손으로 들기 힘들기 때문에 끈이나 포로 시신의 겨드랑을 감싸서 시신을 들어 올릴 때 사용하는 베로서 길이는 상황에 따라 맞게 한다.

• 건(巾) : 의례를 행할 때 집사자(執事者)나 주인(主人) 등이 손을 씻는 관세(盥洗) 후 손을 닦는 수건. 술병의 주둥이를 닦을 때도 사용한다.

• 겁(袷) : 속 깃. 동구래 깃. 깃의 안에 대는 것.

• 겉 관(Case, Burial Vault) : 일명 외관이라고도 하며 관을 매장할 때 흙의 무게나 물의 침수를 방지하기 위하여 특별히 만들어진 방어 장치. 예) 석관(石棺).

• 격몽요결(擊蒙要訣) : 조선 선조 10년(1577)에 율곡(栗谷) 이이(李珥)가 아이들의 도학입문서(道學入門書)로서 저술한 책인데, 그 말미에 제의초(祭儀抄)를 붙여 놓아, 우리나라 제사(祭祀)의 특징 중 하나인, 탕(湯)에 대한 전거(典據)를 마련해 놓고 있다.

• 견(絹) : 비단 서너 자 혹은 한 필로 겹쳐 놓은 옷 아래에 머리가 있는 곳에 편다. 혹은 명주 십여 자로 그 반을 접어서 요로 하고, 햇솜을 두텁게 두어서 옷 아래 이불 위에 세로로 깔아서 상하 양 끝에 충분히 머리를 싸고 발을 쌀 만큼 취하니, 속칭 장편의(長片衣)이다. 혹은 명주 대여섯 자 남짓으로 반을 접어서 편의(片衣)를 만들

고 햇솜을 두텁게 두어서 장편의의 위에 등이 닿는 곳에 가로로 깔고 좌우로 거두어 일으켜서 충분히 옆구리를 지날만큼 하되 배까지는 가지 않을 만큼을 취하니, 속칭 횡편의(橫片衣)이다.

• 견전(遣奠) : 영구가 집을 떠날 때(발인할 때) 문 앞에서 지내는 전(奠). 장사일이 되어 상여가 장지를 향하여 떠나는 발인(發靷)에 앞서 영구에게 이제 집을 떠나 장지로 향한다는 것을 고하는 의례. 흔히 관행에서는 이것이 발인제(發靷祭)라고 통용되고 있는데, 이는 잘못된 표현으로서 사실은 제사가 아니라 일이 있음을 알리는 고유(告由)로서 전(奠)의 의미이다. 음식은 조전(朝奠) 때와 같이 진설하고 축관이 술을 따라 올린 다음 무릎을 꿇고 고사를 읽고 나면, 상주 이하는 모두 곡하고 절을 한다. 예법에는 제사가 끝나면 포를 거두어 영여에 넣기도 한다. 한편 『주자가례』는 견전(遣奠)과 발인(發靷)을 구분하였고, 『상례비요』와 『사례편람』은 견전(遣奠)과 발인(發靷)을 합하여 발인(發靷) 조(條)에 기록하였다.

• 결과(結裹) : 관을 묶어서 쌈.

• 결관(結棺) : 영구(靈柩)를 운반하기 편하도록 묶는 일. 즉 운구(運柩) 시 관(棺)을 들기 위하여 대렴을 할 때 시신을 관에 모시고 난 후 천판(天板 - 관 뚜껑)을 덮고 은정을 치고 이를 다시 묶는 일이다.

• 결리(結裏) : 관을 싸고 다시 초석(草席)으로 싸서 가는 새끼줄로 묶는 절차이다.

• 경배(傾背) : 죽음을 나타내는 말. 즉 등을 눕힌다는 의미로서 죽음을 의미하는 말이다.

• 경복(輕服) : 가벼운 상복(喪服). 5복(服) 중 소공복과 시마복 등처럼 가벼운 상복을 일컫는 말이다.

• 경상(輕喪) : 가벼운 상. 예를 들어 상복을 석 달 동안만 입는 상. 보통 소공 5월과 시마 3월을 말한다.

• 경야(經夜) : 망인을 장사지내기 전에 근친지기들이 그 영구 옆에서 밤샘을 하며 시신을 지키는 일이다. 부부일 경우의 그 한쪽이나 또는 아들이 시신과 같은 침상에서 하룻밤을 지낸 후 장례를 모시는 풍습에서 나왔다. 일본에서는 통야(通夜)라고 하는 고유한 장례풍습이 있다.

• 껴묻거리 : 죽은 사람을 매장할 때 함께 묻는 물건. 죽은 자가 생전에 입었던 옷, 장신구, 애완용품 등이 있으며, 그 외에도 고인이 저승에 가서 사용할 기구도 함께 부장한다.

• 계(笄) : 쪽머리 혹은 북머리를 할 때, 머리를 묶어 고정할 때 사용하는 비녀이다. 소렴을 할 때, 여러 상주가 초종 때 풀었던 머리를 묶을 때 사용하는 비녀이다. <사상례(士喪禮)>의 소주(疏註)에 의하면, 대통 혹은 젓가락[箸] 같은 것으로서 남자가 괄발(括髮 - 삼끈으로 상투를 묶는 일)과 문(免 - 베로 머리를 묶는 일)을 할 때 사용하는 것이라 한다. 재질은 대나무나 나무를 쓴다고 한다. 남녀 구별 없이 사용한다. 또한 망자의 머리를 묶을 때 사용하는 것으로 뽕나무로 만들며, 길이는 4촌이다. 모양은 양쪽이 넓고 가운데가 잘록하다.

• 계기(啓期) : 가매장(殯)한 곳을 여는 시기. 즉 발인하는 날 내지 장례를 행하는 날.

• 계모(繼母) : 친모가 사망했거나 쫓겨난 후 아버지의 배우자가 된 후처로 복은 친모와 같이 자최 3년이다. 계모가 아버지에게 쫓겨났을 경우에는 복이 없으며, 아버지 사후 계모가 개가할 때 따라간 자식은 자최 부장기(不杖期)를 입는다.

• 계묘(啓墓) : 무덤을 연다는 것으로 개분(開墳)과 같은 의미.

• 계문(啓門) : 제사를 지낼 때 삼헌을 한 후 계반삽시(啓飯插匙)를 하고, 조상이 차려 놓은 제수(祭羞)를 흠향할 수 있도록 모든 제관이 제청(祭廳) 밖으로 나오는 합문(闔門)을 한다. 식사를 할 시간이라는

한식경이 지나서 축관이 헛기침을 세 번 하는 것을 신호로 제청(祭廳)으로 모든 제관이 다시 들어가는데, 이 때 문을 여는 행위를 계문(啓門)이라 한다.

- 계문사신(啓門辭神) : 제사를 지낼 때 문을 열고 조상신과 작별하는 의례. 축관이 문 북쪽을 가서 기침을 3번 하고 문을 열면 상주 이하 참례자 모두는 제사리에 서고 집사는 국을 거두고 냉수를 그 자리에 놓고 삼초반(三抄飯 - 밥을 3번 떠서 물에 마는 행위)을 한 다음 축관이 상주의 오른쪽에 서서 서쪽을 향하여 이성(利成)을 고한다.

- 계반개(啓飯蓋) : 밥뚜껑을 여는 것.

- 계반갱개(啓飯羹蓋) : 밥그릇 뚜껑인 반개와 국그릇 뚜껑인 갱개를 여는 것.

- 계부(繼父) : 의붓아버지

- 계빈(啓殯) : 빈소를 여는 일. 장례를 행하는 날 발인하기 위해 영구를 모셨던 빈소를 여는 것이다. 계빈 축문을 읽고 장례의식을 올리게 되었음을 고하는 전제(奠祭)를 지낸다. 도빈(塗殯) 참조. 계기(啓期) 참조.

- 계상(稽顙) : 거상(居喪) 중에 조객에게 절하는 예. 이마를 땅에 대고 머리를 조아릴 뿐 예의를 갖추는 모양이 없는 것.

- 계세(繼世)적 세계관 : 현재의 생활이 죽은 다음에도 그대로 계속된다는 고대인들의 세계관. 즉 이승과 저승은 서로 분리되거나 단절되어 있지 않고 직접적으로 연결되어 있어서, 죽으면 곧바로 저승으로 가서 이승에서의 신분과 생활을 그대로 영위한다고 믿었던 우리의 전통적인 생사관을 말한다. 따라서 우리는 죽어서도 이승에서와 같이 계속 삶을 영위해 나갈 수 있다고 생각하였다. 순장(殉葬)과 후장(厚葬)의 풍습은 바로 이러한 계세적 세계관에서 도출될 수 있는 풍습들이다.

• 계실(繼室) : 본 부인 이하의 여러 부인을 일컫는 말. 무덤 조성 시에는 본 부인만 합장하고(정자), 나머지 부인들은 따로 무덤을 만든다(주자). 『사례편람』 치장 조 <천광(穿壙)> 참조.

• 계장(繼葬) : 조상의 무덤 아래 자손의 무덤을 잇대어 조성함을 나타내는 말. 선영(先塋)이 있을 경우, 장유유서(長幼有序)의 원칙에 따라 자손이 선조의 위쪽에 묘를 쓰지 못함을 이르는 말이다.

• 계절(階節) : 묘소의 마당. 곧 무덤 앞에 평평하게 만들어 놓은 땅.

• 계조(繼祖) : 조부(祖父)부터 이은 것.

• 계체석(階砌石) : 섬돌. 묘의 명당과 봉분을 구분하는 경계를 만드는 섬돌로, 묘 바로 앞에는 혼유석(魂遊石)과 석상(石牀)과 장명등(長明燈) 등을 놓고, 그 다음에는 계체석(階砌石)으로 경계를 한 다음, 망주석(望柱石) 2개를 세운다.

• 고(袴) : 바지. 면이나 무명, 혹은 비단 명주로 만든다.

• 고독사(孤獨死) : 대개 혼자 사는 환자나 노인이 제대로 간호를 받지 못하고 본인이 사는 집 안에서 돌연사하는 것을 말한다. 특히 발병 직후에 도움을 받지 못하고 사망하는 경우가 많기 때문에 죽은 후 오랫동안 발견되지 못하는 경우도 적지 않다.

• 고려장(高麗葬) : 고구려(고려) 때 늙고 병든 사람을 넓은 토굴이나 광중에 먹을 것과 함께 넣어 두었다가 죽으면 장사지냈다 하여 붙여진 이름.

• 고명(顧命) : 임금의 유언(遺言). 임종 직전 임금은 왕세자와 대신들을 불러 놓고 왕위에 관한 유언과 뒷일을 부탁한다. 보통 고명은 왕권의 전위(傳位)와 관계되기 때문에 매우 중요하게 여겼다.

• 고묘(告廟) : 무복자(無服者)를 시켜서 사당 밖에서 '○○질불기감고(某疾不起敢告)'라고 말로 고하게 한다. 사당이나 신주가 없는 가정에서는 이 절차는 생략된다.

• 고복(皐復) : 고인의 소생을 바라는 마음에서 시신을 떠난 혼(魂)을 불러들이는 것. 상례에서 초종(初終)의 절차에서 행하는 소절차로 망자의 혼을 불러 좌정시키는 의식. 즉 사람이 죽으면 혼(魂)은 하늘로, 백(魄)은 땅으로 간다는 믿음에 의해 북망산(北邙山)으로 가는 망자의 혼을 불러 좌정시키는 의식이다. 출입하는 기운을 혼(魂, 무형)이라고 하고, 이목이 총명한 것은 백(魄, 유형)이라 한다. 죽은 사람은 혼기(魂氣)가 백에서 빠져 달아남으로 혼을 불러서 백에 돌아오게, 즉 회생하게 하려는 것이다. 혼(魂)을 불러 좌정시키는 이유는 혼백(魂帛)을 모신 후 신주를 만들기 위함이다. 고복은 복(復) 혹은 초혼(招魂)이라고도 한다.

보통 여상(女喪)에는 여자가, 남상에는 남자가 죽은 사람이 평소 입던 옷, 즉 남자면 두루마기나 속적삼을, 여자면 속적삼을 가지고 앞 처마로 해서 지붕 한 가운데(中霤)로 올라가서 왼손으로는 옷깃을 잡고 오른손으로는 옷의 허리를 잡고 북향하여 옷을 휘두르며 크게 긴 장음(長音)의 목소리로 보오옥!… 보오옥!… 보오옥!… 하고 복(復)을 크고 길게 세 번 외친다. 죽은 사람의 벼슬이 있으면 모관모공(某官某公)이라 하며, 여상(女喪)에는 남편의 직품을 좇아 모부인모관모씨(某婦人某貫某氏)라 하거나 유인모관모씨(孺人某貫某氏)라고 한다. 옷은 지붕 위에 놓아두거나 갖다가 시신 위에 덮고 곡한다. 지붕 위로 올라가는 것은 혼이 위에 있기 때문이며, 죽은 사람의 이름을 부르는 것은 이 혼이 다시 체백(體魄)에 합하도록 하는 것이니, 이렇게 해도 소생하지 않으면 정말 죽은 것이다. 이어 설치철족을 하고 두 손을 배 위에 모아 부드러운 천으로 묶고 코(充鼻)와 귀(充耳)를 탈지면으로 막는다. 그리고 홑이불(수시포)로 시신을 덮고 사방에 틈이 나지 않게 하여 파리를 막아준다. 다음으로 상주(立喪主)를 세우고, 주부(主婦)를 세우고, 호상(護喪)과 사서(司書), 사화(司貨)를 정한다. 이로부터 상주와 주부는 옷을 바꿔 입고 음식을 먹지 않는다(易服不食).

• 고부(告訃) : 사람의 죽음을 알림.

• 고분(古墳) : 과거 및 현재의 무덤 중에서 역사적 또는 고고학적 자료가 될 수 있는 분묘.

• 고분지통(叩盆之痛) : 부인의 상(喪)을 위로할 때 쓰는 말.

• 고석(藁席), 고침(藁枕) : 거적. 짚자리. 짚으로 성기게 짠 자리와 짚단을 크게 만들어 가장자리를 새끼로 묶은 것으로 상주가 깔고 베는 것이다. 이는 부모를 돌아가시게 한 죄인은 고통스런 생활을 해야 한다는 의식에서 나온 것이다.

• 고선영(告先塋) : 선영에 고함.

• 고수(叩首) : 머리를 두드림.

• 고수레 : 조선조 숙종 때 북애노인(北崖老人)이 지었다는『규원사화(揆園史話)』에 다음과 같은 이야기가 나온다. 옛날에 고시(高矢) 씨(氏)가 있었는데, 그는 사람들에게 불을 얻는 방법과 함께 농사짓고 수확하는 법을 가르쳤다고 한다. 그래서 후대에 이르러 들에서 농사짓고 산에서 나물을 캐던 사람들이 고시(高矢) 씨(氏)의 은혜를 잊지 못하여 밥을 먹을 때 '고시네'라고 하였다고 한다. 이로부터 지금의 '고수레(고시네 - 고시네 - 고수레)'라는 말이 비롯되었다고 한다.

• 고인(故人) : 장례를 진행하는 과정에서 죽은 이에 대하여 예(禮)로서 높여 부르는 말.

• 고인돌(支石墓, Dolmen) : 한국 청동기 시대의 대표적인 무덤 양식. 고인돌은 크게 나누어 지상에 4면을 판석으로 막아 묘실을 설치한 뒤 그 위에 상석을 올린 형식과, 지하에 묘실을 만들고 그 위에 상석을 놓고 돌을 괴는 형식으로 구분된다. 전자는 대체로 한반도 중부 이북지방에 집중되어 있고, 후자는 중부 이남지방에서 다수를 차지하고 있기 때문에, 이들을 각각 북방식 고인돌과 남방식 고인돌이라고도 한다. 이 밖에도 지하에 묘실을 만들었으나 남방식 고인돌과

는 달리 돌을 괴지 않고 묘실 위에 직접 상석을 올린 고인돌도 있는데, 이를 개석식(蓋石式) 고인돌 또는 변형 고인돌이라고 한다.

- 고자(孤子) : 아버지 사망 시 우제(虞祭)의 축문 등에 상주가 자신을 칭할 때 쓰는 서식 문구이다.

- 고애자(孤哀子) : 양친 모두 사망 시 우제(虞祭)의 축문 등에 상주가 자신을 칭할 때 쓰는 서식 문구이다.

- 고제심(高齊心) : 지팡이[喪杖]의 높이는 가슴(心)과 나란히 할 것.

- 고종명(考終命) : 제 명대로 살다가 평안하게 죽음을 맞는 것.

- 고침(藁枕) : 짚 베개.

- 교의(交椅) : 신주나 위패를 봉안하는 의자(倚子).

- 곡(哭) : 상례에서 상제(喪制)들이 소리 내어 우는 일. 즉 돌아가신 분이 후생에 좋은 복을 받아 편안히 계시기를 바라는 기원과 살아 계실 때 남기신 가르침을 이제라도 실천하겠다는 마음을 다지는 것이다. 곡(哭)이란 실상 울음이 아니다. 울음은 발상 때 나오는 것이 아니고, 장례가 끝나고 친척들도 다 돌아간 뒤 홀로 남았을 때 나오는 것이다. 『禮記』에 보면 소리 내어 우는 것을 곡(哭)이라 하였고, 소리 없이 우는 것을 읍(泣)이라 하였다. 또한 곡(哭)이 맥락이 정해져 있는 제도적(制度的) 울음이라면, 읍(泣)이란 즉흥적 울음이라고 말할 수도 있다.

  곡(哭)의 표현도 여러 가지가 있다. 초종(初終)단계의 기절내곡(氣絶乃哭)에서부터 곡벽무수(哭擗無數), 습(襲)단계의 위위이곡(爲位而哭), 곡진애(哭盡哀), 곡대무사(哭對無辭), 소렴단계의 빙시곡벽(憑尸哭擗), 대곡불절성(代哭不絶聲), 대렴단계의 곡벽부산(哭擗無算) 등 곡에 대한 표현은 실로 여러 곳에서 산견(散見)된다.

- 곡벽(哭擗) : 가슴을 치며 곡하는 것으로 애곡벽통(哀哭擗痛)이라고도 한다.

• 곡비(哭婢) : 장례 때 복인들을 대신하여 곡을 하는 계집종을 일컫는 말. 옛날 상가에서는 곡이 끊어지지 않도록 하기 위해 슬프게 곡하는 상복을 입은 대곡자(代哭者)를 사서 울게 하였다. 그리하여 복인들이 곡을 쉴 때는 곡비가 대신 곡을 하여 곡성(哭聲)이 계속 이어지게 하였다. 여복(女僕) 참조.

• 곡사(哭辭) : 곡하며 작별함.

• 곡용(哭踊) : 상을 당해 슬픔이 심할 때, 큰소리로 울며 몸부림치는 일.

• 곡진애(哭盡哀) : 곡을 하여 슬픔을 다 쏟아냄.

• 곡척(曲尺) : 기역(ㄱ)자 모양의 자. 금정틀을 재기 위한 것이다.

• 꼭두 : 꼭두란 전통 상여를 장식하는 다양한 모양의 나뭇조각을 말한다. 즉 상여란 죽은 자의 시신을 장지까지 운반하는 가마 모양의 수레인데, 꼭두는 상여 둘레에 배치되어 죽은 자의 영혼을 지켜주고 위로하면서 저승까지 안내해주는 존재였다. 그러나 1980년대 이후 상여를 거의 사용하지 않게 되면서 꼭두도 함께 사라져갔다.

꼭두의 모양은 인물 조각과 용 봉황 조각이 주종을 이룬다. 인물 꼭두를 보면 그 역할에 맞게 꼭두의 모양도 다양하다. 죽은 자를 편안하게 안내하는 시종, 죽은 자를 지켜주는 무사, 죽은 자의 슬픈 영혼을 위로하는 악공(樂工)과 재주꾼… 등. 표정과 자세, 색감이 모두 달라 보는 이를 흥미롭게 한다. 인물 꼭두의 크기는 대부분 20~30cm 정도이다. 용 꼭두는 역동적이고, 봉황 꼭두는 화려한 모습으로 꼭두의 아름다움을 그대로 전해준다. 상여의 네 귀퉁이에 배치하는 봉황 꼭두는 특히 초월과 비상을 상징한다.

요컨대 꼭두는 전통 상례문화에서 비롯된 유산이다. 즉 꼭두란 망자를 묘지까지 운구하기 위해 사용한 상여에 놓인 나무 조각품이다. 이승과 저승, 현실과 꿈 사이를 오고가는 존재로 여겨졌다. 이 같은 꼭두들의 도움으로 죽은 자의 영혼이 무사히 저승에 이르게 된다는 옛사람들의 믿음이 담긴 독특한 문화유산인 것이다.

• 곤제(昆弟) : 형제(兄弟).

• 골호(骨壺) : 뼈 항아리. 통일신라시대에 불교의 영향으로 화장이 유행하면서 뼈를 항아리에 담아 묻는 화장 무덤이 성행하였는데, 이 뼈를 담는 항아리가 바로 골호이다.

• 곳집 : 상엿집. 즉 전통 상례가 행해지던 시골에서 상여를 모셔 놓던 상엿집을 말한다.

• 공동묘지(共同墓地, Public Cemetery) : 1912년 일제 때 제정된 법에 의거하여 지방자치단체에서 설치한 묘지로 각 읍면동에서 관리하고 있다.

• 공설묘지 : 1962년 이후 지방자치단체에서 설치한 묘지로 기존의 공동묘지를 공원화하거나 재정비한 묘지. 공설공원묘지라고도 한다.

• 공양(供養) : 불(佛), 법(法), 승(僧)의 삼보(三寶)나 죽은 이의 영혼에게 음식, 꽃 따위를 바치는 일 또는 그 음식. 혹은 독경과 예불을 함으로써 숭경의 뜻을 나타내는 일. 그렇게 함으로써 사자의 명복을 비는 일.

• 공유(恭惟) : 공손히 생각건대.

• 공최(功衰) : 부모의 3년상에서 소상(小祥)을 지낸 뒤 입는 참최의 상복.

• 공포(功布) : 관 위의 먼지를 터는 베. 이 때 사용하는 베는 대공이라 하여 굵은 베를 사용한다. ≪가례≫에 의하면 계빈하는 날에는 잿물로 빤 베(공포) 3자를 준비하는데, 축관이 영구를 이동할 때 이것을 잡고 일꾼들을 지휘한다고도 한다. 흰 누인 베 약간 고운 것 3자로 만들고 대로 장대를 만들되, 길이는 5~6자이고, 명정의 장대같이 꾸미는데 아래에는 굴대(축)를 만들지 않는다. 행상(行喪) 때는 영여의 뒤 상여의 앞에 선다. 상여의 앞에 서서 길의 높낮이와 좌우 굽음을 알리고, 관을 묻을 때는 관을 닦는 헝겊으로 사용하기도 한다. 발인할 때는 명정과 함께 앞에 세우고 간다.

• 과(顆) : 사리(舍利)를 세는 단위. 부처님의 사리를 모신 곳은 탑(불탑-원래 탑은 무덤의 의미임)이고, 스님의 사리를 모신 곳은 부도(부도)이다.

• 과대(胯帶) : 기저귀. 수시 품목. 하대(下帶)라고도 함.

• 과두(裹肚) : 두(肚)는 배를 의미하는데, 배와 허리를 싸는 비단, 즉 배싸개라고도 한다. 명주나 무명으로 하고 너비는 온폭이고, 길이는 몸을 두를 만큼이고, 네 모서리는 끈이 달려 있다.

• 과두(裹頭) : 시신의 머리를 싸는 베 헝겊.

• 곽(槨, burial vault) : 일명 외관(外棺), 외곽(外槨)이라고도 하며, 시신을 묻을 때 흙의 무게나 물의 침수를 방지하기 위하여 관의 바깥쪽에 또 하나의 관(곽)을 설치한 것. 고대의 묘제에서는 외곽, 혹은 곽(槨)이라고 하였으며, 회격(灰隔)을 할 때 관의 외부와 곽의 내부에 회를 다져 넣는다. 만드는 법은 내관과 같은데 두께가 2~3치이고, 곽 안의 사방과 높이는 내관보다 각각 반치 남짓 넉넉하게 하되, 판이 좁으면 판을 잇대어 만든다.

• 곽명(槨名) : 관(棺)에 쓰는 이름.

• 관(棺, Casket) : 시신을 담아서 장지까지 운반(구)하는 상자로서 상가의 형편과 용도에 따라 그 종류가 다양하다(퇴관용, 입관・매장용, 화장용, 석관 등). 천판(天板) 하나, 지판(地板) 하나, 사방판(四芳板) 등으로 이루어짐. 구(柩) 참조.

• 관(冠) : 수질의 위에 세우는 것으로 윗옷과 치마에 비해 조금 가는 베를 사용한다. 풀 먹인 두꺼운 종이로 배접하는데, 너비가 3치이고 길이는 정수리를 걸치게 하는데, 3개의 주름을 잡는다. 참최(斬衰)는 주름이 오른쪽으로 향하게 하고, 자최(齊衰)는 왼쪽으로 향하게 한다. 관행에서는 상관, 굴건이라고도 한다. 이에 따라 굴건제복이라는 용어가 상복의 관용어처럼 쓰이는 것이다. 관을 쓰는 방법을 보면,

머리에는 효건(孝巾) 위에 관(喪冠)을 쓰고, 그 위에 수질(首絰)을 맨다. 여자의 관(冠)은 족두리이다. 자최 이상은 흰 것을 쓴다.

- 관건(冠巾) : 굴건과 두건.
- 관구(菅屨) : 솔새풀로 만든 신. 흔히 짚신을 신으며 엄나무를 섞어 만든 짚신을 엄신이라 한다. 참최에는 관구(菅屨), 자최에는 소구(疏屨)를 사용한다.
- 관등(棺凳) : 관을 받치는 받침. 길이는 관의 넓이에 준하고, 높이는 3~4촌으로 한다. 속칭 괴목(塊木), 즉 관 받침이다.
- 관보(棺褓) : 영구의 덮개. 관포(棺布), 구의(柩衣), 이금(侇衾) 등으로도 불린다. 시신을 입관하여 결관(結棺)한 후에 그 관을 씌우는 보로서 일반(유교의식)적으로는 홍색, 또는 주황색을, 천주교 의식에서는 검은 천에 흰색의 십자가를, 기독교 의식에서는 흰 천에 붉은 십자가를, 불교 의식에서는 불교표지를 한 것을 사용하기도 한다. 관포(棺布) 참조.
- 관분(盥盆) : 손을 씻는 그릇으로 대야이다. 의례를 행할 때 목욕재계의 의미로 손을 씻을 때(盥洗) 사용하는 물을 담아 놓은 대야이다.
- 관상명정(棺上銘旌) : 명정은 관 위에서 쓴다는 의미의 말이다.
- 관세(盥洗) : 손을 물로 씻고 수건으로 닦음.
- 관소(冠梳) : 머리에 장식하는 빗이나 비녀 등을 말한다.
- 관수(盥手) : 세숫대야 물로 손을 씻음.
- 관수세잔(盥手洗盞) : 대야에다 손을 씻고 또 술잔을 깨끗이 씻음.
- 관양(棺樣) : 관에 옻칠한 뒤에 견양(見樣 - 치수를 재는 것)을 낸 것.
- 관장(棺匠) : 관을 짜는 사람.
- 관재(棺材) : 관(棺) 측면에 부착되는 목재 장식물.

• 관즐지구(盥櫛之具) : 세수하고 머리 빗는 도구를 영상(靈牀 - 혼백이 머물러 휴식을 취하는 상)에 놓음.

• 관포(棺布) : 관 이불. 구의(柩衣)를 말한다. 이금(侇衾) 참조.

• 괄발(括髮) : 풀었던 머리를 다시 묶는 것. 삼끈으로 상투를 묶거나, 베로 두수(頭繻- 부인의 머리를 묶는 데 사용하는 끈)를 만드는 것. 즉 복인(服人)들이 초종 때 풀었던 머리를 소렴 후에 다시 묶는 것을 말한다.

• 괄발마(括髮麻) : 남자의 흐트러진 머리를 묶는 삼끈. 여자의 흐트러진 머리를 묶는 삼끈은 좌마(髽麻 - 복머리하는 삼끈)라고 한다.

• 광(壙) : 광중(壙中). 관을 묻기 위해 판 구덩이. 또는 시신을 묻는 구덩이를 가리키며, 보통 무덤 속을 말한다. 구덩이를 파고 나서 석회에 모래를 섞어 발라서 관이 들어갈 정도 크기의 곽(槨)을 만든다. 내외합장일 때는 서편을 위로 삼아서 남자의 자리로 정한다. 요즈음 풍속으로는 품(品) 모양으로 묘를 쓰는 일이 있는데, 이는 예법에 어긋나는 일이니 삼갈 일이며, 원배(元配)는 합장하고, 계배(繼配)는 다른 곳에 써야 한다. 광중을 팔 때 금정기를 땅 위에 놓고 산역을 시작한다.

• 광(纊) : 햇솜으로서 운명에 임박한 사람의 코와 입 위에 올려놓고, 그 상태에 따라 숨이 끊어졌는지의 여부를 확인하기 위해 사용한다. 속광(屬纊), 속굉(屬紘)이라고도 한다.

• 광부(狂夫) : 방상씨(方相氏)의 역할을 하는 사람. 검은 옷(저고리)과 붉은 치마를 입고 실중(室中)의 역귀(疫鬼)를 물리치는 일을 주관한다. 방상씨의 역할은 신분이 미천한 사람을 시켜서 했으므로 이러한 표현을 쓴 것이다.

• 괴(塊) : 흙덩이. 고침(藁枕)과 같은 것으로 상주가 베는 베개. ≪가례≫에서 참최복을 입는 사람은 거적을 깔고 흙덩이를 베고 잔다고 하였다.

• 괴목(塊木) : 관을 받치는 받침대. 관등 참조.

• 교의(交椅) : 신주나 위패, 혼백상자, 사진 등을 봉안하는 의자. 제사상이 높으면 교의도 높아야 하고, 제사상이 낮으면 교의도 낮아야 한다.

• 구(柩) - 관(棺) : 시신을 넣은 관(棺). 비어 있으면 관(棺)이요, 시신이 들어 있으면 구(柩). 『예기(禮記)』 「곡례」편에 '시상(尸牀)에 있으면 시(尸)라고 하고, 관(棺)에 있으면 구(柩)라 한다.'고 하였다. 그 주(註)에 '구(柩)는 오랫동안(久)이라는 뜻이다. 죽은 사람에게 흙이 직접 피부에 닿지 않도록 하는 것이기 때문에 관(棺)에 넣어서 오랫동안 보존하려는 것이다.'고 하였다.

• 구(屨) : 짚신. 흔히 짚신을 신으며 엄나무를 섞어 만든 짚신을 엄신이라 한다. 참최에는 관구(菅屨 - 솔새풀로 만든 신)이다. 자최에는 소구(疏屨 - 거친 신)이고, 지팡이는 짚지 않고 마구(麻屨 - 삼 신)를 쓴다. 자최 3개월과 대공에는 승구(繩屨 - 끈으로 꼬아 만든 신)를 쓴다. 이(履) 참조.

• 구기(拘忌) : 꺼리는 것. 음양구기(陰陽拘忌).

• 구의(柩衣), 이금(侇衾) : 천으로 만든 관 덮개. 관 이불, 즉 관보(관포)이다. 소렴 때 시신을 덮은 것으로도 사용한다. 옛날에는 주로 무명으로 만들었는데 너비는 다섯 폭, 위는 검고 아래는 붉은 빛으로 한다. 네 모서리를 재봉하여 작은 장막처럼 만들어 덮으며, 사방에 여유를 둔다. 본래 관을 덮는 이불이므로 염할 때는 사용하지 않는다. 관을 광중에 넣을 때에는 벗긴다.

• 구지(柩至) : 장례 행렬이 묘지에 도착하는 절차.

• 구천(九泉) : 인간의 영혼(靈魂)이 한(恨)이나 원한이 많아서 죽어서도 승천하여 저승에 가지 못하고 떠돌고 있는, 이승도 저승도 아닌 중간 지점에 놓여 있는 공간.

• 구행(柩行) : 영구가 떠남. 영구가 장지를 향해 간다는 뜻. 행상(行喪), 운상(運喪), 출상(出喪), 출관(出棺)이라고도 한다. 순서는 방상씨 - 명기 - 명정 - 의탁 - 영여 - 만장 - 공포 - 운아삽 - 상여 - 복인 - 존장 - 무복친 - 빈객 순이다.

풍속(風俗)에 보통 출관 시 상주들은 관(棺)을 들고 사방을 향해 '중상(重喪)이요.'하고 외치고는 관을 3번씩 들었다 내리는 것으로 인사를 하고, 방 문지방에 닿지 않도록 넘으며 엎어 놓은 바가지를 관 앞쪽으로 눌러서 깨뜨린다. 이것은 죽은 자의 밥그릇을 깬다는 의미로 죽은 자가 다시는 문지방을 넘어 집안으로 되돌아오지 않게 하며, 상례 기간 동안 있을지도 모를 재액(災厄)을 없애기 위한 것이다.

사실 중상(重喪)의 사전적 의미는 '탈상하기 전에 부모상을 거듭 당하는 것'을 의미하기도 하고 무거운 상을 의미하기도 하여(『사례편람』「상례」「성복」조) 위의 행위와는 전혀 다르다. 그러나 관습적인 행위로서 중상(重喪)은 정상적인 시신의 상태가 아니라 중상이라는 비정상적인 상태를 회복하기 위한 행위라고 할 수 있다. 이러한 비정상적인 상태를 회복하기 위한 행위가 전통을 이어가면서 지역에 따라서는 당연히 행하는 절차의 하나로 정착되어 유교식 상례의 절차에 삽입된 것으로 보인다(김시덕, 「한국 유교식 상례의 연구」, 고려대학교 대학원, 2007, 83쪽).

• 국립현충원 : 호국영령의 충의와 위훈을 추앙하기 위하여 국가에서 설치한 묘지. 처음에는 국군묘지로 설치 운영되었으나 1965년에 국립묘지로 승격, 1996년에 국립현충원으로 개칭되었다.

• 국민장(國民葬) : 국가 또는 사회에 현저한 공적을 남김으로써 국민의 추앙을 받는 사람이 서거한 때에 국민 전체의 이름으로 거행하는 장례의식.

• 국장(國葬), 국상(國喪) : 대통령을 역임하였거나 국가 또는 사회에 현저한 공훈을 남김으로써 국민의 추앙을 받는 사람이 서거하였을 때, '국장 - 국민장에 관한 법률'과 동 시행령에 따라 국가가 모든

경비를 부담하고 국가의 명의로 거행하는 장례의식. 즉 국가원수의 직(職)에 있었거나 국가 사회에 현저한 공훈을 남김으로써 국민의 추앙을 받는 사람이 서거하였을 경우에 정부가 그 장례를 공식적으로 주관하게 되는데, 바로 이것을 국장 또는 국민장이라고 하는 것이다. '전, 현직 대통령이나 국가와 사회에 크게 공헌해 국민의 추앙을 받은 인사'를 대상으로 하는 것은 같지만, 국장(國葬)의 격(格)이 국민장(國民葬)보다 한 단계 더 높다. 국장(國葬)의 장의기간은 9일 이내이고 장의비용은 모두 국고에서 부담하지만, 국민장(國民葬) 기간은 7일 이내이며 비용 일부만 국고에서 보조된다. 국장(國葬)의 경우 장의기간에 조기를 달고 장례일에 관공서가 문을 닫는다. 반면 국민장(國民葬)은 장례 당일에만 조기를 달고 관공서 휴무는 하지 않는다. 국장과 국민장 모두 주무부처인 행정안전부 장관의 제청과 국무회의 심의 및 대통령 재가를 거쳐 결정된다. 국무회의 심의를 거쳐 대통령이 장의위원장을 위촉하는 것과 장의위원회 구성 절차는 국장과 국민장이 모두 같다.

국민장은 정부 수립 후 2009년 현재 모두 12차례 치러졌다. 최초의 국민장은 1949년 7월 5일 거행된 백범 김구 선생의 장례였다. 그 후 이시영 전부통령(1953년), 김성수 전부통령(1955년), 신익희 전국회의장(1956년), 조병옥 전민주당대통령후보(1960년), 함태영 전부통령(1964년), 장면 전총리(1966년), 장태상 전총리(1969년), 이범석 전총리(1972년), 박정희 전대통령부인 육영수 여사(1974년)의 장례식이 모두 국민장으로 치러졌다. 1983년 10월에는 동남아시아 순방에 나선 전두환 전대통령을 수행하던 중 미얀마 양곤국립묘지에서 북한의 폭탄테러로 순직한 서석준 전부총리 등 17명의 합동장례식도 국민장으로 치러졌다.

전직대통령의 경우 2006년 10월 서거한 최규하 전대통령의 장례식이 첫 번째의 국민장 사례이고, 이어 노무현 전대통령(2009년 5월)이 그 다음이다. 이승만, 윤보선 전대통령의 장례는 본인과 유족의 뜻에 따라 가족장으로 치러졌다.

국장 또는 국민장의 장례의식은 일반적으로 발인제, 영결식, 운구(장례행진), 안장식 등의 의식으로 나누어 집행된다. 그런데 고인의 유언이나 유족들의 특별한 의사표시가 있을 경우에는 의식의 일부 또는 전부를 생략할 수 있다. 이 밖에 사회적으로 명망이 있거나 국가 사회에 끼친 공훈이 클 때에는 민간단체가 중심이 되어 추진하는 사회장(社會葬)도 있고, 또 특정기관이나 단체에 소속된 사람이 조직을 위해 일하다 순직할 경우에 거행되는 기관장(機關葬), 단체장(團體葬)과 민간 회사장(會社葬) 등도 있다.

• 국장도감(國葬都監) : 조선시대 국상(國喪)이 나면 빈전도감(殯殿都監 - 왕의 시신을 염습하고는 3~5개월 동안 명당혈처를 택지하여 하관할 때까지 썩지 않도록 얼음 미역 등을 이용하여 잘 보존함), 산릉도감(山陵都監 - 명당혈처 택지와 산역 무덤 조성을 하는데 도성에서 80리[10리 = 5.4키로미터] 이내에 왕릉을 조성하도록 규정하였음)과 함께 설치되던 임시 관청. 국장도감은 시신을 넣는 관(棺)을 준비하며 장삿날을 정하고 발인(發引 - 상여꾼 약 500명과 호위꾼 약 500명 총 약 1,000여명의 인원 동원)을 주관하는데 호조판서와 예조판서가 그 책임을 맡는다. 국상(國喪)과 동시에 설치되는 국장도감, 빈전도감, 산릉도감의 총 책임(摠護使)은 우의정이 맡는다.

• 국휼(國恤) : 나라의 상(喪), 즉 국상(國喪)을 말한다.

• 굴감(掘坎) : 구덩이를 팜. 습을 할 때와 목욕을 할 때 사용한 향탕, 솜 등을 위생적으로 처리하기 위해 구덩이를 파고 버린 후 매몰하기 위해 굴감을 한다.

• 굴건(屈巾) : 상주가 쓰는 베로 만든 건. 즉 상주가 효건(孝巾) 위에 덧쓰는 건으로 그 폭은 손가락 세 개를 가지런히 했을 때의 넓이만하다. 베를 세 솔기가 되게 하고 뒤에 종이로 배접해서 빳빳하게 만든 후 두 끝을 휘어 끈을 꿰어서 쓴 다음, 그 위에 수질을 눌러 쓰게 되어 있다. 굴건을 쓰는 경우는 부모의 상을 당하여 참최복과 자

최복을 입는 상제들만이 굴건을 쓴다. 관(棺) 참조.

- 굴건제복(屈巾祭服) : 전통적인 상복. 상주가 두건 위에 덧쓰는 건과 제사 때 입는 예복.
- 굴장(屈葬) : 시신을 땅에 묻을 경우, 시신을 바로 펴서(펴묻기) 묻지 않고, 굽혀서 묻는 장법(葬法).
- 권안(權按), 권빈(權殯) : 불교에서 화장을 한 다음 유골을 수습하여 일정기간 동안 사찰에 안치하는 것. 절차는 사망 - 불사(佛寺) 부근에서의 화장 - 습골(拾骨) - 권안(權按) - 매장(埋葬)의 순으로 진행된다.
- 권조(權厝) : 권안, 권빈과 같은 말. 시신을 임시 가매장하는 것. 영구히 매장할 길지를 구하지 못하였을 때 잠정적으로 관을 묻었다가 길지의 선정이 끝나면 새로이 묻는 장법.
- 궤고(几告) : 무릎 꿇고 고하다.
- 궤연(几筵) : 영위(靈位)를 모신 자리. 영궤와 혼백, 신주를 모셔 두는 곳.
- 궤전(饋奠) : 빈소에 제수(祭需)를 차려 놓는 것.
- 궤좌(几坐) : 무릎 꿇고 앉다.
- 귀면(鬼面) : 상여의 장식물 가운데 하나로서, 귀면은 벽사(辟邪 - 액을 물리친다는 뜻)의 기능으로 건축물 또는 공예품에 부수(附隨 - 주된 것이나 기본적인 것에 붙어서 따름)되는 괴수의 얼굴이나 몸의 형상을 나타낸 문양이다. 이 귀면은 상여의 앞, 뒷면을 장식하여 주변의 부정과 잡귀를 쫓아내는 역할을 하였다.
- 귀후서(歸厚署) : 조선 시대 관곽(棺槨)을 만들어 판매하고 장례에 필요한 물품을 공급해 주는 일을 담당하던 관공서로서 국영 장의사라고 말할 수 있다.

• 규수(圭首) : 반원형의 홀(圭)의 머리. 비석의 머리를 상원하방(上圓下方)으로 둥글게 함.

• 근조(謹弔), 근도(謹悼) : 남의 죽음에 대하여 삼가 애도의 뜻을 표함. 근조(謹弔)는 고인의 시신이 빈소에 안치되어 있는 장례기간 동안 애도를 표할 때 사용하는 용어이며, 근도(謹悼)는 장례의식이 끝난 후 1주기 2주기 등을 맞아 고인을 그리워하며 애도할 때 사용하는 용어이다. 즉 바로 이 때 거행하는 의식을 추도식(追悼式)이라 하며, 조화를 보낼 때도 그 리본에 근도(謹悼)라고 쓴다.

• 금(紟) : 홑이불(單衾)의 하나이다. 물에 적셔서 사용하는데, 옻칠을 말리기 위해 병풍 위에 덮어씌우는 것이다. 또는 염(斂)한 시신 아래에 받쳐 넣어, 시신을 들어 올리는 데에 쓰기도 한다.

• 금(衾) : 갓 죽었을 때 덮는 홑이불. 또는 소렴을 할 때 시신을 덮는 이불을 말한다. 명주로 폭을 잇대어 꿰매 이불을 만든다. 솜을 두고 사람 키에 따라 마름질하여 정하되 길이는 포백척으로 다섯 자 반으로 한다. 소렴금으로서 명주로 만든 속 이불.

• 금정(金井) : 관을 넣는 구덩이.

• 금정개(金井蓋) : 속칭 엄광창(掩壙窓 - 광을 덮는 덮개)이니, 자물쇠가 달려 있다. 일을 멈출 때에 광(匡)의 구멍을 막는 데에 쓰는 것이다. 혹은 얇은 널판을 써서 문짝처럼 만들어 금정틀과 뚜껑의 좌우 서로 닿는 곳에 철추(鐵樞 - 쇠돌쩌귀)와 철환(鐵環 - 쇠고리)과 배목(排目 - 모양이 못과 비슷하나 대강이에 구멍이 있어 빗장을 지르거나 자물쇠를 잠그게 되어 있는 쇠)을 달아 여닫도록 하였다.

• 금정기(金井機) : 광중을 바르게 파기 위해 광중 팔 자리에 놓는 금정틀. 나무 네 개를 써서 광(匡 - 광곽, 테두리)을 만들고 테두리 바깥에 각각 한자쯤 남겨서 우물정(井)자 모양으로 만든다. 네 모퉁이의 서로 교차하는 곳에 못을 박아 흔들리지 않게 하고, 또 틀의 가

로 세로 네 개 나무의 한 복판에 먹으로 표시를 하여 방위를 살펴 바르게 한다. 광중의 길이와 넓이를 기준으로 하는 것으로 묘혈(墓穴)을 팔 때에 쓰인다. 결국 금정기란 굵은 나무를 정(井)자 모양으로 만들어 땅바닥에 놓고 그 안으로 천광(穿壙)을 파는데 쓰는 기구이다.

• 금침(金枕) : 베게

• 급묘(及墓) : 상여가 매장할 장소인 무덤에 도착하는 것을 말한다. 먼저 집사자가 상여가 묘지에 이르기 전에 묘지 앞 서쪽에 교의, 제상, 향상을 놓고, 영좌를 모실 영악(靈幄)을 설치한다. 영구가 산에 도착하면 방상이 먼저 광중에 들어가 사방 네 귀퉁이를 창으로 치고 잡귀를 몰아낸 다음, 이어 혼백과 상여가 도착하면 혼백은 교의에 모시고 관을 영좌의 동쪽에 놓되 머리가 북으로 가게 안치한다. 영좌 앞에 제물을 진설한다. 관의 경우 광중 가까이 지의(地衣)를 펴고, 굄목을 놓은 뒤, 그 위에 올려놓고 공포로 관을 훔치고, 그 위에 명정을 덮는다. 주인 이하는 곡(哭)하면서 묘지에 온 손님들의 조상과 문상을 받는다.

• 기(基) : 무덤, 비석, 탑 따위를 세는 단위. 일반적으로 시신 또는 화장한 유골을 매상한 분묘와 봉안묘의 단위를 말한다.

• 기두(魌頭) : 방상씨(方相氏)의 일종으로서 눈이 2개이다. 죽은 자의 관직이 4품 이상이면 사목(四目)인 방상씨를 쓰고, 4품 이하이면 이목(二目)인 기두(魌頭)를 썼다. 곰 가죽을 둘러쓰고, 창과 방패를 들고, 역귀(疫鬼)를 놀라게 하여 물리치는 일을 한다.

• 기년(朞年) : 1년.

• 기세(棄世) : 세상을 떠남.

• 기용(器用) : 도끼, 낫, 삽, 가래, 괭이 따위의 도구들을 말한다.

• 기일(忌日) : 망자가 돌아가신 날. 꺼리는 날. 기일이 되면 고인을

추모하는 제사를 지내는데 이를 기일제(忌日祭)라고 한다.

• 기절내곡(氣絶乃哭) : 운명이 확인되면 홑이불로 시신을 덮고 슬프게 곡하는 일.

• 기중(忌中, Period of Mourning) : 상중(喪中)의 뜻으로 초상 때를 일컫는 말. 또는 상중임을 알리기 위하여 상가의 대문이나 상주가 경영하는 점포의 문 앞에 부착하는 안내 표시. 상을 당해 언행, 범절을 삼가는 기간.

• 길복(吉服) : 평상시의 정복. 상복 이외의 모든 옷을 말한다. 곧 최복(衰服), 연복(練服), 담복(禫服) 이외의 조복(朝服), 제복(祭服), 공복(公服), 상복(常服), 시복(時服), 편복(便服), 유생복(儒生服) 등의 총칭이다. 혹은 삼년상을 마친 뒤에 입는 보통 옷을 말하기도 한다.

• 길제(吉祭) : 상례의 마지막 절차로서 망자의 혼령이 비로소 제사에 참여하는 제사, 신주의 대를 바꾸는 제사, 집안의 계승으로서 종손이 바뀌었음을 공포하는 절차이다. ≪가례≫에 의하면 담제까지로 상례가 끝나는 것으로 되어 있으나 ≪상례비요≫를 비롯하여 우리나라에서 발간된 모든 예서에서는 길제를 상례의 마지막 절차로 간주하고 있다. 길제의 시기는 담제를 지낸 다음 날 날을 잡는데, 다음 달의 정일(丁日) 혹은 해일(亥日)로 잡는다. 길제는 이틀에 걸쳐 지내는데, 첫 날에는 신주의 분면을 고쳐 쓰는 개제고사(改題告祀)를 지내고, 다음 날이면 길제를 지낸다. 이는 신주의 분면을 바꾸고 새 종손이 지내는 제사로서 상주가 그 집안의 주인이 되었음을 상징한다. 그래서 주인은 일상의 제복인 길복(吉服)으로 성복(盛服)을 하고, 주부는 혼례식 때 입었던 원삼에 족두리를 한다. 사당에 모시고 있었던 친진(親盡)한 신주(5대조)를 체천(遞遷)하거나 매주(埋主)하는 절차인 조매고유(祧埋告由)를 행한다. 이로써 상주는 완전히 일상으로 돌아오는데, 이제는 내실에 들어가도 된다. 그리고 상주는 이제 한 집안의 주손(胄孫)으로서 역할을 수행해 나간다. 보통 사망한 지

28개월째에 지내게 된다. 제사를 마치면 대가 지난 5대 조부모 신주는 묘소 곁에 묻는다. 신주를 묻을 때 묘에 알리는 절차는 없으나 술과 과일 등을 늘어놓고서 분향하고 절을 올린다. 매안(埋安)한 5대조 이상의 선조에 대해서는 매년 한 번씩 자손들이 모여 산소에서 묘제를 올린다. 묘제는 대개 초목이 뿌리로 돌아가는 계절인 10월에 지낸다.

• 나미즙(糯米汁) : 찹쌀 즙. 광중 안 사방을 회로 바를 때 회의 농도를 조절하기 위해 사용한다. 회격(灰隔)시 정회(淨灰 - 깨끗한 회)와 섞어서 광중 한 사방을 바르는 데 쓴다.

• 남은들 상여 : 중요 민속자료 제31호로서 흥선대원군(興宣大院君)의 부친 남연군(南延君)을 충남 예산 가야산으로 이장 시 운구할 때 사용되었던 상여를 말한다.

• 남좌여우(男左女右) : 왼쪽은 남자 오른쪽은 여자라는 말. 의례나 의식을 행할 때 남녀의 위치를 정하는 용어로서 화자가 어디에 있느냐에 따라 동서의 방향이 달라진다. 동서라는 방위 명칭으로 구분한 것은 절대적 방위개념을 사용하여 문제가 없으나 좌우라는 절대적 위치개념(상대적 방위개념)을 사용할 경우 방향에 대한 혼돈이 발생한다. 주체의 뒤쪽을 북쪽으로 설정하는 절대적 방위개념은 제상의 뒤쪽을 북쪽으로 설정하였기 때문에 방향의 혼돈이 생기지 않는다. 그러나 절대적 위치개념은 주체를 중심으로 좌우를 설정하기 때문에 주체의 위치에 따라 방향이 반대가 되는 경우가 많다. 뿐만 아니라 화자를 중심으로 하느냐 주체를 중심으로 하느냐에 따라 방향이 바뀐다. 즉 제사의 대상인 신주를 기준으로 할 것인가 제사를 지내는 봉사자를 기준으로 삼을 것인가에 따라 달라진다는 것이다. 따라서 이러한 혼란을 방지하기 위한 가장 좋은 방법은 좌우의 개념에 대한 관념보다는 의례청의 뒤쪽을 북쪽으로 상정하는 절대적 방위개념을 설정할 때 혼돈을 방지할 수 있다.

• 납관(納棺) : 입관(入棺)과 동의어.

• 납관부(納棺夫) : '염사'를 일컫는 일본식 언어. 수의를 입히고 염습을 하여 관에 넣는 일을 하는 사람.

• 내간상(內艱喪) : 고인이 여자인 상. 모친상, 승중의 할머니 상. 조위록(弔慰錄) 준비.

• 내계석(內階石) : 무덤과 제전(祭田) 사이를 구별 지은 돌.

• 내광(內壙) : 관이 직접 들어가는 구덩이로 넓은 외광(外壙)에서 다시 관의 크기만큼 판 구덩이를 말한다. 묏자리를 팔 때 먼저 관의 크기보다 크게 외광을 파고, 다시 외광에서 관이 들어갈 만큼 내광을 판다.

• 내금정기(內金井機) : 회(灰)를 다진 위에 놓아 그 안에 정토(淨土)를 파내는데 사용하는 것이다. 모양은 금정기와 같으나 보다 작고, 광중 안쪽 사방은 관의 크기보다 반치 정도 넉넉하게 안쪽의 크기를 정한다. 틀면에 먹으로 표시하여 외금정틀과 대조할 수 있게 한다. 금정기(金井機) 참조.

• 냉동장(冷凍葬) : 시신을 급속 냉동한 다음, 이를 관과 함께 분발로 만든 후, 금속성분과 수분을 제거하여 이를 녹말상자에 담아 잔디나 땅에 묻는 장법(葬法).

• 넋 굿 : 사람이 죽었을 때 망자(亡者)의 저승 천도를 비는 굿을 통칭하며 사령(死靈) 굿, 진혼(鎭魂) 굿이라고도 한다. 이승에서 고인의 맺힌 한을 풀어 편히 저승으로 보내는 극락왕생의 기원과 굿을 통해 망혼이 조상으로 신격화하여 생자(生者)의 삶에 도움을 주기를 바라는 의미를 담고 있다.

• 노노개호(老老介護) : 나이 든 사람이 나이 든 사람을 돌보아 줌. 일본식 간호의 일종.

• 노장(路葬) : 결혼적령기의 미혼자, 특히 처녀가 죽으면 사람이 많이 왕래하는 네거리 길에 몰래 묻는 것으로 노장 확은 평지장(平地葬)이라고도 부른다. 이러한 매장은 미혼자 혹은 죽은 처녀의 원한은 악귀가 되어 산사람에게 재앙을 입힌다는 속설 때문에 그 원한을 위로하기 위해서 사람의 왕래가 많은 도로의 중앙에 매장해 놓으면 매일 그 위나 곁을 많은 사람들이 통행하며 특히 젊은 남자나 여자가 그 위를 밟고 다녀주면 그 원한이 풀어진다고 믿는 속설에서 비롯된 장법이다. 기생도 연고자가 없으면 노장(路葬)을 하였다.

• 노제(路祭) : 발인 후 밖에서 지내는 제사. 친전(親奠), 혹은 친빈전(親賓奠)에 대한 관행의 용어이다. 상여가 집을 출발하여 묘지로 가는 도중 거리에서 지내는 전(奠)이다. 사실 아직 하관 전이므로 전(奠)에 해당하고 아직 제(祭)는 아니지만, 노상(路上)에서 지낸다 하여 노제(路祭)라고도 칭하는 것이다. 고인과 절친했던 친구나 친척이 주재자가 되어 제물을 준비했다가 올리는데, 운구 도중 적당한 장소에 장막을 치고 제청(祭廳)을 꾸민 뒤 영여(靈與)를 모시고 주재자가 분향 후 술을 올리고 제문(祭文)을 읽으며 모두 두 번 절한다.

• 뇌주(酹酒) : 술을 따름. 특히 술을 모사기나 토지 위에 따라서 잔을 비움. 짐주(斟酒)는 술을 따르되 잔을 비우지 않고 상대에게 올려 바침.

• 녹각교(鹿角膠) : 녹각을 달여서 즙을 만들어 분가루를 섞는 데 사용하는데, 이는 분가루가 명정에 잘 붙게 하기 위함이다. 신주를 분칠하는 데에도 사용된다.

• 녹로(轆轤) : 도르래. 하관할 때 관이 흔들리지 않도록 하기 위한 틀. 녹로기(轆轤器)라고도 한다. 금정기 양쪽에 기둥 2개씩을 세우고 기둥의 위쪽은 반달형으로 파서 횡강(橫杠)을 2개를 걸칠 수 있게 한다. 횡강에 견실하게 만든 밧줄을 걸고 거기에 관을 매단다. 그리고 횡강을 서서히 돌려 관을 내림으로써 흔들리지 않게 한다.

• 늑백(勒帛) : 행전(行纏), 죽은 사람의 발을 싸는 것. 발싸개. 무릎 아래 바지의 단을 감싸 묶어 활동을 편하게 하기 위한 것. 전투를 위한 군복에서 나왔다고 한다.

• 능(陵) : 왕과 왕비의 무덤.

• 다라니 : 선법(善法)을 갖추어 악법을 막는다는 뜻으로 범문(梵文) 그대로의 간단한 문구로, 여러 부처와 여러 보살의 선정(禪定)으로부터 생겨난 진언(眞言).

• 다비(荼毘) : 사신(死身)을 태워서 그 유골을 매장하는 장법(葬法). 불교의 화장법. 다비라는 말은 팔리어 쟈페티의 음사(音寫)로서 연소(燃燒), 분소(焚燒), 소신(燒身), 분시(焚屍) 또는 '태우다'로 번역된다. 불교 성립 이전부터 인도에서 행해오던 장법이다. 이 법에 의해 석가모니도 그 유체를 화장하였는데, 그 이후 다비는 불교도 사이에서 널리 행하여졌으며, 불교가 중국을 거쳐 한국, 일본 등으로 전래됨에 따라 이 장법도 중국, 한국, 일본 등에서 널리 행해지게 되었다. 『장아함경(長阿含經)』 유행경(遊行經)에는 이 다비의 법식이 상세하게 서술되어 있다. 석가모니의 제자인 아난(阿難)은 석가모니가 세상을 떠난 뒤에 그 장의법을 어떻게 해야 할 것인가를 3번이나 거듭하여 물었는데, 석가모니는 그 방법을 상세히 가르쳐 주었다. 우선 향탕(香湯)으로 몸을 깨끗이 씻고, 새 무명천으로 몸을 두루 감되 500겹으로 차례대로 감고, 몸을 금관에 넣은 후 거기에 삼 씨앗에서 짠 기름을 붓는다. 다음에는 금관을 들어 제2의 쇠곽에 넣고 전단향나무 곽에 다시 넣은 뒤 온갖 향을 쌓아 그 위를 두툼하게 덮은 뒤 태운다. 다비를 마치면 사리(舍利)를 수습한다. 이는 네거리에 탑묘를 세우고 탑 표면에 비단을 걸어 나라의 사람들이 법왕(法王)의 탑을 보고 바른 교화를 사모해 이익을 얻게 하기 위한 것이다.

• 다시래기(다시라기) : '다시래기'는 전남지방에서 쓰이는 말로서 마을에 호상(好喪)으로서 초상이 났을 때 출상 전날 밤에 상가에서 행

하는 극과 춤, 노래, 재담 등으로 구성된 상주를 위로하는 상여놀이이다. 보통 다른 지역에서도 출상 전날 빈 상여를 메고 '대돋음', '대떨이', '빈상여놀이', '상여흐르기' 등으로 통칭되는 빈 상여놀이를 행하는데, '다시래기' 역시 이와 맥락을 같이하는 상여놀이인 것이다. 발인 시 상두꾼들이 상여를 메고 가는 노동에 앞서 몸을 풀고 준비한다는 뜻과 함께 상가의 슬픔과 어려움을 놀이라는 것을 통해 위로하고 이기게 도와준다는 뜻도 지니고 있다.

'다시래기'는 한 마디로 말해서 코미디극이라 할 수 있다. 한편, 다른 지역의 상여놀이가 상여를 직접 메는 상두꾼들이 실제적인 행상에 앞서 미리 발을 맞추어 보는 기능적 측면이 강한 비전문적인 놀이라면, '다시래기'는 전문 예인들에 의하여 놀아진 전문 놀이극이라고 해야 마땅하다. 이는 당골무당들의 자치 기구인 신청(神廳)에 속한 악사(樂士 - 굿판에서 악기를 연주하는 사람)들이 사물 악기에 맞추어 전문적으로 행하는 극이기 때문이다.

보통 다시래기는 '사당놀이', '가상제놀이', '거사 사당놀이(봉사놀이)', '상여놀이', '가래소리' 등으로 구성되어 있다. 하지만 다시래기는 상가의 재산 정도, 사회적 명성 등에 따라 놀이의 종목에 증감이 있어 즉흥적인 꾸밈의 형식으로 진행되는 것이 보통이다. 상여가 나가기 전날 저녁이 되면 상가는 직접 빈 상여를 메고 놀 상두꾼들 외에 <다시라기>를 구경거리로 즐기고자 모여든 마을 사람들로 흥청거린다. 앞소리꾼이 상여소리를 메기고, 상두꾼들이 뒷소리를 받으며, 갖은 놀이를 행한다.

• 다장(多葬) : 한 봉분 내에 3구 이상이 매장된 묘.

• 단(袒) : 웃옷의 한 쪽을 벗음. 즉 참최복(斬衰服)을 입는 자가 소렴을 마치고 웃옷의 한쪽 어깨를 드러내는 것을 말함. 소렴을 마치면 초종에서 풀었던 머리를 묶고 웃옷의 한쪽 어깨를 드러내는 행위를 하게 되는데, 왼쪽 소매를 벗으면 좌단(左袒)이라고 하며, 이것은 곧 육체를 드러내는 것이므로 또한 육단(肉袒)이라고도 말한다.

• 단강(短杠) : 상여를 멜 때 앞뒤에 사용하는 짧고 굵은 멜대.

• 단고(單袴) : 속옷처럼 바지 안에 입는 홑바지. 명주나 면으로 만든다.

• 단고(單股) : 꼬자 않고 한 가닥으로 튼 동아줄. 수질(首絰)에 사용.

• 단괄발(袒括髮) : 옷소매를 빼고 상투를 풀어 묶음.

• 단령(團領) : 공복(公服, 관복)으로 깃이 둥근 포의 하나이다.

• 단분(單墳) : 봉분이 하나만 있는 묘.

• 단상제(短喪制) : 상례의 기간을 단축하여 상례를 치루는 제도. 역월제(易月制) 참조.

• 단의(褖衣) : 단(褖) 혹은 세(稅 - 수의 세)로도 쓴다. 황후의 평상복. 혹은 선비의 아내의 예복으로 붉은 선을 두른 검은 색의 옷. 또한 작세(作稅), 즉 수의를 만드는 것을 의미하기도 한다.

• 단장(單葬) : 한 봉분에 유해 1구만 매장된 묘.

• 단표(短表) : 작은 비석.

• 담(禫) - 담제(禫祭) : 유족이 상복을 모두 벗는 제복제(除服祭)이다. 담(禫)은 담담하여 평안하다는 뜻이다. 따라서 평상의 상태로 돌아가기를 기원하는 제사이다. 대상 후 둘째 달에 삼년상을 무사히 마쳤다는 뜻으로 담제를 지낸다. 날짜를 따지면 27개월째에 해당하는데, 담제 한 달 전쯤에 날을 점친다. 상주를 위시한 복인들이 사당 문 밖에 모여 향을 피우고 점을 쳐서 일자를 정한다. 택일은 다음 달 초순의 정일(丁日) 혹은 해일(亥日)로 한다. 초상이 겹쳐진 때는 지내지 못한다. 하루 전에 목욕재계하고 기물을 진설하고 음식을 준비한다. 신위를 대상 전의 영좌에 설치하는데, 대상과 같이 한다. 담제에서 입는 옷은 참포립(黲布笠), 망건(網巾), 참포삼(黲袍衫), 백포대(白布帶), 조화(早靴), 담황피(淡黃帔), 백대의(白大衣), 그리고 신발

등을 준비한다. 날이 밝으면 담제를 지내는데, 방법은 대상과 같다. 다만 축문의 내용을 '엄급대상(奄及大祥)'을 '엄급담제(奄及禫祭)'로 고치고, '애천상사'를 '애천담사(哀薦禫祀)'로 바꾼다. 삼헌(三獻) 때에는 곡(哭)을 하지 않는다. 그러나 사신(辭神) 때에는 곡(哭)을 극진히 한다. 이때부터 음주를 하고 고기를 먹을 수 있다. ≪가례≫에서는 담제를 상례의 마지막 절차로 기술하고 있어, 이 다음에 이어지는 길제(吉祭)는 한국식 의례 절차로 보인다.

길제는 담제를 지낸 다음 달에 거행하는데, 담제와 마찬가지로 역시 정일(丁日) 혹은 해일(亥日)로 복일(卜日)하여 지낸다.

- 담(紞) : 이불 깃. 이불의 테두리를 장식하는 수술. 혹은 귀를 막는 끈이라고도 한다.

- 담부(擔夫) : 영거, 명정, 공포, 삽(翣), 만장(輓章)을 받드는 사람을 일컫는다.

- 담황피(淡黃帔) : 담황색 긴 배자.

- 답호(褡頀), 답포(褡袍) : 명대의 겉옷의 한가지로서 소매 없는 포(袍)로 길이가 길고 무, 섶이 없으며 뒷솔기를 허리 아래에서부터 튼다. 조선시대 왕과 문무 관리들이 철릭(貼裏) 위에 입었던 옷이다. 왕은 철릭(貼裏) 위에 답호를 입고 그 위에 곤룡포(衮龍袍)를 입는다. 문관들은 철릭 위에 답호를 입고 그 위에 포를 입었는데, 조선 중기 이후에는 전복(戰服)으로 착용되었다. 시대에 따라 착용법을 달리하였고, 그 이름 역시 조금씩 차이를 보인다.

- 당내(堂內) : 8촌 이내. 초상(初喪) 시 복인들의 범위(有服之親).

- 당속(糖屬) : 흰색사탕(오화당, 옥춘, 원당, 빙당, 매화당).

- 대(帶) : 원래 문무백관이 관복을 입을 때 허리에 띠는 것으로서 관직의 품계와 장식품의 역할도 하여 '품'대라고도 하였다. 그러나 상복에 띠는 대는 흰 베로 만든 것이다.

• 대곡(代哭), 대곡제(代哭制) : 곡을 대신해준다는 뜻. 효자가 어버이의 상을 당해서 슬퍼하고 초췌해지므로, 죽은 사람 때문에 효자의 몸이 상할까 염려하여 다른 사람이 대신 곡(哭)을 하게 하여 상가에 곡소리가 끊어지지 않게 한다는 것이다. 그래서 곡비(哭婢)라는 종이 있기도 하였다.

• 대곡(大哭) : 큰소리로 슬프게 우는 것.

• 대공(大功) : 오복제도의 하나로 9개월간 입는 복제이다. 대공의 정복(正服)은 종부(從父 - 아버지의 형제)의 자식, 즉 백숙부의 자식으로 4촌들(종형제), 그리고 중손(衆孫)을 위해 입는 상복이다. 의복(義服)은 중자(衆子)의 부인, 형제의 아들의 부인, 남편의 조부모, 백숙부모, 형제, 아들의 부인, 남편의 생부모(生父母)를 위해 입는 옷이다. 대공(大功), 소공(小功)에서의 공(功)은 삼베를 짠다는 공(功)이니 거칠고 가는 것을 뜻한다.

• 대금의(對衿衣) : 깃이 마주 보는 저고리.

• 대기(大期) : 대상(大祥)의 기간.

• 대기(大忌) : 부모의 기일.

• 대님 : 남자의 수의에서 바지의 밑단을 묶는 띠를 말함.

• 대대(大帶) : 큰 띠. 도포의 끈. 수의의 겉옷 허리에 두르는 띠로서 겉과 속은 흰 명주로 만들고, 가장자리는 붉은 색과 초록색의 단을 함.

• 대렴(大斂) : 소렴한 다음 날 시신에게 옷을 거듭 입히고 이불(대렴금)로 싸서 베로 묶는 일, 또는 대렴에서 싸서 묶은 시신을 관에 넣는 절차이다. 일반적으로 입관(入棺)이라고도 한다. 3일째에 염을 하는 것은 혹시 살아나기를 기다리는 효성 때문이라고 한다. 집사는 시상(屍牀) 서쪽에 놓인 관 안에 칠성판을 깔고 지금(地衾)을 깐다. 다음 대렴포를 놓고, 그 위에 대렴금(大斂衾)을 펴놓고, 소렴한 시신을 그 위에 모신다. 그리고 먼저 발을 여미고 다음에 머리, 그리고

왼편, 오른편 순으로 여미고서, 조발랑을 관의 상하에 넣고 보공을 한 다음 천금(天衾)을 관 속에 덮고 곡을 극진히 한다. 이어 관 뚜껑을 덮고 은정을 박는다.

한편 『주자가례』나 『사례편람』에 보면 '시자(侍者)는 자손과 부녀와 모두 손을 씻고, 함께 시신을 들어 관에 넣는다.'고 한 뒤에 이불을 거두어 발, 머리, 오른쪽을 덮어 관의 가운데가 평평하고 가득하게 한다고 하였다. 아마도 이러한 예가 세속에서 '관 속에서 대렴을 한다.'는 것을 전달되어 진 듯하다.

- 대렴금(大斂衾) : 시신을 싸는 큰 이불. 즉 고인을 싸고 묶고 입관할 때 관에 넣는 이불 종류 중의 하나로서 대렴 때에 쓰이는 이불. 7자 가량의 길이로 너비는 5폭으로 하는데, 남색 바탕에 자주색 깃을 달거나 자주색 바탕에 남색 깃을 달기도 하고 흰색 동정을 6치 가량 두르기도 한다.

- 대명신화(代命神話) : 우리의 전통 무속신화를 보면 자기를 잡으러 온 저승사자를 속여서 자기 대신 다른 사람을 대신 죽게 하여 죽음을 모면하는 신화가 등장하는데 이를 일컬어 대명신화라고 한다.

- 대복(代服) : 아버지가 병들어 상주노릇을 못하면 아들이 대신 복을 입는 일을 말한다.

- 대삭(大索) : 굵은 새끼줄이다. 관을 겹으로 묶는 데 사용하는 것으로 관을 들 때에 쓰인다. 혹은 베를 여러 겹 겹쳐 만들기도 한다. 이・개장 시 천회(天灰)를 뚫고 꺼낼 때 사용하기도 한다.

- 대상(大祥) : 죽은 후 두 돌 만에 지내는 재기일(再忌日)의 제사이다. 초상으로부터 대상까지 윤달을 계산하지 않으면 25개월이 된다. 대상을 지내면 젓갈이나 간장, 포를 먹어도 된다. ≪가례≫에 의하면 술을 마시고 고기를 먹어도 된다고 한다. 남편이 아내를 위해서는 13개월 만에 대상(大祥)을 지낸다. 만일 부친(父親)이 생존하는 모친상(母親喪)일 경우에는, 소상을 11개월 만에 지내고, 대상을 13개월

만에 거행한다. 소, 대상의 월수 계산에는 윤달은 계산하지 않는 것이 원칙이다. 대상이 끝나면 신주를 사당 내의 동쪽에 서향하여 봉안하고 문을 닫는다. 이때 복의(復衣)가 있으면, 궤에 넣어 모내(廟內)에 두고, 영좌와 여막(廬幕)은 철거한다. 상장(喪杖)은 잘라버리고, 질대(絰帶)와 방립(方笠)은 불태워버리며, 상복은 가난한 사람에게 나누어준다.

- 대수장군(大袖長裙) : 왕비 이하 양반층의 부인들이 상중에 입는 큰 소매의 웃옷과 긴 치마를 말한다. 즉 여자들의 상복이다. 참최(斬衰) 때에는 아주 거친 생포를 쓰고, 졸곡을 지내면 백포로 바꾼다. 그리고 대상 후에는 진하게 물들인 옥색의 대수장군을 착용한다. 만약 이것을 갖추지 못하면 흰색의 치마저고리로 대신하여도 좋다.

- 대여(大轝) : 큰 상여. 상여라는 말은 우리나라 문헌에서만 나타난다. 중국에서는 편안하게 누워 쉬는 수레라는 뜻의 온량거(轀輬車)가 상여를 의미하였다. 상여의 구조는 크게 채와 몸체, 앙장으로 구성되어 있다. 몸체를 떠 바치는 장강(상여채)을 가로로 질러 끼운 단강에 멜빵을 걸고, 상두꾼들이 이를 어깨에 메고 운반한다. 그리고 앙장으로 상여 전체를 차일처럼 덮는다. 몸체는 관(棺)을 가리는 여동(轝胴), 지붕 격인 여개(轝蓋)로 구성된다. 일반적인 상여의 여개(轝蓋)의 용마루에는 몸을 서로 꼰 청룡 황룡 위에 삼천갑자를 산 동방삭, 망나니, 저승사자, 염라대왕, 호랑이 등이 타는데, 저승길을 인도한다고 한다. 그리고 앞뒤를 저승길의 액을 물리치는 큰 귀면(鬼面)을 배치한 것이 일반적인 상여의 모습이다.

- 대인(大人) : 망인(亡人)을 호칭할 때 쓰는 표현으로 보통 부친(父親)을 지칭함.

- 대탁(大卓) : 큰 탁자. 좌면지(座面紙 - 제사 상 위에 상보 대신 까는 기름종이)가 딸린다. 전(奠)을 드리거나 제사를 올릴 때 음식을 진설하는 데 쓴다.

• 대효(大孝) : 남의 아버지가 돌아가셨을 때 상주에게 위로하는 글(弔狀)을 올릴 경우, 상주를 가리켜 대효(大孝)라고 표현한다. 남의 어머니가 돌아가시면 지효(至孝)라고 표현한다. 지효(至孝) 참조.

• 덜구 : 매장하고 봉분을 만드는 과정에서 흙을 다지는 행위. 덜구질을 하는 이유는 흙을 견고하게 다짐으로써 빗물이 스며드는 것을 막고, 또 봉분의 모양이 흐트러지는 것을 막기 위해서이다. 지역에 따라 달구, 덜구, 달공, 회다지 등 이름이 다양하다. 달구질을 하는 사람들은 주로 상여를 메고 온 상두꾼들로서, 이들은 상두계, 상포계 등의 계원들로 구성된다. 그러나 가끔 노인들이 이 달구질에 참가하는 경우도 있다. <회다지노래>라고 하는 덜(달)구소리는 발로 흙을 다지기에 적당한 리듬을 가지고 있으며, 형식은 선소리(선창)와 후창으로 이루어져 있다. 덜(달)구소리의 내용은 주로 망자의 생시(生時) 행적, 자식들의 현재를 노래하고 있다.

• 도(韜) : 신주 덮개. 신주를 싸는데 쓰니, 말하자면 신주를 갈무리하는 집이다. 즉 신주가 밖으로 보이지 않게 하기 위해 덮어씌우는 것으로서 '혼보(魂褓)'라고도 한다. 아버지는 자주색(紫色)이고 어머니는 붉은색(緋色)으로 한다. 작은 휘장과 같이 만든다. 사방과 넓이는 신주의 치수와 비슷하게 한다. 두꺼운 종이로 배접하여 단단하게 하고, 비단으로 싸서 뒤의 한 가운데에서 합쳐서 꿰맨다. 사방 4치쯤이고, 길이는 1자 2치쯤으로, 위로부터 아래로 싸서 신주의 몸체와 같게 맨다.

• 도독(荼毒) : 초상(初喪)을 일컫는 말.

• 도두(倒頭) : 중국의 장례풍속 중 하나로서, 도두(倒頭)란 우리나라의 초종(初終)과 반함(飯含)을 합친 과정과 같다. 임종을 확인하고 망자의 혼을 붙들어 두는 절차이다.

• 도미(稻米) : 쌀 내지 멥쌀로서, 반함할 때 쓴다.

• 도빈(塗殯) · 외빈(外殯) : 빈소(殯宮)를 흙으로 덮는 일. 옛날에는 천자는 7개월, 제후는 5개월, 대부는 3개월, 사(士)는 1개월을 넘겨 장사를 지내도록 되어 있었다. 그러나 보통 풍수지리 등의 영향으로 3개월을 넘기는 경우가 많았다(三月而葬). 이 경우 집 안에 망자의 영구를 장기간 모실 수 없기 때문에 집안의 적당한 곳을 찾아 외빈(外殯)을 하는 일이 많았다. 외빈은 도빈(塗殯), 내빈(內殯), 토롱(土壟), 사롱(沙壟), 토감(土坎) 등 지역과 가문에 따라 다양한 이름이 있다. 외빈에 대해 ≪가례(家禮)≫에서는 "장일이 오랠 경우 집안에 영구를 오래 둘 수 없기 때문에 외빈을 한다. 사랑채 밖이나 곁채 밖, 혹은 헛간에 깊이 2자, 폭 3~4자, 길이 7~8자로 파고, 바닥과 네 벽을 벽돌로 깔고 쌓는다. 틈새를 석회로 발라 흙이 들어오지 않게 한다. 그리고 자리와 굄목을 놓고 관을 안치하는데, 이때 전(奠)을 올린다. 관 위에 홑이불을 덮고 기둥을 세워 움막의 지붕처럼 만들어 이엉을 덮은 다음 모래나 흙을 덮는다. 도빈(塗殯)이 끝나면 영좌를 차리고 전을 올린다. 전(奠)의 순서는 분향-헌작-재배의 순서이다. 이곳을 빈소(殯所)라고도 한다."라고 하였다.

• 도사(道士) : 도교(道教)를 받드는 사람. 방사(方士).

• 도사(導師) : 일본의 불교 법회나 장의에서 여러 스님을 거느리고 의식을 주도하는 승려.

• 도선(徒跣) : 맨발을 일컫는 것으로서 버선을 벗는다는 의미이다.

• 독(櫝) : 신주 집. 신주를 모셔두는 나무로 짠 궤. 즉 신주를 넣어두는 상자. 주독(主櫝), 신주독(神主櫝), 혼독(魂櫝)이라고도 하는데, 독(櫝)의 종류로는 앞쪽에 여닫이 창문을 달아두는 형태인 창독(窓櫝)과 위에서 덮어씌우는 독개(櫝蓋)가 있다. 보통 독(櫝)은 검은 옻칠을 한다.

• 독개(櫝蓋) : 신주를 넣는 독의 뚜껑. 위패함 덮개. 네 방향이 곧장 내려가서 신주집과 독좌가 들어갈 만하되, 다만 후면(後面) 아래쪽은

판을 대지 않고 비워 둔다. 흑칠을 한다.

- 독장 : 옹관(甕棺) 참조.

- 독좌(櫝座) : 신주 독. 판자로 만드는데, 겉은 검은 칠을 하고 안쪽은 붉은 칠을 한다. 안은 사방 4치보다 조금 넉넉하게 하고, 받침대에 살짝 끼운다. 높이는 1자 두 세치로 하여 신주의 몸체보다 조금 높게 한다. 앞쪽과 위쪽을 모두 터서 비우고, 바닥판은 사방이 몸통보다 각기 반치쯤 나오게 해서 뚜껑을 받치도록 한다. 받침의 아래 네 모서리에 발(跋)을 두는데, 높이는 1치쯤이다. 또 앞면 아래에 횡첩판(橫貼板 - 가로 붙인 널판)은 문지방과 같다. 높이는 부(趺 - 받침)에 준한다.

- 동굴장(洞窟葬, Cave Burial) : 시체를 동굴에 넣어 두는 방법.

- 동방삭 : 전통 상여 제작 시 상여 뚜껑 맨 위 용머리판 마룻대 중간에 나무로 깎아 부착하는 저승 동반자로서의 인물상을 말한다.

- 동역자(董役者) : 감독하는 사람. 치장(治葬) 시 지관(地官 - 장사[葬師]) 등을 말한다.

- 동자복(童子服) : 아이의 상복. 재질이나 만드는 법은 어른의 옷과 동일하나, 관. 건. 수질이 없다.

- 동찬(同爨) : 같은 부뚜막이라는 뜻으로, 복(服)이 없는 먼 친척이거나 남일지라도 한 집에서 한 솥 밥을 먹으며 지낸 자.

- 두건(頭巾) : 상복을 입을 때 머리에 쓰는 건. 머리에 씌우는 수건과 같은 것. 남자 상주(제)나 어른 복인이 상중에 쓰는 건을 말하는데, 이를 효건(孝巾), 또는 건(巾)이라 하고 보통 삼베로 만든다. 옛날 상복제도에서는 상관(굴건), 수질, 요질, 교대, 상장과 복을 갖추었지만 지금은 상주건과 일반 건으로 나누는데 상주건은 가운데를 접어서 부상(父喪)에는 앞으로, 모상(母喪)에는 뒤로 하여 쓴다. 또한 결혼 전에는 통건을 쓴다.

• 두대족소(頭大足小) : 관(棺)을 만들 때 머리 쪽은 크게 하고, 다리 쪽은 작게 하는 것을 말한다. 두광족협(頭廣足狹)이라고도 한다.

• 두루마기 : 수의의 겉옷을 말하며, 두루마기 이외에 남자의 경우는 도포를 겉옷으로 입히기도 하며, 여자의 경우는 원삼(圓衫)을 입히기도 한다.

• 두수(頭鬚) : 부인의 머리를 묶는 데 사용하는 끈. 괄발(括髮), 문(免), 좌(髽) 등과 더불어 소렴 시 하는 준비 행위들이다.

• 둔석(窀穸) : 무덤 구덩이. 광중.

• 득지택일(得地擇日) : 장지를 택하고 장삿날을 정한 후 축관이 조전(朝奠)할 때 영좌에 고한다.

• 등(凳) : 받침대. 관을 받치거나 할 때 사용하는 받침대이다.

• 량두(掠頭) : 소렴 시 하는 괄발의 일종. 지금의 망건(網巾)과 같다.

• 력(鬲) : 솥. 습(襲)의 절차에서 시신을 목욕시킬 때 목욕물을 데우는 데 쓴다.

• 뢰(誄) : 죽은 이를 애도하는 조사(弔辭)나 만사(輓詞). 즉 죽은 이의 공적을 서술하여 기도하는 글(『논어』「술이(述而)편」 뢰왈도이우상하신기(誄曰禱爾于上下神祇) - 뢰문에 이르기를 '너를 상하 신명(神明[神 - 하늘의 신, 祇 - 땅의 신]에게 기도한다.'고 하였다).

• 료(燎) : 화톳불. 거(炬 - 횃불)

• 릉(陵) : 왕(비)의 무덤(예, 영릉[英陵] - 세종대왕 무덤).

• 리(履) : 신발. 흰 명주로 된 것을 사용하며, 만약 여자의 상(喪)이면 파란 신발을 사용하기도 함.

• 마(麻) : 삼. 5복의 수질 · 요질 · 효대(絞帶 - 요질 아래에 묶어 두르는 띠)를 만드는 데 쓴다. 참최복에는 저마(苴麻 - 씨가 있는 삼)를

쓰고, 자최복 이하에는 시마(枲麻 - 씨가 없는 삼)를 쓰고, 시마복(緦麻服)에는 누인 삼을 쓴다.

• 마구(麻屨) : 삼신.

• 마목(馬木) : 가마, 상여 등을 올려놓을 때 쓰는 받침목.

• 마승(麻繩) : 삼끈. 소렴의 과정에서 괄발(括髮 - 머리를 묶는 일)을 할 때 사용한다. 즉 남자와 여자가 머리를 묶고 복머리 하는 데 쓴다.

• 마유(麻油) : '지마(脂麻)'로서 속명은 '진임(眞荏, 들깨)', 즉 들깨기름이다.

• 막(幕) : 대렴 후 영상을 설치할 때 먼지를 방지하기 위해 영상 위에 치는 막. 역막.

• 만가(輓歌) : 구전 민요의 하나. 상여를 메고 장지로 갈 때 상여꾼이 부르는 노래로서 죽은 사람을 애도하고 인생의 허무를 되씹는 구슬픈 노래이다. 각 지방에 따라 그 가사도 다르며, 상여를 메고 장지로 갈 때와 매장한 뒤 흙을 다질 때의 노래가 다르다. 춘향전, 심청전, 흥부전, 배비장전에 각기 한 수씩 도합 4수가 전해 오고 있다.

• 만거(挽車) : 죽은 이를 태우고 끄는 수레.

• 만사(輓詞) : 망자의 죽음을 애도하는 글. 주로 친구, 혹은 관계가 있는 사람이 애도의 글을 보내면, 상가에서 이를 한지, 비단, 천 등에 써서 깃발처럼 만들어 행상(行喪) 때 함께 장지로 간다. 장례가 끝나면 태우기도 하지만, 글귀를 모아 망자의 문집을 만들 때 게재하기도 한다(현행 가정의례준칙에서는 만장의 사용을 금지하고 있음). 일명 만시(輓詩)라고도 하는데, 그 첫머리에는 근조(謹弔)라 쓰고 그 아래에 애도의 글을 쓴 다음, 끝에는 자기의 성명을 '본관후인성명곡재배(本貫後人姓名哭再拜)'라고 쓴다.

• 만장(輓章) : 만사를 쓴 깃발. 종이 혹은 비단 등으로 되어 있다. 옛날에는 부조 중에서도 만장 부조를 으뜸으로 쳤으며, 만(輓)이란 영구를 앞에서 끌고 간다는 뜻이다. 만장의 색깔은 정해진 것이 없으며, 위와 아래에 작은 굴대(축)를 사용하고 대나무로 장대(깃대)를 만드는데, 장대 끝에는 약간의 장식을 단다. 본래는 불(紼 - 수레를 끄는 줄[상여줄])을 잡는 사람이 만가를 불렀으니, 대여 앞에 있어야 한다. 장례의 행렬에서는 반드시 명정(銘旌)의 뒤를 따르게 하고 상례를 마친 뒤에는 상청에 보관하며, 돌아간 이의 문집을 만들 때는 부록에 만장의 원문을 수록하기도 한다.

• 말(襪), 말의(襪衣) : 버선. 수의(壽衣)의 품목 중 하나. 서(絮, 솜)를 둔다. 생전에 쓰던 모양대로 하나 치수는 크게 하고, 면이나 명주 또는 모시로 만들고 중간에는 끈을 달아 맬 수 있게 만든다.

• 말(袹) : 머리를 싸는 수건. 작은 보자기나, 명주로 만든다. 또는 신주 독(櫝)을 덮는 데에 쓴다(신주 덮개 - 검은 비단으로 만듦).

• 말목(馬木) : 가마, 상여 등을 올려놓을 때 쓰는 받침목. 마목(馬木) 참조.

• 말유봉위(末由奉慰) : 받들어 위로할 길이 없음.

• 망건(網巾) : 조선시대 성인 남자가 상투를 틀 때 머리털을 위로 걷어 올리기 위해 이마에 쓰는 건. 말총을 직사각형으로 엮어 만드는데, 윗부분을 당, 아랫부분을 편자라 한다. 그리고 상투에 달아매는 줄을 당줄이라 한다. 상례에서는 담제의 변복(變服) 때 상주가 상투를 틀 때 사용하는 것으로, 흑색과 백색의 말총을 섞어서 만든다. 혹은 진하지 않은 검은색 천으로 만든다.

• 망곡(望哭) : 멀리서 바라보며 곡함.

• 망극(罔極) : 다함이 없음.

• 망기향곡(望其鄕哭) : 부모님의 상 소식을 듣고[聞喪] 급히 고향을

달려가는데 멀리 고향이 보이면 곧 곡(哭)을 함.

- 망모(亡母) : 서자(庶子)가 생모(生母) 사망 시에 신주에 쓰는 서식 양식이다.
- 망실(亡室) : 죽은 아내.
- 망일(亡日) : 죽은 날.
- 매안(埋安) : 신주를 무덤 앞에 파묻음. 고조가 지나 5대조(祖)가 되면 신주를 산소 앞에 묻는 일.
- 매장(埋葬, Burial) : 시체[임신 4개월 이상의 사태(死胎) 포함] 또는 유골을 땅에 묻어 장사함을 말함. 보통 토장(土葬)이라고도 함. 초기의 매장은 시신을 그대로 묻었으나 후에는 석관(石棺, 돌널, 독널) 등에 수장하였고, 도구의 발달과 함께 목관(木棺), 옹관(甕棺) 등을 사용하기도 하였다.
- 매지(埋誌) : 지석을 묻음.
- 매혼(埋魂) : 탈상(脫喪) 후 혼백을 묘 옆에 묻는 것.
- 망주석(望柱石) : 봉분 양 쪽에 있는 기둥 돌.
- 메[飯] : 제사상에 올리는 밥. 요즘 명절인 설 차례에는 메 대신 떡국을, 추석 차례에는 송편을 올린다.
- 멧베 : 시신에 수의를 입힌 후 삼베 20자 한 필을 7쪽으로 잘라서 다시 각 한 쪽의 반 정도를 3등분하면 21메끼가 되는데 이것으로 시신을 결박하는 것.
- 멱건(幎巾) : 얼굴을 덮는 수건. 가로 세로 2자의 베나 명주를 쓴다. 멱목(瞑目) 참조.
- 멱목(幎目), 멱모(幎冒) : 시신의 얼굴을 덮는 천. 습(襲)의 절차에서 시신의 얼굴을 싸는 헝겊. 면으로 만들고, 사방 1자 2치이다. 사각으

로 되어 있으며, 네 귀퉁이에 끈이 달렸으며, 바깥쪽의 색깔은 검은 색이고, 안쪽은 붉은 색으로 하고, 그 안에 솜을 채워 넣는다. 관행에서는 남자는 남색 안감, 여자는 다홍색 안감을 쓴다고 한다. 왕의 경우는 푸른 비단에 안감은 붉은 생초(生綃)를 사용하며, 사방이 1척 2촌으로 사각으로 자주색 생초의 띠를 펴서 뒤에서 이를 맺는다. 명목, 멱모(幎冒), 면모(面帽) 등.

• 면례(緬禮) : 무덤을 옮겨 장례를 다시 지내는 것. 개장(改葬)과 같은 의미로서 이장, 개장에 대한 한국식 표현이다.

• 면상(免喪) : 상을 벗음.

• 면유(緬惟) : 아득히 헤아림. 멀리 생각건대.

• 명기(明器) : 부장품. 죽은 이의 영혼을 달래기 위해서 장사지낼 때 무덤 속에 시신과 함께 묻는 기물(器物)로서 식기, 악기, 집기, 무기, 시종자 등을 형상한 용(俑 - 인형)을 말한다. 내세의 생활을 위한 것이라는 의미가 있다. 실물보다 작게 만드는 형상물들로서 귀신의 그릇이다. 즉 생전에 사용하던 물건들을 작게 형상한 것들이어서 실제로 사용할 수는 없지만, 사자(死者)에게는 어울리는 신명한 생(生)과 사(死)의 중간존재임을 말한 것이다. 한편 『가례집람』에는 '명기(明器)를 옆에 넣어 두고 장식을 더한다.'고 하였고, 그 주에는 '기(器)는 용기(用器), 역기(役器 - 갑옷 등의 물건을 이름)이고, 현(見)은 관의 장식이다. 현(見)이라고 한 것은 이 장식이 더하면 관구(棺柩)가 보이지 않기 때문이다. 먼저 기물을 넣는다고 하고 장식을 더한다고 한 것은 기물이 장식 안에 있기 때문이다.'고 하였다.

• 명기(銘旗) : 명정(銘旌) 참조.

• 명목(瞑目) : 멱목(幎目) 참조.

• 명정(銘旌) : 고인의 관직이나 본관, 성명 등을 쓴 붉은 색 깃발. 죽은 사람의 관직, 성명 등을 쓴 붉은 색 깃발. 명기(銘旗)라고도 한다.

명정 사용의 이유는 사자(死者)의 형태를 볼 수 없기 때문에 그 이름을 써서 알아보게 하기 위한 것이다. 붉은 색으로 쓰는 이유는 생명의 부활과 사귀를 쫓기 위한 것이다. 상여 앞에서 길을 인도하고, 하관(下官) 후에는 관 위에 씌워 묻는다. 보통 붉은 명주비단에다 흰 분가루를 아교에 개어서 예를 들면 "학생안동권공지구(學生安東權公之柩)"라고 쓴다. 위 아래로 축(軸)을 만들고, 명정대에 용이나 봉의 머리를 꽂이 장식하기도 한다. 예기(禮記)에 보면, "銘 明旌也 以死者爲不可別已 故以其旌 識之"라는 말이 있다. 명정의 길이는 신분에 따라 천자(天子)는 9자, 제후(諸侯)는 7자, 대부(大夫)는 5자, 선비(士)는 3자였다. 그리고 벼슬을 못한 선비는 검은 베 반폭에 길이가 1자이다. 명정은 대렴이 끝나고 영좌의 동쪽에 세우는데, 망자의 표지 역할을 한다. 그러므로 하관할 때 관 위에 덮는다. 행상을 할 때 방상 - (명기) - 명정 - 영여 - 공포 - 삽 - 상여 - 상주와 복인 - 존장 - 무복친 - 빈객의 순서에서 보듯 앞에 서는 것도 망자의 표지이기 때문이다. 명정은 긴 장대에 메달아 깃발처럼 들고 가는데, 깃봉에 화려한 장식을 하기도 한다. 긴 장대에 달아 출상 전에는 영좌의 오른쪽에 세워두었다가 출상 때에는 영구 앞에서 들고 간다. 세속에서는 장대 끝에 나무를 깎아 용이나 봉황의 머리를 만들어 채색을 칠하고, 입에는 둥근 고리를 물려서 유소(流蘇 - 오채[五彩]로 된 술)를 드리운다. 위아래에 축(굴내)이 있다. 명정은 관 위에서 쓴다. 이를 관상명정(棺上銘旌) 또는 관명정(棺銘旌)이라고 한다.

명정의 남자 관직명은 다음과 같다

1품(一品)은 대광보국숭록(大匡輔國崇祿), 보국숭록, 숭록, 숭정(崇政)이고, 종친(宗親)은 현록(顯祿), 흥록(興祿), 의덕(宜德), 가덕(嘉德)이고, 의빈(儀賓 - 임금의 사위)은 수록(綏祿), 성록(成祿), 정덕(靖德), 명덕(明德)이다.

2품(二品)은 정헌(正憲), 자헌(資憲), 가의(嘉儀), 가선(嘉善)이고, 종친은 숭헌(崇憲), 승헌(承憲), 중의(中義), 소의(昭義)이고, 의빈은 봉헌(奉憲), 통헌(通憲), 자의(資義), 순의(順義)이다.

3품(三品)의 문음(文陰 - 문관과 음관)은 통정(通政)이고, 무반(武班)은 절충(折衝)이고, 종친은 명선(明善)이고, 의빈은 봉순(奉順)이고, 당하관 3품의 문관과 음관은 통훈(通訓), 중직(中直), 중훈(中訓)이고, 무반은 어모(禦侮), 건공(建功), 보공(保功)이고, 종친은 창선(彰善), 보신(保信), 자신(資信)이고, 의빈은 정순(正順), 명신(明信), 돈신(敦信)이다.

4품의 문관과 음관은 봉정(奉正), 봉열(奉列), 조산(朝散), 조봉(朝奉)이고, 무반은 진위(振威), 소위(昭威), 정략(定略), 선략(宣略)이고, 종친은 선휘(宣徽), 광휘(廣徽), 봉성(奉成), 광성(光成)이다.

5품의 문관과 음관은 통덕(通德), 통선(通善), 봉직(奉直), 봉훈(奉訓)이고, 무반은 과의(果毅), 충의(忠毅), 현신(顯信), 창신(彰信)이고, 종친은 통직(通直), 병직(秉直), 근절(謹節), 신절(愼節)이다.

6품의 문관과 음관은 승의(承議), 승훈(承訓), 선교(宣敎), 선무(宣務)이고, 무반은 돈용(敦勇), 진용(進用), 여절(勵節), 병절(秉節)이고, 종친은 집순(執順), 종순(從順)이다.

7품의 문관과 음관은 무공(務功), 계공(啓功)이고, 무반은 적순(迪順), 분순(奮順)이다.

8품의 문관과 음관은 통사(通仕), 승사(承仕)이고, 무반은 승의(承義), 수의(修義)이다.

9품의 문관과 음관은 종사(從仕), 장사(將仕)이고, 무반은 효력(效力), 전력(展力)이다.

문관과 음관, 종친, 4품 이상은 대부(大夫)이고, 5품 이하는 낭(郎)이고, 무반은 2품 이상은 대부이고, 당상관(堂上官)은 3품 이하는 장군(將軍)이고, 5품 이하는 교위(校尉)이고, 7품 이하는 부위(副尉)이다.

부인의 관직명은 다음과 같다

1품 대군(大君)의 처는 부부인(府夫人)이고, 문관 · 음관 · 무관의 처는 정경부인(貞敬夫人)이고, 종친의 처는 군부인(郡夫人)이다.

2품 문관 · 음관 · 무관의 처는 정부인(貞夫人)이고, 종친의 처는 현부인(縣夫人)이다.

3품 문관·음관·무관의 처는 숙부인(淑夫人)이고, 종친의 처는 신부인(愼夫人)이고, 당하관 3품 문관·음관·무관의 처는 숙인(淑人)이고, 종친의 처는 신인(愼人)이다.

4품 문관·음관·무관의 처는 영인(令人)이고, 종친의 처는 혜인(惠人)이다.

5품 문관·음관·무관의 처는 공인(恭人)이고, 종친의 처는 온인(溫人)이다.

6품 문관·음관·무관의 처는 의인(宜人)이고, 종친의 처는 순인(順人)이다.

7품 문관·음관·무관의 처는 안인(安人)이다.

8품 문관·음관·무관의 처는 단인(端人)이다.

9품 문관·음관·무관의 처는 유인(孺人)이다. 관직이 없는 선비의 처도 역시 유인(孺人)이라 칭할 수 있다.

대개 부인의 칭호는 모두 남편의 실직(實職)을 따르되, 관직이 낮고 품계가 높은 자나 품계는 낮고 관직이 높은 자는 모두 품계를 따르지 않는다(『사례편람』 참조). 『예기(禮記)』「잡기(雜記)」편 상에 '모든 부인은 그 남편의 작위를 따른다.'고 하였고, 주(註)에 '부인의 상사를 치를 때는 모두 남편의 작위의 높고 낮음으로 높이고 낮추는 것이고 다른 예는 없다.'고 하였다.

- **명조(冥曹)** : 죽은 사람을 거두는 저승에 있다는 관청.

- **명지(銘誌)** : 묘비에 적는 글.

- **명지(名紙)** : 관직이나 이름을 쓴 종이로서 오늘날의 명함을 말한다. 문상 시 명함을 갖추어서 통성명을 하였다. 자(刺) 참조.

- **메(袂)** : 소매.

- **모(冒)** : 시신을 싸는 데 사용하는 것이다. 명주나 비단을 사용하는데, 검은 비단 7자 남짓으로 가운데를 접어 한 변은 꿰매고 다른 변은 위아래 양쪽을 꿰매지 않고 각각 작은 띠셋을 꿰매 붙인다. 대부

의 경우는 5개이다. 이것이 이른바 질(質)이다. 또 붉은 비단 일곱 자를 써서 가운데를 접어 한 쪽을 꿰매되, 다른 쪽은 꿰매지 않고 작은 띠를 꿰매 붙이기를 똑같이 하니, 이것이 이른바 쇄(殺)다. 윗것을 질(質)이라 하고 아랫것을 쇄(殺)라 한다.

- 모반(茅盤) : 모사(茅沙)를 놓는 그릇.
- 모선망(母先亡) : 어머니가 먼저 돌아가심.
- 모속(茅束) : 묶은 띠.
- 목갑(木匣) : 궤(櫃 - 궤짝. 함)의 한 종류로서, 친진(親盡)을 다한 신주를 넣어 뉘여 본묘(本墓 - 당사자의 무덤) 옆에 묻을 때 사용한다.
- 목건(沐巾) : 습의 절차에서 시신을 목욕시킬 때 머리를 말리는 데 사용하는 수건이다. 단, 목 아래 몸 부분의 물기를 닦는데 사용하는 수건은 욕건(浴巾)임. 욕건(浴巾) 참조.
- 목구의(木柩衣) : 광목 널 옷.
- 목말(木抹) : 나무 말뚝. 이·개장시 천회(天灰)를 뚫고 꺼낼 때 사용한다.
- 목욕(沐浴), 습 : 시신을 씻기는 일을 목욕이라 하고(목 - 상체 씻김, 욕 - 하체 씻김), 습이란 시신에게 수의를 입히는 일.
- 목잠(木簪) : 주로 상주(제)가 꽂는 나무로 만든 비녀.
- 목적(木賊) : 속새. 신주 몸체를 문질러 매끄럽게 하기 위한 것이다.
- 목침(木枕) : 나무토막. 베개 대신으로 쓴다.
- 묘(墓) : 무덤이 조성된 구역.
- 묘갈(墓碣) : 무덤 앞에 세우는 둥그스름하고 작은 돌비석. 그런데 옛날에는 3품 이상과 당상관들에게만 비석의 머리 위에 갓 탑을 얹는 것이 허용되었고, 3품관 이하는 묘비 위에 지붕을 얹지 못하였

다. 이러한 지붕이 없는 갓 탑 묘비를 '묘갈(墓碣)'이라고 부른다. 나아가 이 묘갈(墓碣)에 새기는 비문을 묘갈문(墓碣文)이라고 한다.

• 묘계(墓界) : 조선 시대 때 품계에 따라 정한 무덤의 구역. 무덤을 중심으로 하여 사방으로 정·종 1품은 무덤을 중심으로 100보, 2품은 사방 90보, 3품은 80보, 4품은 70보, 5품은 60보, 6품은 50보이었으며, 문무관은 1품이 90보로서 차례로 10보씩이 적어졌으며, 서민은 사방 10보로 정하였는데, 이 구역 내에서는 경목(耕牧)이 금지되었다.

• 묘광(墓壙) : 무덤 구덩이.

• 묘도(墓道) : 묘소로 올라가는 길.

• 묘문(墓門) : 산소의 경내로 들어가는 문.

• 묘비(墓碑) : 무덤 앞에 세우는 장방형의 비석. 아래는 반석(盤石), 그 위에 비신(碑身), 맨 위에 지붕 모양의 가첨석(加簷石)이 있다. 비신에 망인의 관직, 성명, 행적, 자손, 장지, 생몰년월일 등을 새긴다.

• 묘상각(墓上閣) : 장사지낼 때 비나 햇빛을 가리기 위하여 짚풀과 같은 것을 엮어 만든 임시 지붕. 속칭 옹가(甕家 - 무덤 위에 치는 차일)이니, 구덩이 위에 덮어서 비와 해를 가리는 것이다. 관을 매장하기 전에 파놓은 구덩이를 덮는 지붕이다.

• 묘석(墓石, Tomestone, Gravestone) : 시신이 매장된 묘에 사용되는 석물(石物).

• 묘소(墓所) : 분묘의 소재지. 보첩(譜牒)에는 '墓'자만을 기록하고, 반드시 좌향(坐向)을 표시하며, 그리고 합장(合葬)의 여부 등도 기록한다.

• 묘지(墓地) : 분묘를 설치하는 구역.

• 묘지(墓誌) 명(銘) : 죽은 사람의 성명, 관위, 행적, 자손의 성명, 묘

지의 지명, 생년월일 등을 새겨서 무덤 옆에 파묻는 돌이나 도판(陶板) 또는 거기에 새긴 글. 일명 광지(壙誌)라 하며, 관(棺), 호(壺) 등에 직접 새긴 것도 있다. 천재지변이나 오랜 세월이 흐른 뒤를 대비하여 금속판이나 넓적한 돌, 도자기 그릇 등에 죽은 이의 본관, 성명, 생년월일, 행적, 묘의 위치 등을 새기거나 써서 무덤 앞 등에 묻었다.

무덤의 주인공(묘주 · 墓主)이 누구인지 알려주기 위해 무덤 내부 또는 그 언저리 땅 속에 남긴 기록인 묘지명은 죽은 이의 이름과 생몰년, 집안내력, 주요 발자취 등 다양한 정보를 담고 있어 한 인물의 개인사뿐만 아니라 주변에서 이뤄진 생활과 문화, 역사 등을 총체적으로 보여주는 유물이다. 보통 무덤 주인공에 대한 기록인 묘지(墓誌)와 그를 추모하는 시구인 명(銘)으로 구성돼 있으며 묘기(墓記), 지문(誌文), 장지(葬誌), 광명(壙銘) 등 다양한 명칭으로 불린다.

대부분 장방형 석재로 된 고려시대 묘지명과 달리 조선시대 묘지명은 전 시기에 걸쳐 광범위하게 제작됐으며 석재뿐만 아니라 분청사기와 청화백자, 백자 등 다양한 재질의 도자기로 만들어진 것이 특징이다. 형태도 원형과 벼루형, 서책형, 그릇형 등 다채롭다.

• 묘지(墓地), 화장장, 매장 및 화장취체규칙 : 일제는 1902년부터 1916년까지 10차에 걸쳐서 전국의 임야를 조사하여 식민지 임업정책을 수립, 시행하는데 장애가 되는 우리 고유의 묘제를 정비하기 위하여 1912년 6월 조선총독부령 제123호로 본 취체규칙을 공포하였다.

• 묘표(墓表) : 누구의 묘인지 알기 위해 무덤 앞에 세우는 표시 돌로서 일명 표석(表石)이라고도 하며, 고인의 관직, 성명 등이 새겨져 있다.

• 무(甒) : 상례(喪禮)에 사용하는 그릇으로서 술을 담는 그릇.

• 무(武) : 관 밑의 동그란 테두리.

• 무공주(無孔珠) : 구멍이 뚫리지 않은 구슬. 반함(飯含) 시 넣는 것인데, 흔히는 이 무공주 대신 엽전 또는 동전을 넣기도 한다. 보통 반함 때 상주는 쌀과 함께 이 무공주를 망자(亡者)의 입 우(右), 좌(左), 중(中)에다 넣는다.

• 무복(無服) : 복이 없음. 일가친척이라 하더라도 8촌 이상이면 복(服)이 없다.

• 무복지상(無服之殤) : 8세 이하의 복(服)이 없는 상(殤).

• 무시(撫尸) : 시신을 만지는 것. 즉 구부린 것을 펴거나 하는 것.

• 무시곡(無時哭) : 정한 때가 없이 슬픔이 복 바치면 아무 때나 곡을 함. 졸곡 이전까지의 곡이 곧 무시곡이다. 따라서 졸곡이란 무시곡을 멈춘다는 의미이다. 그리고 졸곡 이후에는 부모를 잃은 슬픔을 어느 정도 가라앉힐 수 있으므로 조석곡(朝夕哭)으로 곡을 대체한다.

• 무연분묘 : 특정분묘에 있어서 연고자라 함은 그 분묘에 매장된 자 및 당해 분묘와 관련하여 혈통이나 정분 또는 법률관계에 있는 자를 말하며, 연고자가 있다 하더라도 상당한 기간 동안 계속하여 실질적으로 대상 분묘를 관리하고 있지 아니하거나 정당한 사유 없이 법률에 의한 관리행위(신고, 신청, 보고 등)에 응하지 않을 때에는 당해 분묘를 무연분묘로 볼 수 있다.

• 묵묘 : 관리를 하지 않고 묵는 묘소.

• 묵최(墨衰) : 검은 상복. 아버지가 살아 계신 동안 죽은 어머니의 담제 이후와 생가 부모의 소상 뒤에 입는, 베 직령(直領)에 묵립(墨笠)과 묵대(墨帶)를 갖춘 옷.

• 문(免) : 관을 벗고 머리를 묶는 일이다. 즉, 흰 천을 일정한 모양으로 머리에 감는 것을 말한다. 문포(免布)의 길이는 목에서부터 이마에서 교차하여 상투를 돌리기에 족할 만큼 하되 베를 찢어서 만들고, 복이 가벼운 사람은 비단을 꿰매서 한다. 특히 상복을 입

지 않고 머리만 문(免)하는 것은, 먼 친족이나 타국에서 죽은 친구를 조상할 때 쓰는 예법이다.

• 문상(聞喪) : 초상났음을 객지(客地)에서 들음. 즉 객지(客地)에서 부모상을 듣고 귀가하는 것을 말하는 것으로서, 부음(訃音)을 들은 즉시로 곡(哭)하며, 사자(使者 - 부고를 가지고 온 사람)에게 절하고 의복을 흰옷으로 갈아입은 다음 즉시 귀가하여 시신 앞으로 나아가 상복으로 갈아입고 곡한다. 만일 상사에 갈 수 없는 처지라면 영위(靈位)는 만들 수 있으나, 제물은 올리지 않는다. 집에 도착했으나 이미 장례를 치렀으면, 묘소로 가서 곡하고 절한다. 의식은 집에서 하는 것과 같이 한다. 도중에 아직 성복을 하지 못했으면 묘소 앞에서 변복(變服)을 하고, 집에 가서는 영좌 앞에 나아가서 곡하고 절한다. 자최 이하의 부인이 분상(奔喪)하지 않았을 때는, 3일 동안은 영위를 만들어 곡하고 4일이 되는 날에는 의식대로 성복을 한다. 또 매달 초하루마다 영위를 만들어 놓고 곡을 하고 나서 복을 벗는다는 것은 초상에 가지 못한 자의 경우이고, 만일 상가에서 멀지 않는 곳이라면 마땅히 영좌에 가서 곡하고 나서 복을 벗는다.

• 문상(問喪) : 고인의 명복을 빌고 유족을 위로하는 일. 즉 초상난 집을 찾아가서 조문을 하고 상주를 위로 하는 일.

• 문상객(問喪客) : 고인의 명복을 빌고 유족을 위로하러 온 사람.

• 문장(門狀) : 일종의 명함이다. 즉 사대부가 교알(交謁)할 때 사용하던 명함이다. 문장(門狀)을 사용하기 전에는 군자가 남을 알현할 때, '○○가 손수 알현하고자 ○○ 관에게 올립니다.'라는 친서를 올렸다. 옛날에는 대장(大狀)과 소장(小狀)으로 구분하여, 대장은 전지(全紙) 소장은 반지(半紙)를 사용하였는데, 대장은 손바닥 크기보다 조금 작았다. 조문 시에도 명함을 갖추어 통성명을 하였다. 자(刺), 명지(名紙) 참조.

• 문포(免布) : 남자와 여자가 머리를 묶는 데 쓴다.

• 미망인(未亡人) : "따라 죽지 못한 사람"이라는 뜻으로, 남편이 죽고 홀몸이 된 여자를 이르는 말.

• 미회(米灰) : 쌀가루.

• 바지 : 수의(壽衣)의 아랫도리 옷 중 하나로서 보통 고인이 생전에 입던 바지의 치수보다 허리는 7치 정도 넓게, 길이도 7치 정도 길게 하고, 바지통은 2치~4치 정도 넓게 만든다. 홑바지, 겹바지로 만들거나 솜을 넣기도 한다. 흰색 면이나 저포(紵布 - 모시베)로 만든다.

• 박루지실(朴陋之室) : 누추한 방.

• 박마(樸馬) : 치장하지 않은 말. 여윈 말. 꾸미지 않은 말. 베 안장이 갖추어져 있다. 상주가 부득이 하여 출입할 시 타는 말이다. 포안(布鞍 - 베 안장)과 소교(素轎 - 흰 가마)와 포렴(布簾 - 베 발) 등도 필요하다.

• 박장(薄葬) : 후장(厚葬 - 석실묘)의 반대. 간소한 장례. 무덤 내에 부장품(副葬品)을 적게 넣는 장법(葬法). 고려시대를 거쳐 조선 전기까지 유행하던 석실묘[石室墓 - 석실 내부에 사신도 등의 그림이 있고 명기(明器) 등의 기물도 풍부히 함유]가 세조 이후 주자가례에 의거한 회격묘(灰隔墓)로 변화되면서부터 후장(厚葬) 풍속에서 박장(薄葬) 풍속으로 바뀌게 된다.

• 박판(薄板) : 얇은 판. 즉 얇은 널판. 이개장시 헌 관이 너무 썩어서 관에 갑(匣)을 씌울 때 사용하는 도구. 지회(地灰 - 바닥에 까는 석회) 위에 까는 데 쓰는 것이니, 길이와 너비가 관(棺)의 싸이즈보다 조금 여유가 있게 하되 두께는 1치쯤이다.

• 반[번](潘) : 시신을 목욕시킬 때 사용하는 물이다. 쌀뜨물 즉 쌀 씻은 물이다. 대부(大夫)는 기장뜨물을 쓰고, 사(士)는 조 또는 벼 뜨물을 쓰는데, 머리를 감는 데 사용하는 물이다. 군(君)의 상(喪)에는 목욕을 시킬 때 향탕수(香湯水)를 사용하기도 한다. 그러나

요즘에는 모두가 향탕수를 사용한다.

- 반(盤) : 대야. 얼음(시신의 부패를 방지하기 위하여 옛날 얼음을 사용) 또는 물을 담는 데 사용한다. 또는 하관 시 현훈(玄纁)을 드릴 때 현훈을 담는 데에 사용하기도 한다.

- 반곡(反哭) : 장지로부터 집에 돌아와 신주와 혼백상자를 영좌나 가묘(家廟)에 모시고 곡하는 일. 신주나 혼백을 모시고 상여가 왔던 길로 되돌아가면서 곡을 하고 집에 돌아와 영좌에 모심. 반혼(返魂) 또는 반우(返虞)라고도 한다. 곧 초우(初虞)를 일컫는 말이다. 그런데 산소에 움막을 짓고 상주가 3년상 동안 여묘(廬墓)살이를 할 경우에는 보통 반곡(反哭)의 절차를 하지 않는다.
  주자는 반곡(反哭)의 일에 대해 이르기를 '신주를 모시고 돌아오는 것은 상례 가운데 가장 큰 것이기 때문에 삼우(三虞) 이래는 모름지기 집에 이르러 곧 행해야 하는데, 나라의 풍속에 여묘(廬墓)를 하면서 결국 신주를 모시고 돌아오지 않고 여묘(廬墓)에 나아가 제사(祭祀)를 행하며 3년을 마친다. 이는 단지 편의만을 알고 그 예경(禮經)의 취지를 크게 잃는 것을 알지 못하는 것이다.'고 하였다.

- 반구지가(返柩至家) : 영구가 집에 돌아옴.

- 반우(返虞) : 반곡, 반혼 참조.

- 반조(返照) 현상 : 죽음 직전에 반짝이는 의식 속에서 자신을 총정리하는 순간을 말한다. 죽음이 가까워오면 말기 환자가 원기를 되찾고 마치 회복한 것처럼 여겨지는 때가 대략 하루 정도 있는데, 그 사이에 환자는 무엇인가를 정리하거나, 유언을 하거나, 평소에 하고 싶었던 일을 하곤 한다. 마치 촛불이 다 타버리기 직전에, 불꽃이 크게 타오르는 것과 같은 이치이다. 추락하는 비행기도 낮은 선회를 되풀이하다가 한번 급상승하고는 힘이 다 빠진 것처럼 하강한다. 이것이 바로 반조(返照) 현상이다. 회광 반조(回光 返照)라고도 한다.

• 반함(飯含) : 염습할 때 시신의 입에 씻은 쌀과 구슬 등을 각저(角箸)로 넣는 일. 즉 시신의 입속에 구멍이 뚫리지 않는 구슬이나 동전 깨뜨린 것 또는 쌀을 물려주는 것을 말함. 고인의 입속을 차마 비어 있게 할 수 없는 효심에서 비롯된 절차이지만 생명의 부활을 바라는 뜻도 담겨 있음.

상주는 왼쪽 소매를 벗어 오른편 허리에 꽂고 곡(哭)을 하면서 무공주 3개를 담은 그릇과 생쌀(깨끗이 씻은 것 반 수저 가량)을 담은 그릇에 버드나무 수저를 꽂은 것을 받들고 들어가 멱건(幎巾)으로 시신의 면상을 덮고 나서 시신 동편 발치로부터 서편으로 올라온 다음, 동쪽을 향해 앉아 시신을 덮은 멱건(幎巾)을 들고 버드나무 수저로 쌀을 조금 떠서 오른편, 왼편, 그리고 가운데 입에 무공주 한 개씩과 함께 넣는다. 그리고 햇솜을 명주에 싸서 턱 아래를 채우고 복건을 씌우고, 충이로 좌우의 귀를 막고, 명목을 덮고, 신을 신기고, 심의를 걷으며 여미되 옷깃을 산 사람과 반대로 오른편으로 여민 뒤(右衽) 대대(大帶)를 동심결로 매고 악수를 맨다. 이것으로 습례(襲禮)가 끝난 것이다. 시신은 다시 이불로 덮어 시상에 모신다. 염습을 마친 뒤에는 모든 기물을 태울 것은 태우고, 땅에 묻을 것은 묻어서 없애 버린다.

『예기(禮記)』「예운」편에 '생쌀로 한다.'고 한 구절의 주(註)에 '생쌀로 반함을 하는 것은 상고시대에 불로 익히는 법이 없었을 때 생쌀로 반함을 하였다.'고 하였고, 「단궁」편의 주(註)에는 '반(飯)은 입에 넣는다는 것이다. 쌀을 사용하였기 때문에 반함(飯含)이라 이른다.'고 하였다.

• 반혼(返魂) : 장지에서 혼백(魂帛)을 다시 모셔오는 것. 고로 반혼제(返魂祭)란 곧 반곡제(反哭祭), 반우제(返虞祭), 즉 초우제(初虞祭)를 일컫는 말이라고 할 수 있다. 반곡, 반우 참조.

• 발상(發喪) : 상제가 머리를 풀고 곡을 하여 초상난 것을 알림. 즉 초상을 알리고 상례를 시작하는 절차임. 보통 수시가 끝나면 초상이

났음을 선포하게 되는데 이것이 곧 발상이다. 가족은 곧 검소한 옷으로 갈아입고, 장식품을 모두 떼고, 근신하며 애도하되, 호곡은 삼간다. 흔히 근조(謹弔)라고 쓰인 등을 달아 놓거나 상중(喪中), 또는 기중(忌中)이라 쓰인 네모난 종이를 대문에 붙여 초상을 알린다. 발상(發喪)의 표시로 옛날에는 아들, 딸, 며느리들이 머리를 풀고 곡하며 초상을 알리기도 하였다.

- 발인(發引, 發靷) : 상가 또는 장례식장에서 영구를 운구하여 장지(葬地)로 떠나는 일. 즉 발인이란 영구가 상가에서 떠나 장지로 출발하는 절차이다. 상여가 집에서 묘지를 향해서 떠나는 것, 관을 상여나 영구에 싣고 장지로 향하는 일이다. 영결식(永訣式)이라고도 하며, 주검이 집에서 나갈 때 지내는 마지막 제사이며, 견전례(遣奠禮)라고도 한다. 옛날에는 대여를 썼으나 형세에 따라서 상여를 써도 무방하다. 날이 밝으면 영구를 옮겨 상여에 모시고 견전을 지낸다. 집사가 조전(朝奠)과 상식(上食)올린 것을 치우면 축관이 북쪽을 향해 무릎을 꿇고 고사를 읽는다. 이때 일꾼들이 영구를 옮겨 상여에 싣고 새끼로 단단히 맨다. 영구가 빈소에서 나올 때는 문 밖에 놓은 바가지를 발로 밟아 깨뜨리기도 한다. 상주는 영구를 따라 곡하면서 내려가 싣는 것을 지켜보고, 부인들은 장막 안에서 곡한다. 상여 맨 앞에는 방상을 세우고, 다음에 명정, 영거, 상여의 순으로 선다. 상여 앞에는 만장, 공포가 있고, 곁에는 보삽, 불삽, 화삽을 세운다. 방상이란 초상 때 묘지에서 창을 가지고 사방의 모퉁이를 지키는 사람이다.

- 발인제(發引祭, 發靷祭) : 발인에 앞서 간단한 제물을 차려 놓고 제사를 올린다. 재여(載轝)가 끝나면 혼백상자를 교의(영좌) 위에 봉안하고 음식을 진설한 다음 상주 이하가 엎드려 고축한다. 말하자면 영좌 앞 제상에 제수를 갖추어 진설한 다음, 상주가 분향하고, 곡을 하며, 재배하는 것이다. 상주 이외에 장례에 참석한 친척들도 누구나 잔을 올려 석별의 정을 나눌 수 있다.

• 발임도(拔衽刀) : 관에 못[隱釘]을 치지 않고 이어 맞춘 이음새(衣任 - 혹 은정[隱釘]이라고도 함)를 여는 칼.

• 방령(方領) : 명주로 만든 턱받침.

• 방립(方笠) : 방갓.

• 방묘(防墓) : 방산(防山)에 있는 공자(孔子)의 어버이의 무덤. 방산(防山)은 중국 산동성 곡부현(曲阜縣) 동쪽에 있는 산으로 필가산(筆架山)이라고도 한다.

• 방분(蚌粉) : 조개(蚌) 가루. 조개를 불에 태워 만든 가루. 황랍(黃蠟-밀랍), 청유(淸油)와 함께 역청(瀝青)에 사용되는 재료.

• 방상(方相) : 상여의 앞에 가면서 잡귀를 물리치고 광중의 악귀를 쫓는 탈을 쓴 사람. 두려워하는 모습을 본떴으며, 관(冠)과 옷차림은 도사(道士)와 같고, 창을 잡고, 방패를 들었다. 곰의 가죽을 씌운 큰 탈에 붉은 웃옷과 검은 치마를 입었다. 4품 이상은 눈이 4개인 방상이고, 5품 이하는 눈이 2개인 기두(魌頭)이다. 상여 행렬의 맨 앞에 선다.

• 방상(方牀) : 네모난 상(牀). 대여(大輿 · 大轝)를 만들 때, 영구를 올려놓기 위해 따로 작은 방상(方牀)을 만들어 상여에 부착한다.

• 방손(傍孫) : 지차손. 방계의 혈족 자손.

• 방형분(方形墳) : 봉분의 기단이 4각형으로 된 묘로서, 고려 시대에 많이 보이며 일부 조선 초기까지 내려온다.

• 방회(傍灰) : 회격(灰隔 - 회다지기) 시 천회(天灰 - 관의 위에 덮은 회)와 달리 관의 측면의 회(灰)를 말한다.

• 배교(环珓) : 조개껍질이나 조개껍질 모양의 대나무 조각 또는 나무 조각. 대나무 뿌리로 만드는 점치는 조각. 즉 그것을 던져서 그 엎어지고 젖혀짐을 보고 길흉을 점치는데, 하나는 엎어지

고 하나는 젖혀지는 것이 길(吉)하다고 여겨졌다.

• 배목(排目) : 모양이 못과 비슷하나 이를 둥글게 구부려 빗장을 지르거나 자물쇠를 잠그게 되어 있는 걸쇠.

• 배석(拜席) : 절하는 자리.

• 백(魄) : 넋.

• 백대의(白大衣) : 흰 큰 옷. 흰 원삼. 즉 여자들이 입는 원삼(圓衫) 종류의 옷을 말한다.

• 백장군(白長裙) : 흰 치마.

• 백립(白笠) : 흰 갓. 하얀 베로 싸개를 하여 상인(喪人)이 쓰던 갓. 관리들이 국상(國喪)을 당하였을 때 쓴다.

• 백막(白幕) : 흰 장막. 혹은 차일(遮日)을 말한다.

• 백포건(白布巾) : 흰 베 두건.

• 백포삼(白布衫) : 흰 베로 된 긴 옷으로 지금의 도포나 직령 따위와 같다.

• 법인묘지(法人墓地) : 법인이 불특정 다수인의 분묘를 동일한 구역 안에 설치하는 묘지.

• 번(潘) : 쌀뜨물 번(반). 시신 목욕 시 사용하는 목욕수이다. 선비(士)의 시신을 목욕할 때는 조 또는 쌀 씻은 물(潘)로 하고, 대부(大夫)의 시신을 목욕할 때에는 기장 씻은 물로 하고, 임금의 시신을 목욕할 때에는 향탕수로 한다.

• 번자(燔瓷) : 구운 자기. 돌(石) 지석(誌石)을 대신하여 쓰는 것이다. 세속 제도에서는 석회 조각으로 글자를 새기기도 한다.

• 벌상(伐喪) : 남의 묘지에 몰래 매장하는 사람을 두들겨 몰아내는 일.

• 벌초(伐草) : 산소 주변의 웃자란 잔디나 풀을 깎아서 산소를 성묘

하기 좋게 정리정돈 하는 일. 대개 추석 전에 벌초를 한다.

- 범염(氾染) : 초상집에 드나들어서 부정한 것.
- 범장(犯葬) : 남의 산소의 지경(地境)을 침범하여 장사지냄.
- 베개 : 요 위에 머리를 안정시키는 데 쓰는 것이다. 색깔 있는 명주로 하고, 그 길이는 요의 너비에 맞춘다.
- 벽(擗) : 가슴을 침.
- 벽(椑) : 백양나무 관. 옛날에 임금은 즉위하면 자신이 죽을 때 들어갈 관을 만들고, 해마다 한 번씩 옷칠을 해 두었다(『예기』「단궁」).
- 벽령(辟領) : 상복(참최복, 자최복)에서 슬픔을 나타내기 위하여 좌우 어깨받이에 매다는 베 조각. 즉 양 쪽 어깨 위에 접은 자리에서 4치 아래에 전후 양 옆을 포개어 좌우 폭을 각각 4치쯤 잘라 들어간 뒤에 자른 것을 나누어 밖으로 접어 각각 양 쪽 어깨 위에 더해서 좌우 적(適 - 주름진 옷깃)을 만드는데, 이것이 곧 벽령(辟領)이다. 대공(大功) 이하에는 벽령이 없다.
- 벽사(辟邪) : 사귀(邪鬼)를 물리침.
- 벽사문(辟邪文) : 사귀(邪鬼)를 물리치기 위해 쓴 글.
- 벽용(擗踊) : 어버이의 상(喪)을 당하여 슬피 울며 발을 구르며 가슴을 침.
- 변(笲) : 폐백 상자. 진주를 담는 것이다.
- 변복(變服) : 소복에서 제복으로 갈아입음.
- 번제(變制 : 變除) : 심상(心喪)의 복상을 벗음. 즉 상복을 벗는 것.
- 별세(別世) : 이 세상을 떠남. 곧 죽음.
- 병(屛) : 병풍. 영좌를 설치하는 곳에 세워 놓으나 병풍의 앞면(문자표시)과 뒷면(그림)을 혼동되지 않게 하여야 함.

• 병시의(病時衣) : 병이 들어 위중할 때 입던 옷.

• 병처결지(屛處潔地) : 병풍으로 가려져 보이지 않으면서 깨끗하고 정결한 장소. 여기에다 구덩이를 판 다음(掘坎), 목욕(수시) 후에 남는 폐수 등을 버린다.

• 보공(補空) : 시신이 움직이지 않도록 관의 빈 곳을 채우는 일. 즉 시신이 관 속에서 움직이지 않도록 빈 곳을 채움질 하는 것. 빈 곳을 메꾸어 채움.

• 보삽(黼翣) : 삽(翣)의 일종으로서, 반흑반백(半黑半白)의 색에 자루가 없는 도끼 모양의 무늬를 수놓은 것이다. 발인과 행상 때에 운아삽과 함께 상여를 호위하며 하관시에는 명정과 함께 묻는다.

• 보상(報喪) : 중국의 장례풍속 중 하나로서, 보상(報喪)이란 우리나라의 부고에 해당하는 절차, 즉 친인척이나 주변의 이웃들에게 알리는 절차이다.

• 복(復) : 죽은 사람의 혼(魂)을 부를 때 외치는 소리. 출입하는 기운을 혼(魂)이라 하고 이목이 총명한 것을 백(魄)이라 하는데, 죽은 사람은 혼기(魂氣)가 백(魄)에서 떨어져나가므로 혼을 불러서 다시 백에로 돌아오게 하려는 것이다. 초혼(招魂)이라고도 한다. 죽은 사람의 흐트러진 혼은 다시 불러들인다는 뜻으로 남자 사망 시 상주 아닌 남자가, 여자 사망 시 상주 아닌 여자가 죽은 이의 웃옷을 들고 앞 처마로 지붕 위에 올라가 용마루 위에서 북쪽을 향해 왼손으로 웃옷의 위쪽을 잡고 오른손으로 아래쪽을 잡아 흔들면서 죽은 이의 평소 이름을 3번 외친다. 예를 들어 남자인 경우는 안동(安東) 권공(權公) 복(復), 복(復), 복(復)하고 외치고, 여자이면 전주(全州) 이씨(李氏) 복(復), 복(復), 복(復)하고 외친다. 초혼(招魂) 참조.

• 복(服) : 유복자(有服者)가 모두 화려한 옷을 벗고, 죽은 사람의 처, 자녀, 자부는 모두 머리를 풀고, 아들들은 맨발로 백색의 홑두루마

기를 입되, 소매를 걷어 왼쪽 어깨를 드러낸다.

• 복건(幅巾, 幞巾) : 시신의 머리에 씌우는 건. 수의의 구성품 중 하나로서 검은 명주 베로 만든 것으로 머리를 싸서 덮는 것, 혹은 머리를 뒤로 싸서 덮는 비단 두건. 즉 흑색의 포(布)를 사용하여 만든 건(巾)의 일종이다. 둥글고 앞이 뾰족하며, 뒤에는 폭이 넓은 천을 수직으로 내렸다. 귀 위의 끈은 뒤로 돌려 매게 되어 있다.

• 복두(幞頭) : 제사 등 중요한 의례에 참석할 때 머리에 쓰던 관(冠)의 일종이다. 두건(頭巾)의 한 가지. 후주(後周)의 무제(武帝)가 처음 만들었다고 한다. 문상을 갈 경우에도 복두를 쓴다. 횡오(橫烏) 참조.

• 복상(服上) : 저고리를 입힘.

• 복원술(復元術, Restorative Art) : 사고 등에 의하여 발생된 시신을 복원하거나 안색을 복원하는 기술.

• 복위(復位) : 있던 곳에 가져다 놓음.

• 복의(復衣) : 죽은 이의 넋을 부르는 복(復 - 招魂)을 할 때 쓰던 옷.

• 복인(服人) : 고인과의 친인척 관계에 따라 상복(喪服)을 입어야 하는 사람들. 친가 쪽 복인의 범위는 고인의 8촌 이내 친족이며, 외가는 외4촌 이내, 처가는 부모에 한함.

• 복일(卜日) : 날을 점침.

• 복유(伏惟) : 엎드려 생각하고 바람.

• 복유감찰(伏惟鑑察) : 엎드려 바라건대 잘 살피소서.

• 복장제(復葬制) : 초분으로 장례하여 육탈한 다음 유골만 다시 장사하는 것.

• 복제(服制) : 상복을 입는 기간을 말하는 것으로 참최 3년, 자최 3년, 대공 9월, 소공 5월, 시마 3월 등이다.

- 복중(服中) : 기년복(朞年服) 이하의 복(服)을 입는 동안.
- 복차기(服次記) : 상주와 친척들이 입을 상복의 종류와 기간을 적은 명단.
- 복(服)치마 : 거상(居喪)하는 여자가 복(服)으로 입는 치마.
- 복침(復寢) : 안방으로 돌아감.
- 복토(伏兎) : 상여 굴대 위의 덮개. 상여(大輿, 大轝)를 만들 때, 긴 장대 위에 토끼 모양의 복토(伏兎)를 더한다.
- 본생(本生) : 생가.
- 본재하(本在下) : 지팡이[喪杖]의 밑둥은 아래로 가게 할 것.
- 봉(賵) : 죽은 사람에게 거마(車馬)와 속백(비단) 등을 보내는 것.
- 봉견(縫絹) : 꿰맨 비단.
- 봉묘(封墓) : 무덤 위에 흙을 떠 쌓음.
- 봉분(封墳) : 흙을 쌓아 올려서 무덤을 만드는 것.
- 봉분제(封墳祭) : 장자지낼 때 무덤을 만든 뒤 지내는 제사. 평토제(平土祭).
- 봉사자(奉祀者) : 제사를 받들어 모시는 자. 보통은 장자(長子) 또는 장손(長孫). 보통 신주의 앞면(粉面)에 현고(顯考)와 봉사자(奉祀者)의 이름을 대(代)가 바뀔 때마다 고쳐 쓴다. 길제(吉祭)의 중요한 의식 절차이기도 하다.
- 봉신대(奉神臺) : 죽은 사람의 혼백이 돌아가 의지하는 곳.
- 봉심(奉心) : 마음을 받들어 모심.
- 봉안(奉安) : 조상의 신주 또는 화상을 받들어 모심. 유골을 개폐 가능한 봉안시설에 안치함. 납골의 대체어.

- 봉안담 : 담장의 형태로 된 봉안시설.
- 봉안당(奉安堂) : 건축법 제2조 제1조 제2호의 규정에 의한 건축물인 봉안시설을 말함. 시체를 화장하여 그 유골을 모셔두는 장소. 보통 뼈만을 추려서 모시거나 뼛가루를 그릇에 담아 안치함.
- 봉안묘(奉安墓) : 분묘의 형태로 된 봉안시설.
- 봉안시설 : 봉안묘, 봉안당, 봉안탑, 봉안담 등 유골을 안치(매장 제외)하기 위한 시설.
- 봉안탑 : 탑의 형태로 된 봉안시설.
- 봉주(奉主) : 신주를 받드는 것.
- 부(趺) : 받침. 비석 받침(높이 1자 정도이고 그 위에 비석을 세움. 세속에서는 농대[籠臺]라고도 함).
- 부(跗) : 받침. 명정을 세우는데 쓰니, 틀을 만들어 두 기둥을 세우고, 기둥 사이에 두 층의 시렁을 만들어 가운데에 구멍을 뚫어 정간을 세우는 것이다.
- 부(賻) : 부의(賻儀).
- 부(斧) : 도끼. 산역(山役)에 사용하는 도구.
- 부(釜) : 가마 솥. 제사나 산역(山役)에 사용하는 도구.
- 부(祔) : 졸곡 다음 날 지내는 제사. 부제(祔祭).
- 부고(訃告) : 고인이 죽음을 알리는 것. 즉 고인이나 상주들의 가까운 친척과 친지에게 죽음을 알리는 일이다. 흔히 정해진 서식에 따라 편지를 작성하여 보내는데, 호상(護喪)이 상주와 의논하여 보내는 곳을 결정한다. <부고 달아매기>는 한국 전래 풍습의 하나인데, 친척이나 친지에게 사람이 죽었다는 소식을 서면으로 알리는 부고장이 올 때, 불길한 통지라 하여 대문 안으로 들이지 않고, 대문에 들

어서면서 우측에다 새끼줄에 꿰어 달아매어 두던 풍습을 말한다. 이것은 부고에 죽은 사람의 혼이 붙어 있어서 산사람에게 해를 끼친다고 믿기 때문이다. 현재도 시골에서는 이러한 풍습이 계속되고 있다. 부고장은 백지에 붓글씨로 쓰는 수도 있지만 매수가 많이 필요할 때는 인쇄나 프린트를 하고 봉투만을 붓글씨로 써도 된다. 부고를 전달하는 방법으로 다음과 같은 방법들이 있다. ① 전인(專人)부고 - 인편으로 직접 보내는 것, ② 우편부고 - 우편으로 보내는 것, ③ 신문부고 - 신문광고란을 통해서 알리는 것(개별통보는 생략). 요즈음은 전화로 대신하기도 한다. 부고 서식은 다음과 같다.

<부고서식>

<부고>
某親某人以某月某日得疾不幸於某月某日棄世傳人訃告
年號　　月　　　日 護喪姓名 上
某位座前

<봉투>
訃告
某位座前

- 부당(夫黨) : 시집 가족.
- 부복(俯伏) : 고개를 숙이고 엎드리다.
- 부복곡(俯伏哭) : 엎드려 곡(哭)하는 것.
- 부상(父喪) : 아버지의 상사(喪事).
- 부상(赴喪) : 초상에 감.
- 부소고(夫昭告) : 지아비가 밝혀 고함.
- 부우(報虞) : 우제(虞祭)를 급히 지내는 것.
- 부우(祔右) : 합장(合葬)할 때 아내를 남편의 오른쪽에 묻은 일.

- 부음(訃音, 賻音) : 부고.
- 부의(賻儀) : 초상난 집에 부조로 보내는 돈이나 물건. 조상들로부터 내려온 아름다운 상부상조의 정신이다. 돈의 경우는 백지에 싸서 흰 봉투에 넣어 호상소에 내거나 분향하기 전에 영전 앞에 내놓는다. 『의례(儀禮)』「기석례」편의 주(註)에는 '부(賻)는 보태어 주고 도와주는 것이다.'고 하였다. 『주자가례』, 『사례편람』 등에는 '부용전백(賻用錢帛)'이라 하여 부의(賻儀)에는 돈과 비단을 사용한다고 하였다.
- 부의록(賻儀錄) : 문상객의 이름과 부의금(賻儀金)을 기록하는 명부.
- 부인차(婦人次) : 여자 대기소로 서서(西序)의 서쪽에 마련한다.
- 부장(祔葬) : 덧붙여 묻음(장사지냄). 즉 남편과 아내를 합장함.
- 부장(賻狀) : 초상에 문상을 할 때 부의를 올리면서 함께 올리는 서장(書狀) 문서.
- 부장(副葬) : 장례를 행할 때에 죽은 사람이 생전에 사용하던 여러 가지 물품을 묻는 풍습. 사람이 죽기 전에 쓰던 여러 가지 패물과 그릇 따위를 무덤에 같이 묻는 것.
- 부장기(不杖朞) : 5복 중에서도 자최복 중의 하나로서 지팡이를 짚지 않는 1년 상(喪). 조부모, 백숙부모, 형제, 중자(衆子)를 위한 복. 형제의 아들과 고모, 누이가 시집가지 않은 경우에도 마찬가지이다. 시집을 갔어도 남편이나 자식이 없으면 역시 부장기를 입는다. 다음으로 여자로서 남편의 형제의 아들을 위해서나 첩이 큰 부인을 위해서, 남편의 중자(衆子)를 위해서, 시부모가 적부(嫡婦)를 위해서도 마찬가지이다. 5개월 복은 증조부를 위한 것이며, 3개월 복은 고조부를 위한 것이다.
- 부장품(副葬品) : 예전에 장사지낼 때 시신과 함께 묻던 죽은 이가 생전에 쓰던 소지품.

• 부제(祔祭) : 졸곡제를 지낸 다음날 새벽에 지내며, 망자의 신주를 그 조상의 신주 곁에 모실 때 지내는 제사. 즉 망자의 신주를 이미 사당에 모신 그의 조상(祖上) 곁에 부(祔 - 合祀)하는 절차의 제사(소목지서[昭穆之序]에 의거)로서 조상의 거주 영역인 사당에 영입됨을 알리고 허락받는 절차의 제사이다. 주인 이하는 목욕하고 증조고비(망자에게는 조고비)의 위패를 대청 북쪽에 남향하여 놓고, 사자의 위패는 동쪽에 서향하여 놓은 다음 음식을 진설하고 제사를 지낸다.

• 부조기(扶助記) : 답지한 부의와 물품 등을 기록하는 대장. 부의록.

• 부좌(祔左) : 부부(夫婦)를 합장(合葬)하는데, 아내를 남편의 왼편에 묻는 것.

• 부판(負版) : 상복(喪服)의 등 위에 붙이는 베 조각. 등에 짐을 진 것처럼 그 슬픔을 지고 있다는 뜻에서 붙이는 것이다. 사방 1자 8치 되는 베를 써서 깃 아래에 꿰매 붙여 등허리에 대어 드리우는데, 대공(大功) 이하는 쓰지 않는다.

• 북망산(北邙山) : 중국 낙양의 북쪽에 있는 망산으로 낙양사람들이 공동묘지로 사용하던 곳이다. 이 산에는 고구려와 백제가 멸망한 뒤에 끌려갔던 보장왕 의자왕, 그리고 연개소문의 아들과 흑지상지도 묻혀있다고 한다. 이런 낙양사람들의 관념을 받아서 사람이 죽으면 북쪽에 묻힌다는 생각을 갖게 되었다.

• 북망산천(北邙山川) : 무덤이 많은 곳. 사람이 죽어서 가는 곳.

• 분(粉) : 분가루. 명정을 쓸 때 사용한다. 또는 신주 표면을 바르는 데에 사용하기도 한다.

• 분(墳) : 무덤. 흙을 쌓아 만든 봉분.

• 분곡(奔哭) : 달려가 곡함. 객지에서 문상(聞喪)을 듣고, 분상(奔喪)하여 달려가 곡하는 것을 말한다. 분상 시 쓸 관(冠)은 남자의 경우는 사각건을 쓰고, 양자가 된 사람은 다만 백(白) 감투 따위를 써야 한다.

• 분면(粉面) : 신주(神主)의 분바른 표면. 분(粉)을 바른 앞쪽.

• 분묘(墳墓) : 시신을 묻는 곳. 시체를 매장하거나 유골을 매장하는 시설. 봉분의 형태로 있는 개개의 묘.

• 분묘기지권 : 타인의 토지에 분묘를 설치한 자는 그 분묘를 소유하기 위하여 분묘의 기지부분의 타인 소유 토지를 사용할 수 있는 지상권과 유사한 성질을 갖는 일종의 물권(物權). 타인소유의 토지에 그의 승낙 없이 분묘를 설치한 후 20년간 평온, 공공연하게 그 분묘의 기지를 점유한 경우, 그 분묘기지권을 취득하게 된다.

• 분상(奔喪) : 먼 곳에서 부모상의 소식을 듣고(聞喪) 집으로 급히 돌아오는 것. 객지에 나가 있는 자손들이 부모 사망소식을 접하고 곡을 하고 급히 환가(還家)하는 것.

• 분상(墳上) : 무덤의 봉긋한 부분.

• 분축(焚祝) : 축(祝)을 불사르는 일.

• 분향(焚香) : 향을 태우는 일. 제사, 의례 등에서 하늘에 계신 신 혹은 영혼을 불러오기 위해 향을 피우는 일을 말한다.

• 불(紼) : 본래는 상여 끈(줄)이니, 조상하는 사람들이 상여를 끄는 줄이다. 관(棺)을 광중에 내려놓을 때에도 계속 사용한다. 그러나 일반적으로는 바퀴(軸)가 있는 상여를 일컫는다.

• 불교 장례절차 : 불교의 장례절차는 『석문의범(釋門儀範)』에 그 기본절차가 기술되어 있다. 다비식이라고도 하는데, 그 절차는 다음과 같다. ① 개식(호상이 함), ② 삼귀의례(주례스님이 불법승삼보(佛法僧三寶)에 돌아가 의지한다는 불교의식을 행함), ③ 약력 보고(고인의 친지나 친구가 함), ④ 착어(着語, 주례스님이 고인을 위해 부처님의 가르침을 인용해 고인의 영혼을 안정시키는 말씀), ⑤ 창혼(唱魂, 극락세계에 들어가 고이 잠들라는 것으로서 요령을 치며 스님이 의식을 거행), ⑥ 헌화(獻花, 친지와 친척들이 영전에 꽃을 바침), ⑦

독경(讀經, 고인의 영혼을 안정시키고 생시의 모든 인연을 끊고 극락세계에 고이 잠들도록 주례스님과 참례자 모두 하는 염불), ⑧ 추도사(追悼辭, 일반 장례에서 하는 조사와 동일), ⑨ 소향(燒香, 일동이 함께 향을 피우며 고인을 추모하고 애도), ⑩ 사홍서원(四弘誓願, 중생무변서원도[重生無邊誓願度] - 번뇌무진서원단[煩惱無盡誓願斷] - 법문무량서원학[法門無量誓願學] - 불도무상서원성[佛道無上誓願成]), ⑪ 폐식 등이다.

- 불록(不祿) : 선비(士)의 죽음.
- 불비근소(不備謹疏) : '갖추지 못한 채로 삼가 글을 올립니다.'라는 의미로서 조문(弔問)하는 글의 마침 서식 중 하나이다.
- 불비근장(不備謹狀) : '격식을 갖추지 못하고 삼가 글을 올립니다.'라는 의미로서 조문(弔問)하는 글의 마침 서식 중 하나이다.
- 불삽(黻翣) : 대부(大夫)가 쓰는 것이니, 나무로 틀을 만드는데 사방 2자이다. 양쪽 모서리는 높되 모서리 넓이가 2치, 높이는 4치이니, 합한 높이가 2자 4치이다. 흰 베나 혹은 두꺼운 종이를 입히고, 자색(紫色)으로 아(亞)자 모양을 그린 후, 그 가장자리에 구름무늬를 그린다. 발인할 때 상여의 옆에서 들고 가는 도구로서 긴 자루가 달려 있다. 일명 아삽(亞翣)이라고도 한다. 죽은 사람의 넋이 귀인의 보호 아래 무사하게 명부(冥府)에 인도되기를 염원한다는 뜻이 들어 있다. 상여 옆을 따라 가서 하관할 때 명정과 함께 땅에 묻는다.
- 불승경달(不勝驚怛) : '놀라고 슬픔 마음이 이를 데 없다.'는 의미이다.
- 불식(不食) : 역복불식(易服不食) 참조.
- 불천지위(不遷之位) : 큰 공훈이 있어 4대 봉사 이후에도 계속 영원히 사당에 모셔두는 것을 나라에서 허락한 신위. 즉 집안에 큰 공훈이 있는 사람으로서 신주를 묻지 않고 사당에 영구히 두면서 제사

를 지내는 것으로 이 신위를 불천위, 불천지위라 하며 나라로부터 허락을 받는다.

- 붕(崩)[御] : 천자(天子)나 임금의 죽음.
- 비(匕) : 반함을 할 때, 시신의 입에 쌀을 떠 넣는 숟가락이다. 일반적으로 버드나무를 깎아 만든다.
- 비(椑) : 임금이 사용하는 관(棺). 관은 공소에서 만들고, 관 안에는 사방을 붉은 비단으로 붙이고 녹색 비단을 사용하여 사각에 붙이며, 임금이 즉위한 해에 소나무의 황장판을 사용하여 만든 다음 매년 한 번 씩 옻칠을 해 둔다.
- 비계증심(悲係增深) : 슬픔이 더욱 깊어짐.
- 비도침통(悲悼沈痛) : 슬퍼 애도하고 침통함. 아내가 사망한 상주를 위로할 때 사용하는 조장(弔狀) 서식 문구.
- 비문(碑文, epitaph) : 고인을 추모하는 비석에 새겨진 글.
- 비석(碑石) : 비석의 경우 죽은 사람의 관직명과 본관 이름을 앞면에, 뒷면에는 생전의 사적(事蹟)과 비석을 세운 시기 및 비석을 건립한 자손들의 이름을 새겨서 무덤 앞에 세우는 것을 '묘표(墓標)', '묘비(墓碑)', '비명(碑銘)', '표석(表石)' 등으로 부른다. 상석(床石)은 놓을 때는 주로 묘 앞에 섰을 때 오른쪽을 당겨 세운다. 묘비에는 죽은 사람의 관직호명을 전면에 새기고 후면에는 사적을 기술하여 새기는데, 이 후면에 새긴 글을 음기라 하며, 표석에는 운문을 쓰지 않는다.
- 비위(妣位) : 돌아가신 어머니로부터 그 이상의 각 대 할머니의 위를 비위(妣位)라 한다.
- 비자(卑者) : 항렬이나 나이가 낮은 사람.
- 비접(匕楪) : 시접(匙楪) 참조

• 비통침통(悲痛沈痛) : 슬퍼 애도함이 비통하고 침통함. 조카나 손자 등이 사망한 상주를 위로할 때 사용하는 조장(弔狀) 서식 문구.

• 빈 상여놀이 : 상여가 나가는 전날 상두꾼(상여꾼)들이 노동집단으로서의 예비모임을 갖는 동시에 놀이 집단으로서의 예비 모임을 갖고서 빈 상여를 메고 놀이판을 벌이는 것을 말하며 지방마다 이름이 다르다. 경북지역은 "대돋음", 전남지역은 "다시래기", 충복지역은 "대드름", "댓도리"라고 부른다. 다시래기 참조.

• 빈소(殯所) : 문상객의 문상을 받기 위하여 고인의 영정이나 혼백을 모셔 놓은 장소. 전통적 의미로는 죽은 사람을 매장할 때까지 유체를 안치시켜 놓는 장소. 즉 상중에 영위를 모셔 두는 곳.

• 빈장(殯葬) : 임시로 묻는 가매장. 장사지내기 전에 시신을 관에 넣어 일정한 곳에 임시 안치하는 일. 만약 도빈(塗殯)하는 경우에는 익랑(翼廊 - 대문 곁의 행랑) 혹은 사랑(舍廊 - 남자 주인이 거처하는 곳)에 편리한대로 만든다. 땅을 팔 때 깊이는 두자 쯤, 너비는 서너자, 길이는 일곱자 내지 여덟자, 안은 구운 벽돌로 깔고, 사방도 역시 벽돌을 쌓아 흙으로 메꾸고, 석회로 그 틈을 바르고, 짚자리를 깔고 두 개의 받침을 놓는다. 관을 내리려 할 때 전(奠)을 드리고 내린 뒤에는 구의(柩衣 - 관 덮개)를 덮고, 또 구덩이 밖 아래 위에 동자목(童子木 - 짧은 나무)을 세운다. 긴 장대를 대들보같이 놓고, 작은 나무를 그 위에 많이 놓아 마치 서까래 같이 하고, 새끼로 짚자리를 얽어 두껍게 덮고, 그 위에 흙을 바르거나(塗殯) 혹은 모래를 모아 둔다(沙殯). 빈소 앞에 흰 장막을 치고 장막 안에 병풍을 친다.

• 빈장도감(殯葬都監) : 조선시대 국상(國喪)이 나면 국장도감(國葬都監), 산릉도감(山陵都監)과 함께 임시로 설치되던 임시관청. 빈전도감은 염습을 비롯한 혼전(魂殿)에 소용되는 물품을 준비하는 일을 맡는다. 관직으로는 예조판서와 6명의 당상관이 동원된다.

• 빈전(殯殿) : 임금의 시신을 모신 곳.

• 빈차(殯次) : 빈소(殯所). 상기(喪期) 동안 영위를 모셔두는 곳. 시신의 안치와는 별도로 영좌를 마련하는데, 이를 빈소(殯所)라고도 하며, 탈상을 할 때까지 존속시킨다. 상주는 언제든지 조문객을 이 빈차 앞에서 맞이한다. 빈소(殯所) 참조.

• 빙시곡벽(憑尸哭擗) : 시신에 기대어 가슴을 치며 곡을 함.

• 빙장(氷藏) : 스웨덴의 생물학자 수잔 위 메삭에 의해 발명된 친환경 장법(葬法) 중의 하나이다. 크게 보면 '급속 냉동(영하 196℃) - 분해 - 건조 - 매장'의 4절차로 이루어진다. 우선 시신을 톱밥으로 만든 관에 넣어서 영하 18℃ 상태에서 보관한다. 이후 시신과 관을 영하 196℃의 질소탱크에 담근다. 진공상태에서 관과 사체에 기계 진동을 가하면 60초 이내에 뼈와 관을 포함한 모든 것이 밀리미터 단위로 부서진다. 이후 '동결건조방식'이란 방법을 사용해 금속성분과 수분(전체의 70% 남짓)을 걸러낸다. 그렇게 건조된 가루를 녹말 상자에 담아 땅에 묻는다. 빙장엔 여러 가지 특징이 있지만, 무엇보다도 환경오염이 없고 매장지의 순환이 빠른 것이 장점이다. 땅에 묻은 시신은 12개월 정도면 자연에서 완전 분해된다.

• 사(纚) : 머리싸개. 머리를 싸는데 쓰는 것이다.

• 사(紗) : 비치는 여름 비단.

• 사(肂) : 광중(壙中). 구덩이.

• 사(死) : 서인(庶人)의 죽음. 육신이 썩어 죽는 것. [종(終) - 군자의 죽음. 사람 노릇이 끝나는 것을 의미. 붕(崩) - 천자의 죽음. 훙(薨) - 제후의 죽음. 졸(卒) - 대부의 죽음. 불록(不祿) - 선비의 죽음. 서거(逝去) - 남의 죽음을 높여 이르는 말. 상(喪) - 종(終)과 사(死)의 중간의미로서 없어진다는 뜻. 소천(所天) - 기독교의 죽음을 이르는 말. 선종(善終) - 가톨릭의 죽음을 이르는 말. 열반(涅槃) - 불교의 죽음을 이르는 말]

• 사(笥) : 신주독(櫝)을 담아 두는 데 쓰는 상자.

• 사(舍) : 머무는 곳. 군대가 하루를 걷는 거리(약 30리)에 임시 머무는 숙소를 설치하였는데, 그 숙소가 바로 사(舍)이다.

• 사각건(四脚巾) : 일명 복두(幞頭). 사방 한 폭의 베를 써서 앞의 두 귀에는 각각 큰 띠를 하나씩 달고, 뒤의 두 귀에는 작은 띠 하나씩을 단다. 정수리를 덮어 사방으로 드리워 앞변으로 이마를 스치게 하고, 큰 띠를 뒷골에 매고, 다시 뒤의 귀를 거두어 작은 띠를 상투 앞에 맨다. 복두(幞頭) 참조.

• 사납(死蠟) : 시체가 땅속이나 물속에서 공기와 차단된 상태가 되면 부패가 이루어지는 상태에서 지방이 번성하여 백색 또는 황갈색으로 된다. 이것을 사납(死蠟)이라 한다.

• 사냉(死冷) : 사망하면 체온은 주위에 열을 방산하며, 따라서 체온이 저하되는 것을 느낀다. 기온이 15~20℃의 경우 1시간 당 0.5~1℃ 저하하며, 24시간 정도 되면 주위의 온도와 같아진다.

• 사령(死靈) : 죽은 사람의 영혼. 사령(死靈)은 다시 조상신령(祖上神靈)과 원귀(冤鬼)로 나뉜다. 인간의 영혼은 순조롭게 살다가 죽어 저승으로 돌아가 조상신령이 되는데, 그렇지 못하고 생전의 원한이 남아 저승으로 돌아가지 못한 채 이승에 남아 인간을 괴롭히는 악령이 될 수도 있다. 이것이 바로 원귀(冤鬼)인 것이다. 몽달귀신, 객혼 등이 이에 속한다.

• 사례편람(四禮便覽) : 조선 후기 숙종 때의 문신(文臣)인 도암(陶庵) 이재(李縡, 1680~1746)가 편찬한 관혼상제에 관한 제도와 절차를 모아 엮은 예서(禮書)이다. 경서 및 선유(先儒)의 책을 바탕으로 하였으며, 총 8권 4책으로 구성되어 있던 목판본을, 헌종 10년(1844)에 증손(曾孫) 이광정(李光正)이 간행하였고, 광무 4년(1900)에 증보하여 중간(重刊)하였다.

범례와 조인영(趙寅永)의 발문에 따르면, 당시의 예서(禮書)들은 그 상세함과 소략함이 고르지 못해서 사대부(士大夫)들이 이용하기에 불편한 점이 많아, 이러한 단점을 바로잡기 위해 편찬한 것이다. 저자는 범례에서, 당시 사대부들이 신봉하고 있던 <주자가례(朱子家禮)>나 김장생(金長生)이 편술한 <상례비요(喪禮備要)>의 경우도 절목(節目) 등이 완전하지 못하여 이용할 때 불편한 점이 있다고 지적하고는, 그리하여 주자(朱子)의 본문을 위주로 삼아 고례(古禮)를 참고하고, 그 밖의 여러 선유(先儒)들의 학설로써 소략한 부분을 메우려 했다는 것이다. 그리고 상례(喪禮)뿐 아니라 관례(冠禮)와 혼례(婚禮), 제례(祭禮)도 첨가하여 참고하기에 편리하도록 만들었다고 한다. 권1은 관례(冠禮), 권2는 혼례(婚禮), 권3～7은 상례(喪禮), 권8은 제례(祭禮)로서 전체적으로 상례(喪禮)에 주된 비중을 둔 것이 특징인데, 이것은 당시 상례(喪禮)가 그 절차와 형식에 있어 가장 비중이 컸던 형편이었음을 보여준다. 이 책은 예론(禮論)이 정치적으로 중요한 의미를 지녔던 조선 후기에 집권 노론(老論) 계통의 산림으로 추앙받았던 인물이 직접 편찬한 예서(禮書)라는 점에서 매우 중요한 의미를 갖는다. 그리하여 이 책이 간행되어 보급된 이후 우리의 일상(日常)의 모든 의례(儀禮)가 이 책에 따라 행하여지게 되었다고 한다. 규장각 · 장서각 등에 소장되어 있다.

『사례편람』과 『상례비요』에는 상례(喪禮)의 대절차가 19개이지만 『주자가례』에는 이보다 많은 21개 절차로 구성되어 있는데, 이는 『주자가례』가 의미단위의 항목별 구분을 할 때 소절차를 대절차로 묶은 결과이고, 『사례편람』과 『상례비요』는 의미단위별 항목을 우리나라의 상황에 맞게 재구성하면서 대절차로 다룬 부분이 많기 때문이라고 한다.(김시덕, “한국 유교식 상례의 연구.” 고려대학교대학원 박사논문, 2007, 53～54쪽)

• 사리(舍利) : 참된 불도 수행의 결과로 생긴다는 구슬 모양의 유골. 본래는 신체를 뜻하였으나 후에 불타(佛陀), 고승(高僧) 등의

시신을 뜻하게 되었다. 다비(茶毘, 火葬)하기 전의 전신사리(全身舍利)와 다비 후의 쇄신사리(碎身舍利)로 분류하는데, 보통은 후자를 가리키며 다투(datu)라고도 한다. 또 이것을 생신(生身)사리라 하며, 이에 대해 석가의 가르침, 경전을 가리켜 법신(法身)사리라고 하는 경우도 있다. 사리 공양에 의한 공덕의 유무 문제는 초기불교에서도 논란이 되어왔으나, 일반적으로 사리 공양은 천계(天界)에 태어나는 과보(果報)를 얻는 것으로 기술되어 있다. 이러한 점은 불상이 출현하기 이전에, 금강좌(金剛座 - 석가가 성도할 때 앉아서 참선하던 자리), 보리수(금강좌 옆에 서 있던 나무), 법륜(法輪) 등과 함께, 불타의 사리를 봉안한 탑이 중요한 예배 대상이 되었던 점에서도 잘 나타나 있다.

• 사망(死亡) : 법률상 사망과 동시에 사람의 권리능력은 소멸된다. 죽은 사람의 재산적 권리 의무에 대해서 상속이 개시되지만 일신의 존속권은 상속되지 않으며 소멸된다(임신 4개월 이후의 사산아 포함).

• 사망광고(死亡廣告, death notice) : 신문 등의 사망 란에 게재된 사망 고지(告知)로서 사인이나 장례 일정을 알리는 것.

• 사망기사(死亡記事, Obituary) : 신문 등에 게재된 고인의 경력이나 사인을 쓴 기사.

• 사망률곡선(死亡率曲線) : 사망률을 종축으로 하고 연령을 횡축으로 하여 그린 곡선. 유아기에서 높고 그 후 급속히 하강하고 3~12세에서 서서히 상승한다. 50세를 지나면서부터 급속히 높아진다. 대부분 전 연령에서 남자가 여자의 수치를 상회한다.

• 사망시각(死亡時刻, Hour of Death) : 죽음이 확정된 시간. 심장사에서는 사망시각의 판정은 비교적 용이하지만 뇌사의 경우에는 문제가 있다.

• 사망시기(死亡時期) : 행방불명이나 사망이 확실한 경우라도 시

체가 발견되지 않는 경우는 실종선언을 하고 관공서의 증명으로 사망이 인정된다.

- 사망진단서(死亡診斷書, Certificate of Death) : 의사가 사람의 사망을 의학적으로 증명할 때에 작성하는 문서. 즉 의사 또는 치과의사가 진료 중의 환자가 사망했을 때 사인(死因)을 기록하는 문서.
- 사부(姒婦) : 큰 며느리. 장부(長婦). 큰 동서. 윗 동서. 며느리들 간에 부르는 호칭으로 작은 며느리가 큰 며느리를 부를 때 사부(姒婦)라고 말한다. 제부(娣婦)의 반대말이다.
- 사불비(謝不備) : 격식을 갖추지 못함을 사과함. 문상오신 손님들에게 답장을 보낼 시 상주가 사용하는 문구 끝 서식.
- 사빈(沙殯) : 빈소(殯所) 혹은 빈궁(殯宮)을 모래로 덮는 일. 도빈(塗殯) 참조.
- 사산(死産, Still Birth) : 임신 만 12주 이후의 죽은 아이를 출산하는 것.
- 사상(死相) : 죽은 사람의 얼굴.
- 사서(司書) : 상가의 모든 문서를 작성하고 관리하는 사람. 즉 상례의 전 과정에서 소요되는 문서를 작성하고 필사하는 수임을 맡은 사람이다. 입상주 등 상례를 순조롭게 진행하기 위한 역할분담을 할 때 정한다. 형제나 친척, 친구, 하인 중 문서에 밝은 사람이 이 일을 한다.
- 사세(辭世) : 죽어 세상을 떠남.
- 사소(死所) : 죽을 자리.
- 사손(祀孫) : 봉사손(奉祀孫).
- 사시(死時) : 죽을 때.
- 사신(辭神) : 신을 작별하여 보냄.

• 사우(祠宇) : 사당집.

• 사위(嗣位) : 왕세자가 국상 중에 왕위를 이어 받는 것. 왕세자는 국왕의 서거 후 6일 째에 잠시 상복을 벗고 면복(冕服)으로 갈아입은 후 왕위를 계승하여 즉위 사실을 만천하에 알리는 즉위 교서를 반포한다. 이 즉위 교서 반포를 반교서(頒教書)라 한다.

• 사인(死因) : 심장박동, 맥박, 호흡, 뇌의 기능이 정지되었을 때 이 원인으로 되는 병명, 증후군명을 사인(死因)이라 한다. 사인에는 크게 나누어 병사(病死)와 외인사(外因死)가 있다. 외인사에는 다시 불의의 사고, 재해사, 자살, 타살 등으로 분류된다.

• 사자(嗣子) : 대를 이을 아들. 맏아들

• 사자(잣)밥 : 소반이나 키에 밥 세 그릇, 술 석잔, 백지 한 권, 명태 세 마리, 짚신 세 켤레, 동전 세 닢, 소금이나 간장 된장을 담아, 촛불을 켜서 뜰아래나 대문 밖에 차려 놓는다. 지방에 따라 약간씩 다르다. 임종한 사람을 데리러 온다고 믿어진 저승의 사자(使者)를 잘 대접함으로써 영혼을 편하게 모셔가 달라는 뜻에서, 또는 영혼을 데려가지 않을 수도 있다는 기대 속에서 이 상을 차린다. 사실 예서(禮書)에는 사잣밥에 대한 규정이 없다.
지방에 따라서는 늙은 호박을 사자상(使者床)에 놓는 곳도 있다고 한다. 또 지역에 따라서는 입관을 마치면 사자상을 엎어 놓기도 하여 문상객이 이를 보고 염(殮)을 했는지 안했는지를 알 수 있기도 하였고, 또 성복을 하면 사잣밥을 엎어 놓는데 이것은 저승사자가 영혼을 거두어 갔다는 의미이기도 하다.

• 사전의료지시서 : 환자가 스스로 치료에 대한 의사 표현을 하지 못할 때를 대비해 미리 의료진에게 자기 의사를 표시해 둔 문서. 주로 만성질환의 말기 상황일 때 불필요한 연명치료를 중단한다는 내용이다. 심폐소생술, 거부, 의료적 권한대행의 지정, 생존 시 유언 내용이 포함된다. 미국, 독일 등은 법으로 사전의료

지시서 작성을 의무화하고 있다.

- 사준(司遵) : 술을 따르는 직책.
- 사즉동혈(死則同穴) : 죽어서 남편과 아내가 같은 무덤에 묻히는 것.
- 사지오등(死之五等) : 사람의 신분에 따른 죽음의 다섯 등급. 천자는 붕(崩), 제후는 훙(薨), 대부는 졸(卒), 선비는 불록(不祿), 서인은 사(死)라 함.
- 사체검안서(死體檢案書) : 의사가 자신이 치료하지 않은 사체에 대해서 그 사망을 증명하는 것. 사망진단서와 같은 의미를 갖는다.
- 사체경직(死體硬直) : 사후 전신의 근육이 이완되거나 긴장을 잃지만 시간의 경과와 함께 근육이 단단하여진다. 사후경직은 사후 3-4시간에서 시작되며 사후 30시간 정도까지 계속된다.
- 사체유기죄(死體遺棄罪) : 사체를 유기하는 죄. 사체의 장소적 이전 외, 법령, 습관 등에 의한 매장의무자 방치도 포함된다.
- 사체응혈(死體凝血) : 심장의 정지에 의해서 혈류가 정지하며 심장이나 커다란 혈관에서 사후 응혈이 일어나는 것. 작은 혈관이나 모세혈관에서는 유동혈(流動血) 그대로 응혈이 일어남.
- 사체해부(死體解剖, Autopsy) : 사인을 해명하기 위하여 행하는 시체해부.
- 사체현상(死體現象) : 죽음 직후부터 일어나는 신진대사의 정지와, 외계의 영향에 의해서 신체에 나타나는 현상을 말한다. 조기 사체현상에는 피부의 창백화, 혈액의 아래로 쏠림과 사반(死斑)의 발현, 체온저하, 체표면의 건조, 근육의 이완과 경직, 각막의 혼탁 등이 있다. 후기 사체현상에는 조직의 융해, 부패, 백골화, 미라, 사납(死蠟) 등이 있다.
- 사초(莎草) : 떼(잔디). 무덤에 떼를 입히고 손질하여 잘 가다듬는

일. 보통 한식 전후에 사초(莎草)를 하는 것이 관례이다.

- 사토장(莎土匠) : 무덤 조성 시 떼(잔디)를 잘 입히는 전문 일꾼.
- 사토제(祀土祭) : 묘지가 정해지면 땅을 파기에 앞서 토지신에게 사토제를 지낸다.

"토지신에게 고하는 축문 풀이"

○년 ○월 ○일 ○○벼슬하는 ○○○는 감히 고하나이다. 토지신이시어, ○○벼슬하던 ○○○의 유택을 마련하오니 신께서 보살펴 주시어 후환이 없도록 하여 주옵소서. 이에 삼가 맑은 술과 포와 젓갈을 올리오니 받아 주시옵소서.

- 사판(祠版) : 신주(神主)의 일종으로 위판(位版)이라고도 하는데, 신주 형태의 넓적한 목판에 죽은 이의 관직(官職)이나 호(號) 등을 쓴 것으로 성균관, 향교, 서원 등에서 주로 사용하고 있다.
- 사포건(斜[邪]布巾) : 민간에서 초상(初喪)에 성복하지 않았을 때 쓰는 것으로서, 이미 성복을 하였으면 벗는다. 『가례집해(家禮集解)』에서는 <사(斜)>대신 <사(邪)>라고 쓴다.
- 사화(司貨) : 상가의 모든 금전과 물품의 출납 등, 제반 경리의 출납을 담당하는 직책. 형제나 친척, 친구, 하인 중에서 경리 출납 업무에 밝은 이가 이 일을 담당한다. 상사의 물건을 미리 마련하고 필요한 사람을 구해서 필요한 경우에 부족함이 없도록 하는 역할을 한다.
- 사회장(社會葬) : 사회적으로 지도자적 역할을 하였고, 또 사회에 공적이 큰 사람이 죽었을 때 지내는 장례.
- 사후토(祀后土) : 토지신인 후토신에게 고하는 일. 즉 땅의 귀신에게 제사 지냄.
- 삭망(朔望), 삭망제(朔望祭) : 장례 후 상청(喪廳)에서 탈상 때까지 초하루와 보름에 제사를 지냄.

• 삭일(朔日) : 음력의 매달 초하룻날.

• 삭장(削杖) : 모상(母喪)에 쓰는 오동나무 지팡이.

• 삭전(朔奠) : 상가에서 음력 초하룻날 조상에게 지내는 제사.

• 삭제(朔祭) : 왕실(王室)에서 음력 초하루마다 조상에게 지내는 제사.

• 산골(散骨) : 화장한 골분을 강이나 바다 등에 뿌리는 장법인데, 산골이라는 용어가 일본풍이라 하여 최근에 개정된 장사법(2008.5.26)에서는 봉안(奉安)이라는 용어로 대체하여 사용하고 있다.

• 산담 : 돌이 많은 제주도에는 무덤 주위에는 돌담으로 네모나게 쌓아 두르는 전통이 있는데, 이를 <산담>이라고 한다. 산담은 밭이나 과수원, 오름 등에 위치하는 경우가 많은데 이는 산 자와 죽은 자가 함께 공존하는 제주 특유의 삶 자체를 철학으로 보여주는 것으로 한 쪽은 50cm 정도의 문을 터놓는 게 일반적이다. 이 문을 신문(神門)이라 하는데, 남자산소는 왼쪽, 여자산소는 오른쪽으로 하여 신이 자유롭게 드나드는 출입문이다. 무덤 앞에는 동자석(童子石), 인석(人石), 망주석(望柱石) 등을 세우기도 한다. 하나의 산담 안에 두 개의 묘지가 있을 경우 쌍묘(雙墓)라고 하는데, 부부(夫婦), 부자(父子), 모자(母子) 사이에만 가능하며, 합묘(合墓)라고 해서 묘를 합치는 경우는 부부 사이만 가능하다. 합묘는 이미 조성된 묘에 하는 것이 아니라 다른 곳으로 이장해서 같이 합한다. 단 합묘 후에는 분묘하지 않는다. 제주도는 예로부터 중 산간 지대에 공동 목장인 경우가 많았는데 소와 말을 방목하기 때문에 양질의 초지가 필요했고, 더불어 잡목을 없애기 위해서 불을 놓곤 하던 관행이 있었다. 그래서 산담은 조상의 묘가 불에 태워지거나 소와 말로부터 훼손되는 것을 막기 위한 울타리라고 할 수 있다. 하지만 제주도민은 산담이 울타리 기능만 하는 것이 아니라 죽은 영원이 사는 곳이라 믿고 있다. 산담은 삶과 죽음이 따로 존재하는 것이 아니라 함께 공존하는 의미를 담고 있다. 또 하나 특징은 장례식 때 친족들이 부조를 하지 않을

경우는 지탄의 대상이 된다. 부조 음식은 '고적(顧助의 와음)'이라고 부르는 떡과 쌀로 구분되는데, 떡인 경우 메밀가루로 둥글넓적하게 만든 '돌래떡'을 만들었다. 친족의 부고를 들으면 부인들은 서둘러 '고적'을 마련한다. 그 이유는 장지까지 오는 조객과 친지들의 식사 대용이었기 때문이다. 산담은 제주사람들의 조상에 대한 숭배와 효심의 표시이다. 액을 막고 조상의 은덕을 기원하는 풍습이며 비록 땅속에 묻혀있지만 영혼은 살아서 집을 드나들며 자손들을 지키며 보살핀다고 믿었던 제주도민의 독특한 무덤문화를 만들어낸 것이다.

• 산륜(散輪) : 통나무 밑에 깔아 물건을 옮길 때 사용하는 것. 이·개장 시 천회(天灰 - 관의 위에 덮은 회) 밑에 깔아서 천회를 옮길 때 사용한다.

• 산릉(山陵) : 국장(國葬)을 하기 전에 아직 이름을 짓지 않은 새로운 능.

• 산릉도감(山陵都監) : 조선시대 국상(國喪)이 나면 빈전도감(殯殿都監), 국장도감(國葬都監)과 함께 임시로 설치되던 임시관청. 산릉도감은 무덤조성에 관한 일을 맡는다. 즉 관(棺)을 묻는 광중을 의미하는 현궁(玄宮)을 비롯한 정자각(丁字閣), 재실(齋室) 등의 영조(營造)를 맡아본다. 관직으로는 공조판서와 선공감을 임명하고 당하관을 여러 명 둔다.

• 산수(散垂) : 요질(腰絰) 양쪽에 술을 풀어 늘어뜨리는 끈.

• 산신목(山神木) : 무덤을 보호하기 위해 무덤 근처에 심는 나무(음[陰]의 나무인 향나무, 꽃나무 등은 심지 않는다).

• 산신제(山神祭) : 산신(토지신)에게 지내는 제사.

• 산역(山役) : 무덤을 파는 일. 무덤을 파는 사람들을 "산역꾼"이라 한다.

• 산의(散衣) : 포오(袍襖), 바지 등 평상시에 입던 잡다한 옷(허드레 옷)

들을 말한다. 가로로 놓거나 거꾸로 놓아서 깔고, 덮고, 싸는 등 보공(補空, 관의 빈 곳을 메꿈)으로 쓴다. 소렴의를 진설할 때 갖춘다.

- 삼(衫) : 적삼, 윗도리, 내의, 옷, 의복의 총칭이다.

- 삼년상(三年喪) : 중국의 고례에서 유래된 것으로 부모의 상을 당했을 때 3년간을 거상(居喪)하는 것을 말한다. 자식이 태어난 지 3년(만2년)이 된 뒤에라야 부모의 품을 떠나기 때문에, 적어도 젓을 먹이며 키워 주셨던 3년 동안만이라도 돌아가신 부모를 취해 효(孝)를 다해야 한다는 뜻이 내포되어 있다. 우리나라에서는 삼국시대에는 3년상이 있었으나, 고려 때에는 부모의 복을 100일로 정하였다. 조선시대에 들어와 중종 11년(1516년)에 귀천을 막론하고 모두 3년상을 행하라는 영을 내려, 이때부터 일반화되기 시작하였다.

- 삼도천(三途川) : 죽어서 저승으로 가는 길에 있다고 하는 개천.

- 삼물(三物) : 석회, 가는 모래, 황토 등 회격의 재료를 말함.

- 삼부팔모(三父八母) : 복제에서 친부모 이외를 말하며, 삼부(三父)는 한 집에서 함께 사는 계부(繼父)와 함께 살지 않는 계부, 친모가 후살이 간 집에 따라가서 섬기는 계부를 말한다. 팔모(八母)는 적모(嫡母 - 서자가 아버지의 본처를 말함), 계모(繼母 - 아버지의 후처), 양모(養母 - 양자로 갔을 때 양가의 어머니), 자모(慈母 - 서자가 어머니를 여윈 후 자기를 길러준 다른 첩), 서모(庶母 - 아버지의 첩), 유모(乳母 - 어머니 대신 젖을 먹여준 어머니)를 말한다.

- 삼상(三殤) : 미성년자가 죽었을 때의 3가지 구분을 말한다. 즉 미성년자의 죽음을 상(殤)이라 하는데, 16~19세를 장상(長殤)이라 하고, 12~15세를 중상(中殤)이라 하며, 8~11세를 하상(下殤)이라 한다. 이 세 가지를 합해서 삼상(三殤)이라 한다.

- 삼상체감(三殤遞減) : 장상(長殤), 중상(中殤), 하상(下殤)에 따라 복을 차례로 줄여나감.

• 삼상향(三上香) : 분향(焚香)할 때 향을 세 번 집어 불에 사르는 일.

• 삼신신앙(三神信仰) : 아기를 점지한다는 삼 신령. 즉 삼신할머니에 대한 믿음.

• 삼우(三虞) : 장사지낸 뒤 세 번째 지내는 제사(祭祀). 재우를 지낸 다음의 첫 강일(剛日)에 삼우(三虞)를 지낸다. 강일(剛日)이란 일진(日辰)에 갑(甲), 병(丙), 무(戊), 경(庚), 임(壬)이 들어있는 날을 말한다.

• 삼우제(三虞祭) : 재우 다음날(剛日)에 지내는 제사. 재우(再虞)를 지낸 뒤 강일(剛日)을 당하면 삼우를 지낸다. 그런데 요즈음은 장례를 치룬 3일째 되는 날 무조건 삼우제를 지내기도 한다.

• 삼월복(三月服) : 3개월 복(시마복). 고조부, 고조모를 위해서 입는데, 시집간 여자도 등급을 낮추지 않는다.

• 삼일곡(三日哭) : 상제가 3일 동안 그치지 않고 곡하는 일.

• 삼일장(三日葬) : 죽은 지 3일 만에 지내는 장사.

• 삼제반(三除飯) : 밥을 3번 떠서 숙냉하는 것.

• 삼혼(三魂) : 사람의 몸속에 있다고 하는 태광(台光), 상령(爽靈), 유정(幽精)의 3가지 정혼(精魂).

• 삼혼칠백(三魂七魄) : '사람의 혼백'을 통칭하는 말. 한편 삼혼(三魂)이란 사람의 몸속에 있다고 여겨지는 태광(台光), 상령(爽靈), 유정(幽精)의 3가지 정혼(精魂)을 말하며, 칠백(七魄)이란 죽은 사람의 몸에 남아 있는 7가지 정령(精靈 - 귀2, 눈2, 콧구멍2, 입1)을 말하는 말이다.

• 삼희흠(三噫欽) : 기침을 3번 함.

• 삽(翣) : 발인할 때 상여를 옆에서 호위해 가는 치장 도구로서 죽은 사람의 영혼을 좋은 곳으로 인도해 달라는 염원을 담고 있다. 하관할 때 명정과 함께 묻는다. 군(君)은 보삽(黼翣)과 불삽(黻翣, 亞翣)

과 운삽(雲翣, 畵翣)을 모두 쓰고, 대부(大夫)는 불삽(黻翣, 亞翣)과 운삽(雲翣, 畵翣)을 쓰고, 사(士)는 운삽(雲翣, 畵翣)을 쓴다. 서민은 삽(翣)이 없다.

- 삽(鍤, 揷) : 가래. 삽. 무덤 조성 시 사용하는 도구이다.
- 상(箱) : 상자. 두꺼운 종이로 만든다. 신주를 담는 데 쓰는 도구.
- 상(裳) : 아랫도리. 치마. 베 7폭을 쓰는데 길이는 적당히 하고 앞은 세 자락, 뒤는 네 자락을 꿰매 붙인다. 폭마다 주름을 3개 잡는다.
- 상(牀, 床) : 침상. 밥상. 염상(斂牀) 등.
- 상(喪) : 부모, 승중의 조부모, 증조부모, 고조부모와 맏아들에 대한 의례.
- 상(殤) : 성인이 되기 전에 일찍 죽은 사람의 상(殤). 3가기 경우가 있는데, 장상(長殤)은 19~16세에 죽은 경우이고, 중상(中殤)은 15~12세에 죽은 경우이고, 하상(下殤)은 11~8세에 죽은 경우이다. 8세 미만은 무복지상(無服之殤)이라 하여 복(服)을 입지 않으며, 곡(哭)하는 날(日)수로 월(月)수를 대신한다. 예컨대 일찍 죽은 사람의 1년복 입을 친속(親屬)은 13일로 대신하고, 시마복 입을 친속은 3일로 대신한다. 태어난 지 3개월 미만에 사망하면 곡(哭)을 하지 않는다. 남자가 이미 장가갔거나 여자가 이미 약혼한 경우는 모두 상(殤)으로 치지 않는다. 나아가 남자의 경우는 관례를 행했으면 상(殤)을 치지 않고, 여자 역시 계례를 행하였으면 상(殤)으로 치지 않는 경우도 있다. 또 남자의 경우 벼슬을 하여도 상(殤)으로 치지 않는다.
- 상(祥) : 소상(小祥)과 대상(大喪)의 총칭.
- 상가(喪家) : 상(喪)을 당한 가정이나 장례식장에 마련된 개별 빈소. 즉 초상난 집.
- 상관(喪冠) : 상주의 관.

• 상구(喪具) : 장사지낼 때 쓰는 제구.

• 상기(喪期) : 상복을 입는 기간.

• 상도가(喪都家) : 상여를 두는 집.

• 상두꾼 : 상여꾼.

• 상두받잇집 : 지나가는 상여(喪輿)가 그 집 대문과 마주쳤다가 돌아나가게 된 집. 풍속으로 꺼리는 집.

• 상두복색 : 상여를 꾸밀 때 치는 오색비단의 휘장.

• 상례(相禮) : 제사, 상례, 혼례 등의 의례를 행할 때 의례의 전반적인 예법을 자문하는 사람이다. 의례를 행하는 집안과 친분이 있는 사람이 하기도 하고, 주변에서 예(禮)에 밝은 사람을 초청하기도 한다. 의례를 진행하는 방법, 일상적이지 않은 상황이 발생했을 때 예에 어긋나지 않게 처리할 수 있도록 자문하는 역할을 한다.

• 상례(喪禮) : 상중(喪中)에 행하는 모든 예절로서 사람의 운명 순간부터 시체를 매장하거나 화장하고 근친들이 그 죽음을 애도하고 근신하면서 복을 입는 방법과 일정기간이 지난 후 평상생활로 돌아갈 때까지의 각종제례의 의식 절차를 정한 예(禮)를 말한다.

• 상례비요(喪禮秘要) : 조선 선조 16년(1583) 우리나라 예학의 종장(宗長)이라 추앙되는 사계(沙溪) 김장생(金長生)이 그의 친구 신의경(申義慶)이 쓴 초본(草本)을 교정, 증보해서 완성한 것을, 김집(金集)이 다시 교정하여 1648년에 간행하였다. 『주자가례』를 주로 하고, 그 밖의 고금(古今) 제가(諸家)의 예설(禮說)을 참고로 하여 초상(初喪)에서부터 상중 제사(祭祀)에 이르기까지의 모든 절차와 의식을 요령 있게 그림과 함께 기술하였다.

• 상립(喪笠) : 방갓.

• 상망(喪亡) : 잃어버림.

• 상명(喪明) : 아들이 상사(喪事)를 당함.

• 상문(相問) : 일찍이 서로 안부를 묻던 사이로서 상사(喪事)에 서로 참석함을 말한다.

• 상배(喪配) : 홀아비가 됨. 상처(喪妻).

• 상복(喪服) : 상주의 옷. 상중에 입는 옷. 성긴 베로 지으며 바느질을 곱게 하지 않는다.

• 상복(上服) : 죽은 사람이 입는 겉옷으로서 초혼을 할 때 사용하는 윗옷이다. 벼슬이 있는 경우 공복(公服, 官服) 혹은 심의, 벼슬이 없는 사람은 심의, 없으면 도포나 직령으로 대신한다. 부인은 단의(褖衣)나 대의장군(大衣長裙 - 원삼과 치마)을 입는다.

• 상복(殤服) : 일찍 죽은 사람(8～19세)을 위한 복(服).

• 상복(祥服) : 대상(大祥)에 입던 상복.

• 상부(喪夫) : 남편의 상고(喪故)를 당함.

• 상비(喪費) : 초상에 드는 모든 비용.

• 상사(殤死) : 어려서(20세 미만) 죽음.

• 상사(喪事) : 초상이 난 일.

• 상생지의(象生之義) : 망자가 살아 있는 것 같이 본뜸. 즉 죽은 사람 섬기기를 산 사람을 섬기듯 한다는 도리이다. 사사여사생(事死如事生) 참조.

• 상석(床石, 牀石) : 봉분 앞에 제물을 올리는 돌상.

• 상수(喪需) : 초상 치르는 데 드는 물건.

• 상식(上食) : 고인이 생시(生時)에 식사하듯 빈소에 올리는 음식. 즉 상가(喪家)에서 아침·저녁으로 궤연 앞에 올리는 음식. 입관 전에는 전(奠)을 올리지만, 입관 뒤에는 아침·저녁 끼니때마다 밥상을 올리

는데 이를 상식이라고 한다. 국, 적, 반찬 등 밥상차림으로 한다. 상식상을 영좌 앞에 놓고, 상제는 곡을 하며 재배한다. 만일 망인이 평소에 술을 즐기셨다면, 상식상에 술을 올리는 것도 좋다.

• 상여(喪輿) : 시신을 묘지까지 나르는 제구. 단순히 주검을 나르는 운반구가 아니라 이승과 저승을 이어주는 세계관적 구조물이며, 한국인이 이상적으로 생각하는 또 하나의 집이다. 죽어서 저승을 간다는 것은 이승의 집에서 저승의 집으로 바꾸어 들어가는 것을 뜻한다. 상여는 양택(陽宅)인 이승의 집에서 음택(陰宅)인 묘지로 가는 동안에 임시로 거처하는 음양의 중간적인 집으로 인식하였다.
상여라는 말은 우리나라 문헌에서 처음 나타나며, 종류로는 큰 상여(大轝, 大輿)와 작은 상여(小轝, 小輿, 柳車)가 있다. 큰 상여(大轝, 大輿)가 좋지만 집이 가난하여 여의치 않으면 세속의 제도에 따라서 작은 상여(小轝, 小輿, 柳車)를 사용해도 무방하다. 중국에서는 '온량', '온량거'라고도 하였다. 상여는 가운데에 있는 긴 멜대인 장강(長杠)과 관을 얹는 소방상(小方牀), 관을 덮어 꾸미는 죽격(竹格) 등으로 나눌 수 있다.

• 상여소리 : 행상(行喪) 때 상여꾼들이 부르는 구슬픈 소리.

• 상원하방(上圓下方) : 모친상 때 상주가 짚는 지팡이의 모양이 위를 둥글게 하고, 아래를 네모나게 깎아서 만든다. 재료는 오동나무나 버드나무를 사용한다. 상원은 하늘을 하방은 땅을 상징하며, 이러한 상징에 맞도록 지팡이를 짚어야 망자의 영혼이 이승인 땅의 세계에서 저승인 하늘의 세계로 온전히 여행할 수 있다고 믿는 것이다.

• 상의(上衣) : 병을 간호하는 남자가 갈아입는 겉옷이다. 고례에 귀인은 조복(朝服), 천인은 심의(深衣)를 입는다. 도포 혹은 직령(直領)으로 대신하기도 한다. 그러나 요즘에는 이러한 개념이 없다. 또한 소렴의 절차에서 등장하는 옷의 일종으로 포나 단령 등 겉옷으로 입는 옷을 통칭하는 말이다. 내상(內喪 - 여자 상)에는 단의

(椽衣 - 검정 천의 안을 댄 옷), 원삼(圓衫) 등을 사용한다.

- 상읍(相揖) : 서로 읍(揖 - 상대에게 공경을 나타내는 예의 한 가지)을 하고 지내는 사이로서 상사(喪事)에 참석함을 말한다.
- 상장(喪章, Mourning Badge) : 양복 형태의 상복을 입을 때 가슴에 부착하는 리본. 검은 헝겊이나 삼베조각으로 거상(居喪)이나 조상(弔喪)의 뜻을 나타내기 위하여 옷깃이나 소매, 모자 따위에 다는 표시물. 보통 삼베로 하되, 상복이 검은색이면 흰색 상장을, 상복이 흰색이면 검은색 상장을 단다. 상장의 크기는 가로 7cm 세로 3cm 정도로 한다.
- 상장(喪杖) : 상주와 복인이 짚는 지팡이. 상제(주)가 짚는 지팡이. 부상(父喪)에는 대나무(苴杖), 모상(母喪, 削杖)에는 오동나무나 버드나무를 쓰되, 뿌리 쪽이 아래로 향하도록 사용한다. 아버지는 자식을 기르느라 속이 비어 버렸기 때문에 대나무를, 어머니는 자식들이 애를 태워 속이 찼기 때문에 오동나무를 지팡이로 쓴다고 하며, 오동나무나 버드나무는 위를 둥글게 아래를 네모나게 깎아서 상원하방(上圓下方)의 모양을 이루도록 한다. 지팡이를 쓰는 것은 병자를 부축한다는 의미로서, 지팡이로 상중의 상주가 상례를 치르는 것이 병자와 같이 깊은 슬픔을 얻었다는 상징적 의미이다.
- 상장(喪葬) : 장사지내는 일과 상중에 하는 모든 예식.
- 상장지절(喪葬之節) : 장사 또는 삼년상의 모든 절차.
- 상제(喪制) : 부모나 아버지가 세상을 떠난 뒤에 조부모의 거상(居喪) 중에 있는 사람(승중)으로 망자의 배우자와 직계 비속을 말한다. 즉 보통 상을 당한 자손들을 일컫는 말이다. 자손이 없는 경우에는 가장 가까운 친척들 즉 상을 주관하는 사람들을 일컫는 말이다.
- 상제(喪祭) : 장사 뒤에 지내는 제사.
- 상주(喪主, Chief Mourning) : 고인(故人)의 자손으로서 장례를 주관

하는 사람. 즉 상사(喪事)의 중심이 되는 상인(喪人). 상례의 주인. 맏상주. 맏상제. 대개 상주는 장자를 말하는데, 장자가 없으면 승중(承重)한 장손이 상주가 되어 궤(饋), 전(奠)을 받든다. 아내의 상에는 남편이 되고, 장자나 승중(承重)할 장손이 없으면 차자(次子)나 차손(次孫)이 상주가 되기도 한다.

• 상중(喪中, Mourning) : 초상(初喪) 동안을 말하며, 기중(忌中)이라고도 함.

• 상차(喪次) : 거상하는 자리. 상례를 치르는 자리. 상주들이 머물고 기거하는 상제 노릇하는 자리. 사랑채의 허름한 방을 정해 놓고 상주가 탈상할 때까지 기거하는 장소이다. 한편 상차(喪次)란 참최복을 입는 여막(廬幕)과 자최복을 입는 악실(惡室)로 구별되기도 하는데, 벽에 진흙만 바른 방을 이르는 것이다. 참최복을 입는 사람은 거적을 깔고 자고 흙덩이를 벤다. 수질(首絰)과 요질(腰絰)은 벗지 않으며 사람들과도 더불어 앉지 않는다. '거적을 깔고 자고 흙덩이를 벤다.'에 대하여 『주자가례』의 치장(治葬) 조(條)의 주(註)에서는 '공자가 말하기를 가기(家記)에 아직 장사지내지 않았다면 옷을 갈아입지 말며, 죽을 먹고, 움막에 살면서 짚자리에서 자고, 흙덩이를 벤다.'고 하였다. '대개 어버이가 아직 돌아갈 곳이 없음을 민망하게 여기기 때문에 자고 먹는 것을 편하게 하지 않는 것이다.'고 하였다.

• 상채(喪債) : 상례를 치루기 위해 진 빚.

• 상처(喪妻) : 홀아비가 됨.

• 상청(喪廳) : 망자의 영위를 두는 궤연(几筵) 또는 지청 또는 영실(靈室). 삼년상을 마칠 때까지 신주(神主)나 혼백(魂帛)을 상청(喪廳)에 봉안하고 조석(朝夕)으로, 또는 삭망(朔望)으로 상주의 예(禮)를 갖춘다.

• 상추(相趨) : 죽은 자와 아는 사이로 상가(喪家)와 서로 성명 정도

들어본 사이, 또는 일면식 정도의 사이를 이르는 말이다.

- 상측(喪側) : 시신이 있는 곁.
- 상포(喪布) : 초상(初喪) 때 쓰는 포목.
- 상행(喪行) : 장사지내려고 묘지로 가는 행렬.
- 상향곡(相向哭) : 서로 마주보고 곡하는 일.
- 쌍분(雙墳) : 한 묘역 내에 2개로 된 묘.
- 색양(色養) : 부모님의 안색과 기색을 살펴 봉양함. 부모의 안색과 마음을 살펴 받들어 모심. 혹은 항상 화사한 안색으로 부모를 봉양함. 즉 상주와 망자가 모두 벼슬이 없을 경우, 망자의 죽음을 나타내는 말로서, 엄기색양(奄棄色養)이라는 말을 사용하는 것이다.
- 생견(生絹) : 생사(生絲)로 짠 명주이다. 문상 시 입는 흰 소복(素服)의 재료이다.
- 생기지제(生忌之祭) : 죽은 사람의 생일 제사. 사실 '죽은 사람의 생일제사는 실로 예가 아닌 예이다.'라고 하여 선유(先儒)들이 이미 배척한 바가 있으나, 3년 안에는 상생지의(象生之義), 즉 죽은 사람 섬기기를 산사람 섬기듯 하는 도리가 있으니, 아침 상식 뒤에 따로 몇 가지 음식을 차려 조석전과 같이 하는 것도 무방할 듯하다.
- 생령(生靈) : 살아 있는 사람의 몸 안에 깃든 영혼(靈魂). 즉 영혼이 살아 있는 사람의 몸에 깃들어 이승에서 살고 있음.
- 생장(生葬) : 시신을 화장하기 위해 파묘를 한 경우, 매장한 지 얼마 되지 않아서 부패하지 않고 그대로인 시신을 말한다.
- 생졸(生卒) : 생(生)은 출생을 말하는 것이요, 졸(卒)은 사망을 말하는 것이다. 약관(弱冠 - 20세) 이전에 사망하게 되면 요절(夭折) 또는 조사(早死)라 하여 '조요(早夭)'로 표시하고, 70세 미만에 사망하게 되면 '향년(享年) ○○'이라 기록하며, 70세 이상에

사망하게 되면 '수(壽) ○○'이라고 기록한다.

• 생포(生布) : 생베. 누이지 않은 베. 참최와 자체복에 사용되는 거친 누이지(익히지) 않은 베. 즉 참최에는 극히 거친 생포를 쓰고, 자최에는 그 다음으로 거친 생포를 쓰고, 일년복에는 그 다음 생포를 쓰고, 대공에는 조금 누인 베를 쓰고, 소공에는 조금 고운 누인 베를 쓰고, 시마복에는 아주 고운 누인 베를 쓴다. 5복의 관과 효건과 효대, 갓끈, 무(武 - 관 밑의 동그란 테두리)에 쓰는 베는 각 그 복에 따라 그 복보다 조금 고운 것을 쓴다. 여자들의 머리쓰개와 상복의 베는 남자의 관과 옷에 쓰는 베를 기준으로 한다.

• 서립(序立) : 차례대로 섬. 순서대로 늘어서는 것.

• 서자(庶子) : 지차자(支次子). 적자(適子)가 아닌 사람.

• 서손부(庶孫婦) : 서출의 손자며느리.

• 석(席) : 상례, 제례 등 의례를 행할 때 까는 자리이다. 미리 마련한다.

• 석관(石棺) : 고려시대 화장을 한 후 뼈를 묻기 위하여 사용하던 것으로 6개의 판석을 조립하여 하나의 석관을 만든다. 석관 자체나 뚜껑에는 사신도나 성운도, 연화문, 북두칠성 등을 조각하거나 그려 넣기도 하였다. 석관을 이용할 때 유의할 점은, 돌은 수분을 신속하게 흡수하고 배수하지 못하므로, 돌(석관)의 벽면을 따라 우수가 흘러 내려, 결국 광중으로 물이 들어가고 주변은 항상 진흙상태가 되므로 아래판(地板)은 깔지 않는 게 좋고 가능한 목관을 안쪽에 넣고 외곽을 두르는 형태로 석관을 쓰는 게 다음을 위해서 바람직한 사용방법이다.

• 석곡(夕哭) : 저녁 곡. 상제가 소상(1년 동안)까지 저녁때마다 영전에 하는 곡.

• 석등(石燈) : 분묘 주변에 있는 돌로 만든 등(燈).

• 석마(石馬) : 분묘 주변에 있는 돌로 만든 말(馬).

• 석문의범(釋門儀範) : 불가의 예의범절에 있어서 모범이 될 만한 것들을 모아 편집한 예규(例規). 불교의 장례의식 및 다비의식에 대한 자세한 절차가 기술되어 있다.

• 석양(石羊) : 분묘 주변에 있는 돌로 만든 양(羊).

• 석인(石人) : 분묘 주변에 있는 돌로 만든 사람(문인석, 무인석).

• 석전(夕奠) : 저녁 전(奠). 생시와 똑같이 섬긴다는 의미에서 고인을 위해서 해가 지면 상에 술과 과일, 포 등을 올리는 것.

• 석천(席薦) : 등메. 멍석. 헝겊으로 가를 두르고 뒤에 부들자리를 대서 만든 돗자리. 초상 시 설전(設奠) 후 주인 이하가 제 자리를 정하고 곡을 할 때, 존항(尊行)이 앉는 곳에 미리 까는 자리이다.

• 석호(石虎) : 봉분을 지키는 돌 호랑이.

• 석회(石灰) : 회격(灰隔) 시 사용하는 돌가루. 양은 적당히 하되 사방 회(灰)의 넓이는 각각 6~7치 정도이고, 천회(天灰 - 광중에 관을 내려놓고 관 위에 다지는 회)는 두께가 두세 자 정도이다.

• 선고(先考), 선친(先親), 현고(顯考) : 돌아가신 아버지를 일컫는 말.

• 선대인(先大人), 대인(大人), 선고장(先考丈) : 돌아가신 남의 아버지를 일컫는 말.

• 선롱(先壟) : 선대의 무덤.

• 선부군(先府君) : 돌아가신 아버지.

• 선비(先妣), 현비(顯妣) : 돌아가신 어머니를 일컫는 말.

• 선서자(善書者) : 글씨를 잘 쓰는 사람. 이 사람에게 신주(神主)의 함중(陷中)과 분면(粉面)을 쓰게 한다.

• 선영(先塋) : 조상의 무덤. 또는 무덤이 있는 곳. 선묘(先墓). 선산(先山).

• 선장(還葬) : 빨리 장사를 지내는 것.

• 선장(先葬) : 선영(先塋 - 조상의 무덤), 즉 먼저의 무덤. 먼저 묻은 조상의 무덤을 말한다.

• 선장위(先葬位) : 먼저 장사한 위.

• 설단(設壇) : 시신이 없는 묘소를 만드는 일.

• 설료(設燎) : 전통 상장례 절차 중 초종의(初終儀)의 소절차로서, 밤샘을 위해 화톳불을 놓는 것을 말한다.

• 설면자(雪綿子) : 흰 솜. 세속에서 유해(遺骸) 위에 펴는 데 쓴다.

• 설위(設位) : 신위 자리를 마련함.

• 설의(褻衣) : 평상복. 세속의 중치막(中赤莫) · 동의(冬衣 - 남자가 입는 저고리)이다.

• 설전(設奠) : 상례의 각 절차에서 의례를 행할 때 전(奠)을 차리는 일을 말한다. 예컨대 상을 당하고 처음 지내는 전(奠)은 시사전(始死奠), 습(襲) 후 지내는 전은 습전, 소렴 후 지내는 전은 소렴전, 대렴 후 지내는 전은 대렴전 등이다. 부모의 죽음을 인정하지 못하여 살아계실 때와 같이 먹던 음식을 올린다는 의미이다.

특히 설전(設奠)하면 보통은 시사전(始死奠)만을 의미하기도 하는데 이 때의 전(奠)은 주(酒), 포(脯), 해(醢)로서, 왼쪽에 포, 오른쪽에 해로 차린 상을 시신 동편에 놓고, 애통해 하는 상주를 대신하여 집사와 축관이 손을 씻고 잔에 술을 부어 시신의 동쪽(시신의 오른쪽)에 드린다. 즉 수시를 마친 후 집사자가 망자의 혼이 의지할 수 있도록 탁자에 포, 해(식혜)를 올리면, 축관이 손을 씻고 술을 따라 올린다. 술은 잔에 가득 차게 부어 시신의 오른쪽(동쪽) 어깨 부근에 놓아 망자의 혼을 달래는 것이다. 이 때 절은 하지 않는다. 전(奠) 참조.

• 설촉(設燭) : 날이 어두워지면 빈소 밖에 촛불을 켜고 마당에 홰를

지핀다. 빈소 안쪽에 장등(長燈)하는 것은 예가 아니며 화재의 염려도 있어 행하지 않는다.

• 설치(楔齒) : 염습(斂襲)하기 전에 입에 낟알을 물리려고 시신의 이를 벌리는 일.

• 설치철족(楔齒綴足) : 절명(絶命)한 후 시신의 입이 다물어지는 것을 방지하기 위해 치아 사이에 가사를 끼우고, 사지가 뒤틀어지는 것을 방지하기 위해 손발을 묶어 놓는 일을 일컫는다. 설치(楔齒)에는 각사(角柶)를 사용하고, 철족(綴足)에는 조(組)라고 하는 끈을 사용한다.

• 성교예규(聖敎例規) : 가톨릭의 관례로 되어 있는 규칙. 이전에는 이를 근거로 하여 천주교의 장례절차가 이루어졌다. 지금은 <상장예식>에 근거한다.

• 성복(成服) : 입관 후 상주와 복인이 상복을 입는 일. 초상이 났을 때 상주들이 처음으로 상복으로 옷을 갈아입는 일. 보통은 염습이 모두 끝난 4일째에 한다. 입관이 끝나면 영좌를 마련한 뒤 상제와 복인들은 성복을 한다. 복인의 범위는 8촌 이내 친족으로 한다. 성복이란 정식으로 상복을 입는다는 뜻이다. 요즈음은 전통상복인 굴건제복을 하지 않고, 남자는 간단히 베나 광목으로 된 두루마기를 입거나 검은 양복에 무늬 없는 흰 와이셔츠를 입고 검은 넥타이를 매며, 여자는 흰색이나 검은색 치마저고리를 입고 흰색 버선과 고무신을 신는다. 집안의 생활양식에 따라 검은색 양장을 하기도 하며 물론 양말이나 구두도 검정색으로 통일하는 것이 좋다. 복인은 삼베로 만든 완장이나 두건을 쓴다. 성복을 한 후에는 외인의 문상을 받는다. 한편 전통적으로는 복(服)은 망인과의 친소에 따라 기간을 달리하는데 참최(부, 장자 등)는 3년, 자최(모, 조모 등) 3년, 자최장기(남편 등) 13개월, 자최부장기(형제 등) 13개월, 대공(종형제 등) 9개월, 소공(종조부모, 외조부모 등) 5개월, 시마(종증조부모, 재종조부모 등) 3개월 등으로 되어 있어 이것을 5복(服)이라고 하며 상복도

재료가 다르다. 포(布)에서는 참최가 매우 성근생포(生布), 자최는 약간 성근 생포(生布), 대공은 약간 성근 숙포(熟布), 소공은 약간 가는 숙포(熟布), 시마는 매우 가는 숙포(熟布)를 쓰고, 마(麻)는 참최가 저마(苧麻, 암삼), 자최 이하는 시마(緦麻, 수삼), 시마는 숙마(熟麻)를 사용한다. 상복은 남자의 경우 관(冠, 속칭 굴건), 효건(孝巾, 속칭 두건), 의(衣, 제복), 상(裳), 중의(中衣, 中單衣), 행전, 수질, 요질, 효대(絞帶), 장(杖), 이(履, 짚신) 등으로 되어 있으며, 여자는 관(冠, 흰 천으로 싼 족두리), 의(衣), 상(裳)을 입고 수질, 요질, 효대, 장 등은 남자와 같으나 다만 요질에 산수(散垂)가 없다. 이(履)는 미투리를 신는다. 동자복(童子服)은 어른과 같되 관, 건, 수질이 없다. 성복이 끝나면 조석으로 상식(上食)하며 상제들은 비로소 죽을 먹고 슬퍼지면 수시로 곡한다. 성복전에는 손님이 와도 빈소 밖에서 입곡하고 상제와의 정식 조문은 하고 있지 않다가 성복 후에 비로소 조례(弔禮)가 이루어진다.

• 성복례(成服禮) : 상주나 주부 이하 모든 복인들이 비로소 정신을 가다듬고 각기 정한 상복을 입은 후에 서로 복인(服人)이 된 것을 인사하는 예(禮)로서 이 성복례 이후 비로소 외부 문상객의 인사를 받을 수 있다. 그리고 이때부터 상주는 비로소 죽을 먹는다.

• 성복제(成服祭) : 상복차림이 끝나고 제수를 갖추어 전을 올리는 일을 말한다. 흔히 성복제라고 하지만, 원래는 성복의 절차에서 올리는 전(奠)이므로 성복전(成服奠), 성복례(禮)라고 해야 한다. 성복은 상복을 입는 절차로서 날이 밝으면 5복의 복인들은 자기에게 해당되는 복을 입고 조곡(朝哭)을 하고 의식에 따라 조상을 한다. 상복차림이 끝나면 제수(祭羞)를 갖추어 성복제를 모신다. 제수로는 메, 국, 떡, 고기, 생선, 김치, 간당, 나물, 과일 등이다. 제상에 진설이 끝나면 향을 피우고 곡을 하며 재배한 후 술잔을 올리고 나서 메에 수저를, 고기나 생선 위에 젓가락을 올려놓고 재배한다. 성복은 대렴을 한 이튿날, 즉 죽은 지 4일째 되는 날이 된다. 남의 자식 된 사

람은 차마 부모가 죽은 것으로 여길 수가 없어서 급작스럽게 성복을 하지 않는다고 한다. 이것으로 미루어 생각하면 대렴과 성복을 같은 날 하는 것은 잘못일 것이다. 그럼에도 사람들은 염습의 제구(諸具)가 마련되지 못한 것을 이유로 3일이 지난 뒤에 대렴을 하고 당일로 계속해서 성복을 하니, 이는 본래의 뜻을 잃은 것이다. 성복은 머리에 효건(孝巾)을 쓴 다음 상관(喪冠)을 쓰고, 그 위에 수질을 매고, 치마를 입고, 요질을 하고, 조곡한 뒤에는 절이 없었다. 그런데 요즈음 풍습에는 아침에 제물을 올리고 나서 성복을 하기 때문에 절을 하게 된다. 하지만 이것은 예의가 아니다. 상복제도에 있어 참최는 갓을 꿰메지 않고 자최는 갓을 꿰맨다. 모든 상복은 베로 만들고 수질과 요질은 삼끈을 꼬아서 만든다. 상장(喪杖) 참최에는 대나무, 자최에는 상주가 어린이일 경우에는 건과 수질만 쓰지 않는다. 고례(古禮)에는 어린이는 상장을 짚지 않는다고 했으나 역시 『가례』에 의하여 3년상을 입는 자는 지팡이를 짚는 것이 옳다. 시자(侍者)의 복은 중단(中單)에 건만 쓰고, 첩이나 비녀(婢女)는 배자(背子)에 대나무 비녀를 꽂는다. 상복으로 갈아입으면 영좌 앞에 제상을 갖추어 제물을 차려 놓고 혼백을 교의에 모시고 분향하고 잔을 올리는데 아들, 사위, 아우, 조카의 차례로 잔을 올린 다음 곡하고 재배한다. 남자는 영구의 동편에서, 여자는 서편에서 서로 마주서서 곡한다.

• 성분(成墳) : 하관 후 봉분을 만드는 일. 높이는 대개 4자 정도로 하고 묘 앞에는 묘표를 세우며 석물로는 혼유석(魂遊石), 상석(床石), 향로석을 차례로 배치하고 망주석 2개를 좌우에 세운다. 상주의 취토가 끝나면 석회와 흙을 섞어서 관을 완전히 덮는다. 이때 빨리 굳도록 물을 조금씩 끼얹고 발로 밟아 다진다. 평토를 한 다음 흙을 둥굴게 쌓아 올려 봉분을 만들고 잔디를 입힌다. 지석(誌石)은 평토가 끝난 뒤 무덤의 오른쪽 아래에 묻는다. 나중에 봉분이 허물어지더라도 누구의 묘인지를 알 수 있도록 하기 위해서이다. 봉분이 완

성되면 묘 앞에서 제물을 진설하여 성분제를 지낸다.

• 성빈(成殯) : 빈소를 차림.

• 성사(成事) : 졸곡 제사 시의 축문의 문구 내용.

• 세골장(洗骨葬) : 유해를 일정기간 보존한 후 남은 뼈만 씻어서 새로운 그릇에 납골하여 다시 장사지내는 장법. 즉 사람이 죽으면 1차로 가매장하여 육탈을 시킨 후, 육탈된 뼈만을 수습하여 물로 깨끗이 씻긴 후에 다시 매장(二次葬)하는 장법이다.

이는 유골의 보존을 목적으로 하는 장제(葬制)로서 농경문화와 깊은 관계를 가진다. 육체를 땅 위에 두고 그 위를 풀이나 짚과 같은 것으로 덮어 두어 살이 완전히 썩도록 만든다. 2, 3년 후에 좋은 날을 맞아 초분을 해체한 다음, 육탈된 유골만을 취합하여 뼈를 깨끗이 씻어 장례를 치른다. 아니면 얕은 땅에 시신을 묻고, 살이 모두 썩으면 뼈를 추려 곽(덧널) 속에 안치한다. 이처럼 매장을 2번 하므로 두벌묻기(二次葬)라고도 한다.

유골 처치의 방식은 제1차 제2차 단계 모두 토장(土葬)인 경우, 제1차 단계는 토장 제2차 단계는 주장(舟葬)인 경우, 제1차 단계는 대상장(臺上葬) 또는 화장(火葬) 제2차 단계는 토장(土葬)인 경우 등 여러 가지가 있다. 기간도 수 주일에서 10년 이상이나 경과되는 것 등이 있다. 유골의 처치도 제2차의 처치로 끝나지 않고 제3차의 처치를 하는 경우도 있다. 제1차의 장지(葬地)가 해변가의 패분(貝粉)이 많은 모래땅인 경우에는 부육(腐肉)이 자연히 씻겨 다시 닦을 필요가 없는 경우도 있다. 그러나 제1차 유해의 처치로서 석실(石室) 동혈(洞穴) 등에 보존했거나 매장했을 경우에는 제2차로 유골을 처치할 때 붙어 있는 부육(腐肉)을 닦아내야 하는 것이 보통이다. 뼈를 깨끗이 닦기 위해서 바닷물, 알코올이 강한 술, 향냄새가 강한 쑥과 같은 풀을 넣어 끓인 물을 사용하기도 한다. 세골에 의해 다시 처치할 경우에는 먼저 머리 부분이 그 다음으로 장관골(長管骨)이 중시되었다.

고대 동옥저에서는 사람이 죽으면 보통 세골장으로 시신을 처리하였다. 또한 한국의 남부지방에서도 세골장이 유행하였다.

- 세건(帨巾) : 상례의 각 절차에서 의례를 행하기 전에 관분(盥盆)에 손을 씻은 후 닦는 수건이다.
- 세사(細沙) : 회격(灰隔) 시 사용하는 가는 모래. 석회의 ⅔를 쓰는데, 혹은 2배를 쓰기도 한다.
- 세승(細繩) : 가는 새끼줄. 세속(世俗)에서 무덤의 넓이를 재는데 쓰는 것이다.
- 소(疏) : 조상하는 글.
- 소(筲) : 1두 2승을 담을 수 있는 대나무 그릇(삼태기). 5개를 사용하여 오곡(五穀)을 담는다. 하관 시 명기(明器), 포(苞), 앵(罌) 등과 함께 부장품으로 묻는다.
- 소골(燒骨) : 시체 또는 유골을 예를 갖추어 불에 태운 화장의 결과물인 유골을 말한다.
- 소공(小功) : 오복의 하나. 가는 베로 지어 소공친(小功親)의 상사에 5개월간 입는 복제. 소공은 종조부(從祖父)와 종조고(從祖姑), 형제의 손자, 종형제의 아들, 재종형제의 경우에 입는 복이다. 외조부와 외숙, 생질의 경우에도 마찬가지이다. 의복(義服)으로는 종조모와 남편의 형제의 손자, 남편의 종형제의 아들을 위해서 입는다. 형제의 아내와 남편의 형제에게도 마찬가지이다. 제부(娣婦)와 사부(姒婦)끼리도 역시 소공복을 입는다. 장부(長婦)가 차부(次婦)를 보고 제부(娣婦)라 하고 제부(娣婦)가 장부를 보고 사부(姒婦)라 한다.
- 소교(素轎) : 흰 가마. 복(服)을 입은 여자가 출입할 시 타는 흰 가마를 말한다. 포렴(布簾 - 베 발)을 드리운다.
- 소구(疏屨) : 거친 신.

• 소기(素器) : 질박한 그릇. 즉 칠하거나 조각하지 않은 검소한 그릇을 말한다. 영좌에서 사용하는 그릇은 모두 소기(素器)를 쓴다. 왜냐하면 주인이 애통하고 질박한 마음이 있기 때문이다.

• 소낭(小囊) - 5낭(五囊) - 조발랑(爪髮囊) : 작은 주머니. 5개를 색깔 있는 명주로 만든다. 종이 다섯 쪽으로 머리카락과 손톱을 싸는데, 종이 위에 머리카락, 왼쪽 손톱, 오른쪽 손톱, 왼쪽 발톱, 오른쪽 발톱이라 쓰고, 또 주머니 겉에 각각 써서 표시하고, 또 더 만들어서 떨어진 수염, 빠진 이를 싸는 데 쓴다.

• 소대(小帶) : 대(帶) 참조.

• 소렴(小斂) : 시신에 새로 지은 옷을 입히고 작은 이불로 싸는 일. 죽은 다음 날, 아침 날이 밝으면 집사자는 소렴에 쓸 옷과 이불을 준비하여 시신에 새로 지은 옷을 입히고 이불로 싼다. 먼저 깨끗한 자리를 깔고 지금(地衾)을 펴 놓은 다음 속포(束布) 20마를 7구비로 서려 놓고 장포(長布) 7자를 길게 깔고 그 위에 시신을 모신 후, 위아래 옷을 각각 겹쳐서 아래부터 위로 올라가면서 입힌 다음 베개를 치우고 옷을 접어서 시신의 머리를 반듯하게 고여 몸을 바르게 하고 새 솜을 사용하여 어깨 사이에 빈 곳을 채운 후 좌우를 걷어 맨다. 양쪽 다리는 옷으로 빈 곳을 채운 뒤 발끝까지 똑바르게 하고, 옷깃(섶)을 왼편으로부터 여미되([左衽] : 『주자가례』『사례편람』 모두 좌임[左衽]이라는 구절이 등장한다. 그런데 소렴보다 앞부분에 등장하는 습[襲]의 설명에서는 우임[右衽]이라는 구절이 『주자가례』에서는 없고 『사례편람』『상례비요』에서만 보이고 있다.) 고름은 매지 않으며 손은 악수(握手)로, 눈은 명목으로 싸매고, 복건과 두건을 씌우고 이불로 고르게 싼 다음 장포 두 끝을 찢어서 각각 매고, 속포로 묶은 다음 끊어서 속포 한쪽 끝을 세 갈래로 찢어 위로부터 차례로 묶어 내려가는 것이다. 즉 베 폭은 일곱 폭으로 묶고 매수는 21매가 되는 셈이다. 여자 망인의 수의는 여자가 입힌다. 이렇게 소렴례(小殮禮)를 마친 후 시신을 시상에 모시고 애곡한 다음 상제들

은 머리 푼 것을 걷어 올리고, 남자는 포두건(布頭巾)에 베 중단을 입고 자리에 나아가 애곡하고 집사가 전(奠)을 올리면 상제는 애통망극할 뿐이다. 한편 『주자가례』의 보주(補註)에 보면, '습전(襲奠)은 시신의 옆에서 드리는 것이고, 소렴전(小殮奠)은 영좌(靈座) 앞에서 드리는 것이다.'라고 지적하고 있다.

• 소렴금(小殮衾) : 소렴할 때 시신을 싸는 작은 이불.

• 소렴포(小殮布) : 소렴할 때 시신을 싸는 베.

• 소목촉대(素木燭臺) : 장식 없는 나무 촛대.

• 소복(素服) : 흰 옷.

• 소삭(小索) : 가는 새끼줄로 대삭(大索)과 함께 관을 묶는 데 사용한다.

• 소삼(小衫) : 속적삼. 살에 바로 닿는 것이다.

• 소상(小祥) : 초상으로부터 일주년 되는 날 지내는 초기일(初忌日)의 제사. 상(喪) 대신 길(吉)의 의미가 담긴 상(祥)자를 써서 소상(小喪)이 아니라 소상(小祥)이라고 쓴다. 소상은 윤달과 관계없이 13개월 만에 지낸다. 연제(練祭)라고도 하며 주인, 주부가 각각 연복(練服)을 입는다. 하루 전에 상제 이하는 목욕을 하고, 음식을 장만하고, 연복을 준비한다. 날이 밝으면 일어나 제찬을 진설하고 곡을 시작한다. 옛날에는 날을 받아서 지냈지만 지금은 기일에 지낸다. 아버지가 살아 계실 경우에는 어머니 초상 11개월 만에 연사(練祀)를 지낸다. 이러한 절차는 실상 삼년의 형제를 갖추는 것이다. 그러므로 11월 만에 연사를 지내는 것도 사실은 기년(朞年)으로 치는 셈이 된다. 이 제사는 졸곡의 절차와 같으며, 연복을 입게 되므로 남자는 수질을 벗고 여자는 요질을 벗는다. 그리고 기복만 입은 사람은 길복으로 갈아입어야 한다. 그러나 소상을 지내는 달이 다 가기 전에는 비단이나 색깔이 호화로운 옷을 입지 않는다. 상제들은 강신하기 전에 연복으로 갈아입고 곡한다.

- 소석비(小石碑) : 작은 돌비석.
- 소세(梳洗) : 머리를 빗고 얼굴을 씻다.
- 소식(疏食) : 거친 밥.
- 소여(小轝) : 작은 상여. 말목(馬木 - 꿰어 놓는 받침나무)이 딸린다. 만드는 법은 대여와 비슷하지만, 다만 작은 방상(方牀)을 쓰지 않고, 휘장 덮개만 쓰고, 위에는 앙장(仰帳)을 치고, 앞뒤에 4개의 사롱(紗籠)을 달아 촛불을 밝히는 데 쓴다.
- 소의(素椅) : 장식이 없는 의자. 영좌를 설치할 때 사용하는 도구.
- 소첩(梳貼) : 빗접.
- 소탁(素卓) : 장식이 없는 탁자. 영좌를 설치할 때 필요한 도구.
- 소향안(素香案) : 영좌를 설치할 때 설치하는 흰 향탁.
- 소후모(所後母) : 양어머니.
- 속광(屬纊), 속굉(屬紘) : 죽음을 앞둔 환자의 코와 입 사이, 즉 인중(人中)에 새 솜을 놓아서 그 움직임 여부를 통해 죽음을 확인하는 행위를 말한다. 오늘날 죽음판정 기준 중 심폐사(心肺死)에 해당된다. 운명(殞命)이 확인되고 나면 남녀 모구 곡(哭)한다.
- 속백(束帛) : 혼백(비단 묶음).
- 속포(束布) : 염습 때 시신을 가로로 묶는 데 쓰이는 한지 나 삼베로 된 띠.
- 솔발(率鈸) : 놋쇠로 만든 흔들어서 치는 종으로 <요령>이라고도 하며 상행(喪行) 때 사용한다.
- 송종(送終) : 마지막을 보내는 것.
- 송지(松脂) : 송진을 일컫는 말로 관의 안쪽을 밀봉할 때 사용한다. 만약 관에 칠을 할 경우에는 사용하지 않는다.

• 송탄말(松炭末) : 소나무 숯가루. 옻칠에 섞어서 관의 이음새를 막는 데에 사용된다.

• 쇄(殺) : 붉은색 모(冒 - 시신을 싸는 것)로서, 모(冒)의 아랫부분을 말한다.

• 수기(壽器) : 생전에 만들어 놓는 관(棺), 수의(壽衣) 등을 말한다.

• 수단유수(修短有數) : '명(命)의 길고 짧음은 운수에 있다.'는 의미이다.

• 수도(隧道) : 터널. 관을 매장할 때 평지에서 경사지게 묘혈을 뚫어 놓은 길(『周禮』).

• 수례(襚禮) : 염습에 쓸 의복을 부의하는 것을 말한다. 부의의 명칭은 보내는 종류에 따라 다르다. 재화는 부(賻), 수레(車)와 말(馬)은 봉(賵), 의복은 수(襚), 가지고 노는 물건은 증(贈), 패옥(貝玉)은 함(唅)이라고 한다. 부(賻)와 봉(賵)은 살아 있는 이를 돕는데 쓰는 것이요, 증(贈)과 수(襚)는 망자를 송별하는 데 쓰는 것이다. 망자를 보내는 데에는 영구와 시신에 미칠 만한 것이 없고, 살아 있는 이를 조상하는 데에는 슬픔에 미칠 만한 것이 없다.

• 수륙대회(水陸大會) : 불교의 제사 가운데 하나로서 수륙(水陸)의 유정(有情)에게 공양하는 법회를 말한다.

• 수릉(壽陵) : 임금의 무덤인 릉(陵)은 대개 임금이 죽은 다음에 하는데, 살아생전에 릉(陵)을 선정하기도 하는 바, 이를 수릉(壽陵)이라고 한다.

• 수목장(樹木葬) : 화장한 골분을 나무의 뿌리 주변에 묻어 장사하는 장법(葬法).

• 수분해장(水分解葬) : 시신을 150~179℃ 되는 뜨거운 물에 수산화칼륨과 함께 3시간 정도 끓여 육탈시킨 후 유골을 골분으로 만들어 장사지내는 장법(葬法). 인산칼슘 성분만 남고 완전 분해

되는 환경친화적인 최신 장법이다.

- 수상장(樹上葬), 수장(樹葬), 풍장(風葬), 임장(林葬), 괘장(卦葬), 현공장(懸空葬) : '죽은 자를 나무 위에 안장한다.'는 의미로서 옛 장법의 하나이다. 시신을 가마니에 싸거나, 관 또는 항아리에 넣어서 나무나 기둥에 붙잡아 매거나, 가지에 달아매어 방치해 두었다가 살이 삭아서 뼈만 남으면 이것을 땅 속에 매장하는 방법이다. 시신을 묻을 땅이 없는 빈민이나 돌림병 따위로 죽었을 때, 역신(疫神)을 흩뜨려 버린다는 의미에서 행해졌다.

- 수세거두기 : 운명을 하면 바로 햇솜으로 입과 코, 귀 등을 막고 손발을 펴게 하는데, 이를 수세거두기라고 한다.

- 수시(收屍) 천시(遷屍) : 시신이 굳어지기 전에 팔과 다리 등을 가지런히 하는 행위. 즉 염습을 편하게 하기 위해 절명 후 고복(皐復)이 끝난 뒤 시신이 굳기 전에 곧바로 시신의 사지를 바르게 하여 대충 간단히 묶어 놓는 일로서 정제수시(整齊收屍)라고도 한다. 숨이 끊어지면 눈을 감기고 준비한 햇솜으로 입과 코와 귀를 막고 머리를 높게 흐트러지지 않게 괴고 남녀가 곡(哭)하고 수시를 하는데, 말하자면 시신이 굳기 전에 손발을 고루 주물러서 펴고 백지로 시신의 얼굴을 덮고 백지나 베 헝겊으로 좌우 어깨를 단단히 동이고, 두 팔과 두 손을 곱게 펴서 배 위에 올려놓되, 남자는 왼손을 위로 하고 여자는 오른손을 위로하여 놓고 두 다리를 곧게 펴놓고 두 발을 똑바로 모아가지고 백지나 베로 동이며 어그러지지 않게 하여 덮어 놓고 다시 곡한다. 이 모든 일을 소홀히 하면 손발이 흐트러져서 뜻하지 않게 말할 수 없는 걱정이 생기므로 실로 정성껏 주의해서 행하여야 한다. [천시(遷屍) 참조]
  수시에 필요한 품목은 ① 칠성판, ② 수시복, ③ 수시포, ④ 알코올, ⑤ 탈지면, ⑥ 위생장갑, ⑦ 한지, ⑧ 베개, ⑨ 받침대 3개, ⑩ 칼 또는 가위. ⑪ 긴 대나무 자 등이다.

• 수시포(收屍布) : 돌아가신 직후 시신을 덮는 홑이불.

• 수의(襚衣 : 壽衣), 습의(襲衣) : 시신에게 입히는 옷. 염습 시 죽은 사람에게 입히는 옷.

종류는 다음과 같다. ① 폭건(幅巾) - 검은 명주 베로 만든 것으로서 머리를 싸서 덮는 것. ② 두건(頭巾) - 머리에 씌우는 수건과 같은 것. ③ 망건(網巾) - 머리카락을 싸는 것으로 검은 비단으로 만든다. ④ 명목(瞑目) - 얼굴을 싸매는 것으로서 사방의 길이는 한자 2치이며 네 귀에 끈을 달고 밖은 검은색, 안은 붉은 색의 명주로 한다. ⑤ 악수(幄手) - 손을 싸매는 것으로서 길이는 한자 2치로 하고 폭은 5치로 한다. ⑥ 충이(充耳) - 귀를 막는 것으로서 새 솜으로 대추씨 같이 만든다. ⑦ 속옷(裡衣) - 속적삼, 속바지. ⑧ 겉옷 - 바지, 저고리, 버선, 대님, 요대(허리띠), 행전, 두루마기, 조대(條帶), 대대, 토수(吐手), 신(명주 베에 종이를 붙여서 만든 신) 등.

집안에 연로하신 어른이 계시면 미리 수의를 마련해 두는데, 대개 윤년이나 윤달을 택해 준비해 둔다. 수의를 준비하는 것은 송사(送死)의 도(道)로서 어버이를 위하는 물건이기 때문이다. 수의를 지을 때는 실의 매듭을 짓지 않으며, 빈손으로 간다는 뜻에서 수의에는 주머니가 없다. 크기는 산 사람의 옷보다 크게 만들어 입히기 편하게 한다.

『주자가례』의 주에는 '습에는 옷 1벌을 쓰고, 대렴과 소렴에는 죽은 사람이 가지고 있던 옷과 친구들이 보내준 옷(及親友所襚之衣)에 의거해서 마땅한 바에 따라 사용한다. 만약 옷이 많으면 다 쓸 필요는 없다.'고 하였다. 여기에서 언급된 '수지의'(襚之衣)에서 변하여 수의(襚衣)가 되었고, 이것이 현대에는 수의(壽衣)로 쓰인 것이 아닌가(?) 추측됨직하다.

• 수인(遂人) : 일꾼들을 부리는 사람.

• 수장(水葬) : 시체를 강이나 바다 등 물속에 장사지내는 장법.

• 수장(樹葬) : 수상장(樹上葬) 참조.

• 수조(垂條) : 드리워진 실띠.

• 수질(首絰) : 상제(주)가 상복을 입을 때 머리에 두르는 관 위에 덧쓰는 짚에 삼 껍질을 감은 둥근 테. 요질과 함께 수질을 두르는 이유는 상제의 효심이 꽉 차 있음을 드러내는 것이다. 참최일 경우에는 씨 있는 삼으로 만들고 자최 밑으로는 씨 없는 삼으로 만든다. 베 두 가닥을 서로 꼬는데, 그 끈의 굵기가 참최는 9치, 자최는 7치 2푼이고, 대공은 5치 7푼, 소공은 4치 6푼, 시마는 3치 5푼이다. 참최는 역시 베로 만든 갓끈을 써야 한다. 칡으로 만들기도 한다. 소상(小祥)이 끝나면 남자 상제는 수질을 벗는다.

• 숙세포(熟細布) : 가는 삶은 삼베.

• 순(輴) : 바퀴가 있는 상여. 불(紼 - 동아줄 불)이라고도 한다.

• 순사(殉死) : 임금이나 주인 또는 남편을 따라서 자발적으로 죽는 것.

• 순장(殉葬) : 죽은 사람의 매장 시 산 사람을 함께 매장하던 풍습이다. 즉 하나의 죽음에 뒤따라 다른 사람이 스스로 목숨을 끊거나, 아니면 강제로 죽여서 주된 시신과 함께 묻는 장례 풍속이다. 옛날에는 왕이나 귀족, 또는 신분이 높은 사람이나 남편이 죽으면 신하나 처와 종자를 함께 매장하였다. 말하자면 이것은 죽은 후에도 생시(生時)가 재현된다는 계세적(繼世的) 관념에서 나온 풍습으로서, 신하나 처와 노비를 살아 있는 채로 묻거나 죽여서 매장하였던 것이다.

현재까지 발견된 순장의 유적은 이집트 제1왕조의 나르메르왕의 묘, 메소포타미아의 우르왕의 묘가 유명하다. 우르왕의 묘에는 6명의 신하와 68명의 시녀가 매장되었다. 이 점은 중국 은(殷)나라 왕의 묘와 일치한다. 다만 은나라의 경우는 참수(斬首)의 순장이 있어 단지 재세 때의 봉사자로만 볼 수 없다는 점이다. 중국에 있어서의 순장의 기원은 확실하지 않으나 은나라의 양식 및 그 연장이라 생각되는 서주(西周)의 유적에 의하여 동주(東周)에서 수당(隨塘), 다시 명청(明淸)에 이르기까지 왕후 등 귀족계급에는 간혹 종사(從死) 혹은 순사(殉死)가 있었다고 한다. 은 시대의 묘의 대표적인 것은 은허의 대묘가 있다. 그곳에서 발견된 것은 관 주위 동쪽에서 17명, 서쪽에서 24명의 순장인골이 확인되었고, 서쪽의 것은 복식품으로 보아 여성으로 추측되는 것도 많이 모였다. 어느 것이나 계급차별이 있는 듯하며, 관 속에 들어 있는 것과 들어 있지 않는 것이 있다. 옥(玉) 등의 장신구 외에 청동제의 용기, 악기 등도 발견되었다.

중국의 사료인 위지동이전의 기록에 보면 부여 때 귀인에 대한 순(殉)의 풍습이 있었는데, 많을 때는 그 수가 100여명에 달했다고 한다. 삼국사기에서 보면 신라 지증왕 때(A.D 502년)에 인격 중시 내지 노동력 확보 등의 일환으로 순장 풍습을 금한 것으로 미루어 보아, 우리나라 고대사회에서도 순장의 풍습이 있었음을 알 수가 있다.

• 순장(旬葬) : 죽은 지 열흘 만에 지내는 제사.

• 습(襲) : 시신의 목욕을 시키고, 수의를 입히는 절차 전체를 말한다. 먼저 향나무 삶은 물이나 쑥 삶은 물로 시신을 정결하게 씻기고 나서 수건으로 닦고 머리를 빗질하고, 손톱과 발톱을 깎아 주머니에 넣는다. 이것은 후에 대렴할 때 관 속에 넣는다. 이것을 끝나면 시신을 침상 위에 눕히고 수의를 입히는데, 옷은 모두 오른쪽으로 여민다. 남자의 습은 남자가, 여자의 습은 여자가 한다.

사자(死者)를 목욕시키는 것은 소생을 바라는 산 자의 심정과 시신에 혹시라도 붙어 있을지 모를 사악한 정령을 제거하려는 벽사(辟邪)의 의미도 있다.

• 습상(襲牀) : 습을 한 상.

• 습신 : 시신에게 신기는 신발. 시신의 신발(꽃신)이며 면이나 종이로 만든다.

• 습의(襲衣) : 습의 절차에서 목욕시킨 시신에게 수의(壽衣)를 입히는데, 이 때 입히는 옷을 습의라 한다. 『주자가례』의 주(註)에는 '고씨가 말하기를 습의(襲衣)는 시신에 옷을 입히는 것이고 염의(殮衣)는 시신을 싸는 것이다. 이것이 습(襲)과 염(殮)의 차이이다.'고 하였다. 수의(壽衣) 참조.

• 습전(襲奠) : 습할 때 습이 끝나고 나서 올리는 전(奠). 수의를 입혀 드리고 올리는 제물.

• 승교(繩絞) : 삼끈으로 꼰 것.

• 승구(繩屨) : 새끼 끈으로 꼬아 단단히 만든 짚신.

• 승대(繩帶) : 새끼줄 띠.

• 승아자배지(勝我者拜之) : 문상 시 나를 이기는 사람에게만 절을 한다는 의미이다. 같은 의미로 적아자배지(敵我者拜之 - 나와 대등하게 대적하는 사람[친구]에게만 절한다)라는 말도 있다.

• 승안(承顔) : 돌아가신 집안 어른 중 생시의 얼굴을 뵈었던 조상.

• 승적(承嫡) : 적통을 이음.

• 승중(承重) : 아버지가 먼저 돌아가신 뒤 조부모의 상사를 당했을 때, 아버지를 대신해서 장손이 상주 노릇을 하는 것. 승중일지라도 3년상을 하지 못하는 경우가 있으니, 첫째 적자가 몹쓸 병이 있어서 가묘의 일을 감당하지 못할 경우이고, 둘째 적자가 전중(傳重)을 하지 않아 장손 이외의 일반 손자들이 후사가 되는 경우이고, 셋째 장자가 아닌 일반아들로서 후사를 삼는 경우이고, 넷째 적자 다음대로 내려가 적손을 후사로 삼는 경우이다.

• 승중상(承重喪) : 아버지를 여읜 맏아들로서 조부모의 상사(喪事)를 당한 초상을 말함.

• 시(尸) : 시신이 상(牀)에 놓여 있을 경우의 시신을 일컫는 말.

• 시도(時到) : 때가 옴.

• 시동당견(尸東當肩) : 시신의 동쪽 어깨 부분에다 습(襲)이 끝난 후 습전(襲奠)을 차린다.

• 시마(緦麻) : 8촌간에 입는 상복으로 종증조, 삼종형제, 종증손, 종현손 등의 상사에 3개월 간 입는 복제. 사위, 장인 장모 간에도 시마복이다.

• 시사전(始死奠) : 돌아가신 후 곧바로 드리는 전(奠).

• 시상(尸牀, 屍床) : 시신을 대렴을 하기 전까지 올려놓는 상. 시신을 누이는 자리. 시신이 상위에 있을 때는 시(尸), 관 속에 있을 때는 구(柩).

• 시상판(屍床板) : 입관 전에 시신을 올려놓는 나무판.

• 시신(屍身) : 죽은 사람의 몸체를 높여 부르는 말.

• 시자(侍者) : 시종(侍從)을 말한다. 즉 상례의 각 절차에서 시중을 드는 사람이다. 주로 하인이 이 역할을 하는데, 직접 일을 처리하는 사람을 일컫는다. 행자(行者 - 따라가는 사람)라고도 한다.

• 시자복(侍者服) : 누이지 않은 베옷이니, 만드는 법은 직령과 같이 하고, 중단·효건·환질·효대를 한나.

• 시장(始葬) : 처음 장례. 이개장에 즈음하여, 처음 초상 때의 장례를 일컫는 말.

• 시접(匙楪) : 제사 진설 시 숟가락을 놓는 접시.

• 시체검안서(屍體檢案書) : 의사의 치료를 받지 아니하고 사망한 사체(시신)를 살펴서, 의사가 사인(死因)을 의학적으로 검안하여 사망을 확인하는 증명서

• 시취(尸臭, 屍臭) : 시체 썩는 냄새.

• 시호(諡號) : 죽은 뒤에 망자의 공덕을 칭송하여 추증(追贈)하는 칭호.

• 식건(拭巾) : 습의 절차에서 시신을 목욕시킨 후 몸을 말려 닦는 수건이다. 상체, 하체를 구분하여 사용하기 때문에 2개가 필요하다. 명주나 베로 만드는데, 1자쯤 되는 것을 쓴다. 요즘은 흰색 수건을 사용한다. 식건은 이 때 뿐만 아니라 여러 절차에서 기물을 닦는 행주, 혹은 걸레를 통칭하는 말이다.

• 식관(拭棺) : 관을 닦음.

• 식물(食物) : 음식. 즉 반찬을 말한다.

• 신결석(新潔席) : 깨끗한 새 자리. 전제(奠祭)를 지낼 때 준비한다.

• 신교(神橋) : 왕릉의 공간 구성 배치와 관련 정자각에서 무덤으로 올라가는 길.

• 신면(新綿) : 햇솜. 관의 빈 곳을 메꾸는 보공(補空)에 사용된다. 또는 속광(屬纊)에 사용되기도 한다.

• 신도비(神道碑) : 임금이나 고관의 무덤 앞이나 묘지로 통하는 길목에 죽은 사람의 업적을 기리기 위해 세우는 비석이다. 주로 무덤의 동남쪽에 위치하며 남쪽을 향하도록 세우는데 '신도(神道)'란 죽은 사람의 묘로(墓路), 즉 '신령(神靈)의 길'이라는 의미이다. 중국 한나라 때는 종2품 이상의 관리들에게 한하였다. 우리나라에서는 고려시대에 3품 이상에, 조선시대에 들어와서는 2품 이상의 관리들에게만 한정되었다. 단, 공신은 품계가 낮아도 가능하였다.

• 신물(新物) : 새 음식. 제례용어 '천신(薦新)' 조항 참조.

• 신위(神位) : 고인의 영혼의 자리를 말하는 것으로, 위패(位牌) 혹은 신주(神主)나 지방(紙榜) 같은 것이 신위(神位)에 해당된다.

• 신의(新衣) : 초종의 절차에서 병이 위급해지면 망자에게 갈아입히는 새 옷이다.

• 신장(新葬) : 개장(改葬)의 반대말로서, 즉 처음으로 시신을 묻는 경우를 말한다.

• 신전장(伸展葬) : 펴묻기. 즉 시신을 땅에 묻을 경우, 굴장(屈葬)의 형태가 아니라, 시신의 팔다리를 바로 펴 넣은 후, 그 위에 잔돌과 큰 돌 흙 등을 차례로 덮어 시신을 묻는 장법.

• 신주(新主) : 새 신주.

• 신주(神主) : 죽은 사람의 위패. 목주(木主). 밤나무를 쓰고 독(櫝)은 검은 옻칠을 한다. 나무 대신 종이로 만드는 신주를 지방(紙榜)이라고 한다. 신주는 조상의 혼이 깃들어 있는 신체로 여기어 사당이나 벽감에 모시고 살아계실 때와 같이 아침, 저녁으로 인사를 드리고, 집안에 중요한 일이 있을 때마다 아뢰기도 하였다. 아는 곧 조상으로 인식하여 살아 있는 사람과 함께 집안에서 생활하는 것으로 여겼다. 신주는 제주(題主) 후에 비로소 죽은 자를 대신하는 신체가 되고, 3년상이 지난 후에 사당(祠堂)이나 벽감(壁龕) 등에서 보통 4대, 약 120년 동안 모셔진다. 그래서 신주는 사람과 같이 평생을 같이하는 것으로 여겼다. 신주를 만드는 법은 시일월진(時日月辰)을 본떠서 만드는 것으로서, 받침대는 사방 4치로 하는데 1년 4계절을 형상화한 것이며, 바닥에 구멍을 뚫어서 신주의 몸을 끼운다. 몸은 높이가 1자2치(12치)로 1년 12개월을 의미하고, 너비가 3치(30푼)인 것은 1달의 날수를 형상하며, 두께가 1치2푼(12푼)인 것은 하루의 시간을 형상화한 것이며, 위 5푼을 깎아 내어 머리를 둥글게 한다. 신주의 형태도 천원지방에 따라 상원하방의 형태로 하였는데, 위가 둥근 것을 하늘을 상징하고, 아래가 모진 것은 땅을 상징한다.

• 신주독(神主櫝) : 신주를 모셔두는 궤.

• 실당(室堂) : 집의 대청.

• 실토(實土) : 하관한 후 광중을 흙으로 채움. 하토(下土). 취토(取土).

• 실회(實灰) : 하관한 후 회를 채움.

• 심상삼년(心喪三年) : 상복은 입지 않았어도 마음가짐을 상복을 입은 것과 같이 한다는 뜻이다. 이 기간에는 화려한 복식을 하지 않고, 연회 등에 참석하지 않으며, 혼인 등의 길사(吉事)를 삼간다. 심상삼년에 해당하는 자는 출계(出系)한 사람(다른 집의 양자로 간 사람)이 친부모의 상을 당했을 때, 친부모가 생존해 있을 경우 양부모를 위해서, 개가하거나 쫓겨난 친모를 위해서, 아버지가 살아 계실 때 어머니를 위해서, 스승을 위해서, 심상삼년을 행한다.

• 심의(深衣) : 남성용 수의의 겉옷을 일컫기도 하는데, 원래는 선비들이 집안에 있을 때 입는 일상복이다. 고려 말 성리학이 들어오면서 유학자들이 가장 많이 입었다. 심의는 홑겹으로 된 포(布)로서 주로 백색으로 만든다. 모양은 깃이 직령(直領)이고, 깃과 단, 도련에 검은색의 선(襈)을 두른 것이 특징이다. 즉 흰 베로 두루마기 모양을 만들며, 소매를 넓게 하고 검은 비단으로 가장자리를 두른 옷이다. 이러한 심의에는 철학적 의미가 내포되어 있는데, 의부(衣部)와 상부(裳部)가 나누어진 것은 건(乾)과 곤(坤)을 나타내는 것이다. 그리고 12폭은 1년 4계절, 12월을 의미하며, 선을 두른 것은 부모에 대한 효도와 공경의 뜻을 가지고 있다고 한다.

• 심자관억(深自寬抑) : 깊이 스스로를 너그럽게 달램. 조장(弔狀)에 쓰이는 서식 문구.

• 심장법(深葬法) : 왕릉을 조성할 경우 광중의 깊이를 매우 깊게 하여 시신을 안치하는 장법. 보통 일반무덤의 경우 광중의 깊이는 1.2미터 정도인데, 왕릉의 깊이는 10척(尺) 즉 3.1미터 정도를 판다. 이유는 임금 왕(王)자가 십(十)자의 아래위를 막은 모양으로 왕기(王氣)는 십(十)자 속에서 난다는 속설 때문이다. 또한 시신을 깊이 묻으면 빗물이나 습기의 침투를 막고, 한기를 차단하여 한겨울에도 시신이 어는 것을 방지하며, 벌레 뱀 개구리 나무뿌리 등의 침범을 막

아 시신을 온전하게 보존하고, 도굴을 방지할 수 있기 때문이다.

- 심장사(心臟死) : 심장의 병이나 일차적인 심장의 기능 저하가 원인이 되어 사망하는 것. 급성에서는 심근 경색, 만성에서는 울혈성 심부전이 있다.
- 심제인(心制人) : 마음으로 상제(喪制)가 된 사람.
- 십자고상(十字苦像) : 십자가에 못 박힌 그리스도의 수난을 묘사한 상(像).
- 아삽(亞翣) : 불삽(黻翣) 참조.
- 악(幄) : 휘장. 세속에서 쓰는 차일과 휘장(揮帳) 따위이다.
- 악거(惡車) : 변변치 않은 수레. 치장하지 않은 검소한 수레. 즉 상주가 병이 있어 걷지 못할 때 타고 가는 수레.
- 악상(惡喪) : 젊어서 요절했거나 사고로 사망하는 등, 가정형편이 좋지 않고 자연수명을 다하지 못하고 망자가 사망한 경우를 일컫는다.
- 악수(握手) : 시신의 손을 싸는 손 싸개. 비단을 쓰는데, 길이는 1자 2치, 넓이는 5치이다.
- 악실(堊室) : 꾸미지 않은 방. 상제(喪制) 처소. 상주와 여러 남자들의 기처하는 곳.
- 악차(幄次) : 천막. 장지(葬地)의 광중 부근에 휘장을 쳐 놓은 임시로 머무는 곳.
- 안장(安葬) : 편안하게 장사지낸다.
- 안치(安置) : 시신의 부패와 세균 번식 등을 막기 위하여 냉장 시설에 시신을 모시는 것.
- 안치실(安置室) : 시신의 부패와 세균 번식 등을 막기 위하여 시신 보관용 냉장시설을 갖춘 장소.

• 암장(暗葬) : 남의 땅에 몰래 장사를 지내거나, 남의 묘를 파내고 자기 조상의 시신을 몰래 묻는 경우를 말한다.

• 압사(壓死) : 위험한 곳에서 억눌리어 죽음.

• 압존(壓尊) : 나에게 높은 분이라도 그 분보다 더 높은 분 앞에서는 낮춰야 하는 것을 압존법(壓尊法)이라고 하는데, 예를 들어 모상(母喪)의 경우 3년 자최복을 입어야 하나, 아버지가 아직 살아계시면 상을 낮추어서 1년으로 기간을 단축하여(장기 - 杖朞) 입는 것을 일컬어 압존이라고 한다.

• 앙장(仰帳) : 천장이나 상여 위에 치는 휘장.

• 애곡벽용(哀哭擗踊) : 가슴을 치며 통곡하는 일을 말하며, 원뜻은 애통하게 곡을 하고 가슴을 치며 발을 구른다는 뜻이다.

• 애도(哀悼, Deep Regret Condolence) : 사람의 죽음을 슬퍼함.

• 애자(哀子) : 애달픈 아들이란 뜻으로 어머니가 돌아가셨으면 애자(哀子)라 지칭한다.

• 애차(哀次) : 영구가 바깥문을 나갈 때 정해진 위치에서 애도하는 장소.

• 애통최열(哀慟摧裂) : 애통하고 가슴이 찢어짐. 직계존속이 돌아가셨을 때 상주를 위로하여 사용하는 서식 문구.

• 애통침통(哀慟沈痛) : 애통하고 침통함. 백숙부모, 고모, 형제자매가 죽었을 때 상주를 위호하여 사용하는 서식 문구.

• 액막이 : 상례에서 악한 기운이 시신에게 해를 끼치는 것을 막기 위해 행하는 주술적인 행위로 방상씨가 광중을 찌르는 시늉을 하며 사귀(邪鬼)를 쫓는 것과 같은 것이 이에 해당한다.

• 앵(罌) : 술 단지. 술이나 육장 등을 담는 그릇의 통칭. 자기(瓷器) 3개로, 술과 포와 육장을 담는다. 하관 시 명기(明器), 포(苞),

소(筲) 등과 함께 부장품으로 묻는다.

• 양귀법(攘鬼法) : 원귀(寃鬼)나 원령(怨靈) 등 인간에게 해를 끼치는 귀신을 물리치는 귀신 퇴치법을 말한다.

• 양밥 : 본래 액운을 쫓거나 남을 저주할 때 무속적으로 취하는 간단한 조치를 뜻하는 말로, 상례에서도 각종 속설과 믿음에 따라 액땜하는 풍습이 있다. 예컨대 발인하는 날 상제들은 관을 들고 방의 네 구석을 향해 관을 세 번씩 올렸다 내렸다 하면서 인사를 한 뒤에 문을 나선다. 이 때 관을 방에서 상여가 있는 밖으로 옮길 때, 도끼나 톱으로 문지방을 살짝 찍거나 자른 뒤에 관을 들고 문지방을 넘는 풍속이 있다. 또한 문 밖의 댓돌 앞에 바가지를 깨는 것은 죽은 이가 나쁜 귀신이 되어 다시는 문지방을 넘어 집안으로 되돌아오지 않는다는 믿음에서 비롯된 양밥 곧 액땜인 것이다.

• 양의(襄儀) : 장의(葬儀)와 같은 의미이다. 즉 시신을 처리하는 방법 내지 장례절차에 관한 예절을 말한다.

• 양장(兩葬) : 겹초상 내지 쌍초상.

• 양창독(兩窓櫝) : 양쪽에 창이 있는 독. 『가례』 도(圖)에 위는 평평하고 사방은 곧게 내려가되 앞에 창 둘을 만들고 아래는 평평한 받침을 만든다.

• 어자(御者) : 시중을 드는 사람이다. 한편 남자가 병이 있을 때 여자에게 맡기지 않는다. 즉 남자는 여자에게 운명을 맡기지 않고, 여자는 남자에게 운명을 맡기지 않음을 의미한다.

• 어장(御葬) : 국장(國葬) 중 황제의 장례(葬禮)를 어장(御葬)이라 칭하기도 한다. 국장(國葬) 및 예장(禮葬) 참조.

• 엄(掩) : 머리싸개. 즉 머리를 싸는 것이다. 지금의 복두와 같다. 여자 상(喪)에는 엄(掩)을 쓰는데, 엄은 온폭으로 두개골을 싸고, 뒤의 두 가닥으로 앞을 향해 턱밑에서 묶고, 또 앞의 두 가닥으

로 뒤를 향해 돌려서 목덜미 한가운데서 묶는다.

• 엄광(掩壙), 엄광창(掩壙窓) : 광중을 덮어 가림. 광중을 덮는 덮개.

• 엄기색양(奄棄色養) : 상주와 망자가 모두 벼슬이 없을 경우, 망자의 죽음을 나타내는 말로서 엄기색양(奄棄色養)이라는 말을 사용한다.

• 엄기영양(奄棄榮養) : 상주의 벼슬이 높을 경우는 죽음을 나타내는 말로서 경배(傾背) 대신 이 용어를 쓴다. 갑자기 영화로운 봉양을 버리셨다는 의미이다.

• 엄연관사(奄捐館舍) : 망자의 관직이 약간 높을 경우, 망자의 죽음을 나타내는 말이다. '갑자기 집을 버리셨다.'는 의미이다.

• 엄홀기배(奄忽棄背) : 직계존속(망자)의 죽음을 다른 사람에게 표현하는 말이다. '갑자기 세상을 버리셨다.'는 의미이다. 형제 이하의 죽음에는 '상서(喪逝 - 죽었다)'라고 하고, 아들, 조카, 손자의 죽음에는 '거이요절(遽爾夭折 - 갑자기 요절했다)'이라고 한다.

• 엄광창(掩壙窓) : 광을 덮는 덮개.

• 엠바밍(Embalming) : 사체를 일정기간 보존하기 위하여 위생보전처리를 행하는 것. 사체로부터 혈액을 빼고 액상의 방부제를 주입한다. 이것은 매장을 주로 하는 미국에서 발달하였으며, 현재 미국에서는 엠바밍이 보편화되어 있고, 장례관련학과의 주요 교과목이다. Thomas Homes는 엠바밍의 아버지라고 부른다. 그는 남북전쟁 때 시체를 1구 당 100$로 방부처리를 청구하였으며, 4년간 4028구를 방부처리 하였다.

• 여막(廬幕) : 무덤 가까이에 지은 상제가 거처하는 초가.

• 여모(女帽) : 여자의 시신을 염습할 때 머리에 싸는 베.

• 여묘(廬墓) : 무덤 옆에 시묘살이 하는 움막살이. 상제가 무덤 가까이에 여막(廬幕)을 짓고 무덤을 지키는 일.

• 여복(女僕, 여자 종) : 속칭 곡비(哭婢)를 말한다. 2사람 또는 4사람이며, 베너울을 쓴다.

• 여부(轝夫) : 상여꾼. 상여를 짊어지는 사람인데, 그 수(數)는 형편에 따라 적당히 한다.

• 여상(舁牀) : 마주 드는 상.

• 역(曆) : 문상객을 기록하는 장부.

• 역막(帟幕) : 위를 가리는 작은 장막.

• 역복불식(易服不食) : 망자가 운명하면 곧바로 옷을 갈아입고, 음식을 먹지 않는다는 것이다. 처와 자부, 첩은 모두 관과 윗옷을 벗고, 머리를 푼다. 남자는 심의를 입고, 상의의 소매를 뺀다. 모든 아들은 3일 동안, 9월상은 3끼를, 5월과 3월상은 2끼를 먹지 않는다. 이처럼 거상 중과 탈상 때에 옷을 갈아입고 밥을 굶는 것이 역복불식인 것이다. 우선 상을 당하면 평소에 입던 화사한 색의 옷을 벗고 검소한 옷으로 바꾸어 입으며, 입관이 끝나면 상복으로 갈아입는다. 그 후 상복을 계속 입다가 소상에는 생베 옷을 반베 옷으로, 대상에는 흰 갓과 직영(直領 - 무관의 웃옷의 하나로 깃이 곧게 되었음)으로, 담제에는 칠한 갓과 흰 도포로, 길제에는 평상의 옷을 갈아입었다.

• 역부(役夫) : 일꾼. 산역(山役)이나 무덤 조성 시 일하는 일꾼 등을 말한다. 영구를 상여에 싣는 일을 하기도 한다.

• 역월제(易月制) : 고려 시대에 행하여졌던, 하루를 한 달로 계산하여 장례의 기간을 단축하여 치루었던 단상제(短喪制)의 장제를 일컫는 말이다. 역월제(易月制)란 이일역월지제(以日易月之制)의 준말이다. 이 역월제는 실은 한(漢)나라 문제(文帝)의 유조(遺詔)에서 비롯된 것이다.

• 역청(瀝靑) : 기름을 섞어 갠 송진. 부패방지를 위해 관의 겉과 속에 바름.

• 연(練) : 삶아 빪. 누임. 연복(練服) 참조.

• 연고자(緣故者) : 시체 또는 유골과 다음 각자의 관계에 있는 자를 말하며, 연고자의 권리와 의무는 다음 각자의 순으로 행사하되, 동순위의 자녀 또는 직계비속이 2인 이상인 때에는 최근친의 연장자를 우선순위로 한다. 배우자 - 자녀 - 부모 - 자녀를 제외한 직계비속 - 부모를 제외한 직계존속 - 형제자매 - 시체 또는 유골을 사실상 관리하는 자.

• 연관(捐館) : 살던 집을 버린다는 뜻으로 사망에 대한 경칭(敬稱). 즉 거처를 버린다는 뜻으로서 죽었다는 것에 대한 높임말(돌아가심, 서거)이다. 망자의 벼슬이 높을 경우, 죽음의 의미로 경배(傾背) 대신 이 연관(捐館)이라는 말을 사용하는 것이다. 엄연관사(奄捐館舍 - 갑자기 집을 버리셨다)의 준말.

• 연관(練冠) : 삶아 빤 베로 만든 관(冠).

• 연궤(燕几, 燕櫃) : 다리가 굽은 옛날 책상의 일종. 즉 초종의 절차에서 설치철족(楔齒綴足)을 할 때 각사, 조를 놓아두는 서안(書案)과 같은 것이다.

• 연도(煉禱) : 육신의 사망 후 연옥에 빠져 있는 불쌍한 영혼을 천국에로 인도하도록 이승에 남아있는 교우들이 상가에 가서 하는 기도. 한국 천주교회의 독특한 장례문화.

• 연미사 : 세상에서 지은 죄로 천국에 바로 들지 못할 때, 불에 의해서 그 죄를 정화(淨化)하는 곳에 있는 사람을 위한 미사. 연도미사.

• 연복(練服) : 소상 때 입는 옷. 누인 베로 새로 만들거나 입던 옷을 빨아서 다듬어 입음. 소상 시 제사를 지내기 시작하면 강신(降神)하기 전에 모든 복인은 먼저 연복으로 갈아입는다. 소상(小祥) 참조.

• 연상(練祥) : 소상.

• 연숙출(煉熟秫) : 불에 익힌 차조(찰수수, 찹쌀).

• 연옥(煉獄) : 세상에서 지은 작은 죄로 인해 천국에 바로 들어가지 못할 때, 불에 의해서 그 죄를 정화(淨化)하는 상태 또는 그 장소. 천국과 지옥의 사이에 있다고 한다.

• 연포(練布) : 누인 베. 연복(練服) 참조.

• 열포(裂布) : 찢은 베.

• 염발(斂髮) : 머리를 묶음.

• 염상(斂牀[床]) : 염(殮)을 할 때 사용하는 받침대. 염(殮)하는 상.

• 염습(殮襲) : 시신을 목욕시켜 수의를 입히고 거두는 일. 즉 시신을 목욕시키고, 수의를 입히며, 염포로 싸서 단단히 동여매는 절차. 운명한지 하루가 지나면 시신을 깨끗이 닦고 수의를 입힌다. 여러 개의 수의를 한 번에 입힐 수 있도록 준비해 두며, 시신을 깨끗이 닦은 후 겹쳐진 옷을 아래옷부터 웃옷의 차례로 입힌다. 옷고름은 매지 않으며 옷깃은 산사람과 반대로 오른쪽으로 여미고, 옷을 다 입히고 손발을 가지런히 놓고 이불로 싼 뒤 멧베를 잘라 죄어 맨다.
염습의 준비물로는 ① 수의(남, 녀), ② 염베, ③ 한지 ④ 탈지면, ⑤ 알코올, ⑥ 칼이나 가위, ⑦ 대나무 자 등이다.

• 염습실(殮襲室) : 시신을 목욕시켜 수의를 입히고 입관하는 장소.

• 염의(殮衣) : 저승 갈 때 입는 옷. 수의(壽衣) 참조.

• 영거(靈車) : 혼백(魂帛) 모신 수레. 혼거(魂車), 영여(靈轝), 요여(腰轝, 腰輿), 향정자(香亭子)라고도 한다. 신여(神輿)라고도 한다. 혼백상자, 향로, 향합, 영정 따위를 싣는다.

• 영건택조(營建宅兆) : 무덤을 만듦.

• 영결미사 : 가톨릭의 영결식에서 고인을 추도하여 드리는 미사.

• 영결식(永訣式) : 전통 장례에는 없는, 현대의 장례절차에 추가된 의식. 고별식이라고도 함. 전통장례로서 보면 발인 전의 순서에 해당된다고 볼 수 있음.

• 영구(靈柩) : 시신이 들어 있는 관.

• 영구차(靈柩車, Casket Coach, Funeral Coach) : 관을 운송하기 위하여 만들어진 차.

• 영상(靈牀[床]) : 대렴(大斂)한 뒤에 시신을 두는 곳. 입관을 마치고 병풍으로 관을 가린 뒤에 마련하는 것으로 고인이 사용하던 침구, 의복 및 지팡이 신발, 수건, 붓, 벼루 등 고인의 소지품을 올려놓는다. 관(棺)의 동쪽에 영상(靈牀)을 마련한다.

• 영성체(領聖體) : 가톨릭에서 성체(聖體)를 영(領)하는 일.

• 영신(迎神) : 조상의 혼을 맞아들임. 먼저 대문을 열어 놓고 대문 밖에 나가 혼백을 모시고 들어온다. 제상의 뒤쪽에 병풍을 치고 제상 위에 제수를 진설한다. 지방을 써 붙이고 제사의 준비를 마친다.

• 영신(靈辰) : 좋은 날. 길일. 좋은 세월. 조전(祖奠)의 축문 고사식(告辭式)에 나오는 문구이다(『家禮』 - "永遷之禮, 靈辰不留, 今奉柩車, 式遵祖道.").

• 영악(靈幄), 악(幄) : 하관하기 전에 영구를 임시로 안치할 장막 내지 휘장. 광중 곁에 두어 칸 정도의 가건물(집)을 지어 영구를 멈추고 전(奠)을 드리거나 문상객을 받는 데 사용하기도 한다.

• 영여(靈輿) : 혼백 가마. 영거(靈車) 참조.

• 영역(塋域) : 무덤 구역.

• 영연(靈筵) : 시신을 모셔 놓은 자리. 영좌(靈座) 참조.

• 영원(靈園, Memorial Park) : 공원 같은 아늑한 분위기의 부지로 매장 장소나 추도 장소가 설치되어 있는 곳. 예) 일본의 다마영원.

• 영이(靈輀) : 영구를 실은 상여(수레).

• 영정(影幀) : 고인을 상징하는 초상화 또는 사진. 즉 사람의 모습을 그림으로 나타낸 것으로 여기에는 사진도 포함된다. 사진을 틀에 끼우고 검정색 리본을 달아 만든다. 영정은 시신을 가린 병풍 앞에 모셨다가 운구할 때 앞에 모시고 간다.

• 영종(令終) : 고종명(考終命)이라고도 하며, 아름다운 임종(臨終), 편안한 죽음을 말한다. 군자는 종시(終始)를 삼가서 마지막까지 흔들리지 않기 때문에 영종(令終)이라고 한다. 자기완성을 위해 부단히 노력하다가 마침내 임종, 즉 영종(令終)을 맞는 것이다.

• 영좌(靈座) : 영위(靈位)를 모시는 자리. 죽은 자를 위해 전(奠)을 설치한 자리. 즉 망자의 혼(魂)이 의지할 수 있도록 전물(奠物)을 차리고, 혼백(魂帛)을 모시는 곳이다. 영궤(靈几)라고도 한다. 먼저 교의를 놓고 그 앞에 자리를 깐 다음 제상을 놓는다. 제상 앞에는 향탁을 놓는다. 그 위에는 향합과 향로를 올려놓고, 향탁 앞에는 모사그릇을 놓는다. 그리고 혼백(魂帛)을 만들어 교의 위에 얹으면 영좌(靈座)가 마련된다. 현대에 와서는 혼백(魂帛) 대신 영정(사진)으로 대신하기도 한다.

현대식 영좌설치에 필요한 품목으로는 ① 병풍, ② 제상, ③ 교의, ④ 영정, ⑤ 혼백, ⑥ 위패, ⑦ 촛대와 초, ⑧ 향탁, ⑨ 향로와 향합, ⑩ 돗자리, ⑪ 술잔, 주전자 ⑫ 헌화용 꽃 등이다.

• 영현(英顯) : 죽은 사람의 영혼을 높여 부르는 말.

• 영혼(靈魂) : 넋. 혼. 영혼은 다시 사령(死靈)과 생령(生靈)으로 구분할 수 있다.

• 예(枘 - 장부, 촉꽂이) : 나무 끝을 구멍에 맞추어 박기 위해 가늘게 깎아 만든 부분. 상여를 만들 때 구멍에 기둥을 세우기 위해 만드는 부분이다. 상여 제작 시 쓰이는 용어이다.

• 예단(禮緞) : 청실(남)과 홍실(여)로 만들어 이승을 결별하고 저승과의 결연을 의미하는 비단제품으로서, 횡대 위에 올려놓고 예(禮)를 표하고 화장 시에는 관 속에 넣어서 화장을 한다.

• 예연정이(禮緣情耳) : 예(禮)도 정(情)에 인연(因緣)할 따름이다.

• 예월(禮月) : 초상 뒤에 장사지내는 달을 말하며, 천자는 7 달, 제후는 5 달, 대부는 3 달, 선비는 1 달 만에 장사지냈다.

• 예장(禮葬) : 성대하게 예식을 갖추어 치루는 장례(葬禮)를 말한다. 또는 국장(國葬) 중 세자와 세자빈의 장례를 예장(禮葬)이라 칭하기도 한다.

• 예주(醴酒) : 단술.

• 오(襖) : 겉에 입는 솜이 들어 있는 짧은 웃옷.

• 오낭(五囊) : 시신의 머리털과 양 손톱, 양 발톱을 깎아 담는 주머니. 5개가 있으므로 5낭이라고도 한다.

• 오복제도(五服制度) : 죽은 사람과의 친소관계에 따라 상복의 종류(참최복, 자최복, 대공복, 소공복, 시마복)와 기간(삼년, 기년[1년], 대공9월, 소공5월, 시마3월)을 달리하는 유교식 장례제도이다. 그런데 이 오복제도가 처음 성문화되어 반포된 것은 실은 고려 성종(4년, 918년) 때이며, 이것이 조선시대에 들어와 억불숭유정책 속에서 우리의 전통 상장례의 특징으로 자리매김하게 된 것이다.

• 오시(娛屍) : 망자를 춤과 노래로 즐겁게 하는 축제형 장례의식.

• 오월복(五月服) : 5개월 복. 증조부, 증조모를 위해서 입는데, 시집간 여자도 등급을 낮추지 않는다.

• 옹가(甕家) : 무덤 위에 치는 차일(遮日). 묘상각(墓上閣) 참조.

• 옹관(甕棺) : 크고 작은 두 개 또는 세 개의 항아리를 맞붙여 사용하는 것으로 세계에 널리 퍼져 있는 관의 형태이다. 신석기 시대 이

후 중국을 거쳐 우리나라로 도입된 것으로 알려져 있으며, 김해, 영산강 하류의 남해안에서 성행하였고 사회적으로 하급신분이 사용한 것으로 보이는데 최근까지 전남 도서지방에서는 어린아이들을 독에 넣어 장사지내는 풍습이 있었다. 이렇게 옹관으로 지내는 장법을 독장이라고 한다.

• 옹장(甕葬) : 항아리를 사용하여 시신을 매장하는 것.

• 와반(瓦盤) : 습(襲)의 과정에서 시신을 목욕시킬 때 물을 담는 대야이다. 질그릇으로 만들었기 때문에 와반이라고 한다. 하나는 머리를 감는 쌀뜨물을 담고, 두 개는 몸을 씻을 물을 담으니, 상체, 하체에 각각 그릇을 따로 사용하기 때문에 3개가 필요하다.

• 완(盌) : 반함을 할 때 쌀을 담는 그릇.

• 왕부(王父) : 할아버지.

• 외간(外艱) : 고인이 남자인 아버지의 상사(喪事). 아버지가 없을 때는 할아버지의 상사. 조객록(弔客錄) 준비.

• 외결관(外結棺) : 관의 밖을 묶는 것.

• 요(褥) : 칠성판 위에 까는 요이다. 색깔 있는 명주를 쓰고, 홑으로 하지 않고 겹으로 하되, 길이와 너비는 칠성판 크기대로 마른다.

• 요대(腰帶) : 허리띠.

• 요령(搖鈴) : 행상 때 앞에서 흔드는 방울. 여러 사람이 일제히 행동하게 하는데 쓰는 것이다.

• 요여(腰轝 : 腰輿 : 要轝) - 영거 - 혼거 - 영여 - 소여 : 신주나 혹은 혼백을 모시는 작은 가마. 고인의 혼백, 옷, 신발, 지팡이 등을 넣어서 집으로 가지고 오는 들 것으로 활용된다. 영거 참조.

• 요질(腰絰) : 상복을 입을 때 허리에 두르는 띠. 수질과 마찬가지로 요질을 두르는 까닭도 상제의 효심이 꽉 차 있음을 드러내는 것이

다. 효(교)대 위에 거듭 묶는데 쓰는 것이니, 삼 두 가닥을 서로 꼬아서 수질의 오분의 일을 제거하여 요질을 만든다. 여성 상제는 소상이 지나면 요질을 없앤다.

• 욕(褥) : 요. 자리.

• 욕건(浴巾) : 습의 절차에서 시신을 목욕시킬 때 사용하는 수건이다. 상체와 하체를 구별하여 사용하기 때문에 2개가 필요하다. 목건 참조.

• 용두(龍頭) : 용두는 상여의 앞, 뒷면을 장식하는 상여 장식물로서 용의 형상을 본떠서 만들었다. 출상하는 과정에 잡귀와 부정으로부터 망자의 혼을 보호하고, 저승으로 인도하는 역할을 한다.

• 우구(雨具) : 유단(油單 - 기름 먹인 두꺼운 종이). 유지(油紙)로 만드는데 대여, 영거, 명정, 공포, 삽, 만장 등에 모두 갖춘다.

• 우임(右衽) : 습(襲) 부분에서 저고리(수의)를 입힐 때 모두 우임(右衽 - 오른쪽 옷자락이 위로 가게 여밈 - 산 사람과 반대)으로 한다는 내용이다. 그런데 사실 『주자가례』에서는 습(襲)에서 우임(右衽)이라는 구절(句節)이 없는데, 『상례비요』, 『가례집람』, 『사례편람』 등에는 우임(右衽)이라는 구절이 등장한다.

한편 소렴(小殮) 장에서는 『주자가례』나 『상례비요』, 『가례집람』, 『사례편람』 등 모두에게서 우임(右衽)이 아닌 좌임(左衽)이라는 구절(句節)이 등장하고 있다.

• 우애가륭(友愛加隆) : 우애가 더욱 더함. 형제자매가 사망한 상주를 위로할 때 사용하는 서식 문구.

• 우제(虞祭) : 장례식 날 지내는 제사. 우(虞)는 '편안하다.' '위안하다.'는 뜻이다. 즉 사자의 혼령을 평안하게 하는 동시에 생자의 마음을 위로해 주는 안위의 제사이다. 말하자면 부모의 장사를 지내고 정령을 맞이하여 돌아와 일중(日中)에 빈소에서 제사지내 편안하게

하는 것이다(갓 돌아가신 영혼을 위로하는 제사). 형체는 이미 땅 밑으로 돌아가고 없으니, 영혼은 안정을 못하고 불안에 싸여 방황하고 있는 상태에 처해 있다. 이에 우제(虞祭)를 지내어 혼령을 하여금 신주나 혼백에, 또는 영정에 안심하고 의지하도록 하기 위한 제사이다. 우제에는 초우, 재우, 삼우가 있다. 초우제(初虞祭)는 곧 반혼제(返魂祭)로서 반드시 장일(葬日) 주간(晝間)에 거행해야 하며 고로 반혼(返魂) 도중에 지내기도 한다. 재우는 조우제 뒤의 첫 유일(柔日, 乙-丁-己-辛-癸日)에 행하고, 삼우는 재우를 거행한 후 첫 강일(剛日, 甲-丙-戊-庚-壬日)에 행한다. 그러나 신주를 조성하지 않은 가정에서는, 장일(葬日)에 지방(紙榜)으로 안신전(安身奠)을 거행하여 초우제를 대신하고, 재우와 삼우는 폐지하기도 한다. 한편 『주자가례』에는 '정씨가 말하기를 뼈와 살은 흙을 돌아갔으나 혼령의 기운은 가지 못하는 곳이 없으니 효자(孝子)는 그 방황하는 것을 편안하게 하기 위해 3번을 지낸다.'고 하였다.

- 우족조(右足爪) : 오른쪽발의 발톱.

- 우주장(宇宙葬) : 화장한 골분을 우주에 쏘아 올려 장사지내는 장법(葬法).

- 운구(運柩) : 발인제가 끝난 뒤 영구를 장지나 화장장까지 장의차나 상여로 운반하는 절차이다. 운상(運喪)이라고도 하며, 행상(行喪)나간다고도 한다. 운구를 담당하는 일꾼을 '상두꾼'이라고 하며, 상여노래의 앞소리를 하는 사람을 '선소리꾼'이라고 한다.

장의차를 이용할 때 상제는 영구가 차에 실리는 것을 지켜본다. 요즈음은 명정을 관위에 덮은 다음 운구하기도 한다. 승차 때는 영정, 상제, 조객 순으로 오른다. 상여를 이용할 때는 방상, 명정, 영여, 만장, 공포, 상여, 상주, 조객 순으로 행렬을 이어간다. 한편 영구를 묘소로 모시고 가는 상제는 도보로 배행하는 것이 원칙이나, 원거리에 묘지가 있는 경우, 또는 발병(發病)으로 도보 배행이 어려울 때는 화려하지 않은 수레를 타고 가다가 묘소 앞 삼백 보(步) 쯤에서 내린다. 수레 대신 여윈 말을 타기도 하였다. 상여로 운구할 때 묘지에 이르는 도중에 이른바 거리제라고 하여 노제(路祭)를 지내기도 하는데, 이는 고인과 친한 친구나 친척 중에서 뜻있는 사람이 스스로 조전자(弔奠者)가 되어 제물을 준비하였다가 지내는 것이다. 운구 도중 적당한 장소에 장막, 혹은 병풍을 쳐서 제청(祭廳)을 마련하여 영여(靈輿)를 모셔 그 앞에 제물을 진설하고 상주 이하 복인들이 늘어서면 조전자(弔奠者)가 분향(焚香)한 후 술잔을 올리고 꿇어앉아서 제문(祭文)을 읽으면 모두 재배한다.

• 운명(殞命) : 마지막 숨을 거두는 것. 죽음. 명이 끊어짐. 임종(臨終) 참조.

• 운아(雲亞) : 운아삽의 약칭. 현대 장례에서 입관 후 운삽과 아삽의 위치는 흔히 시신을 기준으로 하여 좌운(左雲), 우아(右亞)의 위치로 놓는다.

• 운삽(雲翣) : 발인 때 상여의 옆에서 호위해 가는 구름 형상을 그린 부채 모양의 도구로서 일명 화삽(畵翣)이라고도 한다.

• 원(園) : 세자(빈)의 무덤.

• 원분(圓墳) : 봉분 형태가 둥근형의 묘.

• 원삼(圓衫) : 곧 대의(大衣)이다. 빛깔 있는 비단 혹은 명주로 만든다.

• 월반(月半) : 보름날을 말한다. 「사상례」에 보면 월반(보름날)에는 은전(殷奠 - 성대한 전[奠])을 올리지 않는다고 한다. 『사례편람』에도 "선비(士)가 월반(보름날)에 전(奠)을 올리는 것은 예경(禮經)에 보이지 않는다."고 말하고 있다.

• 위(位) : 신주, 위패로 모신 신위를 세는 단위. 화장한 유골함의 단위를 말하기도 한다.

• 위(幃), 위장(幃幛), 유(帷) : 휘장 혹은 병풍. 홑 휘장. 홑겹으로 된

휘장. 대청 가운데 마련하여 안팎을 가름. 대청이나 당(堂)에 쳐서 영구(柩)를 가리는데 씀. 유(帷) 참조.

• 위령제(慰靈祭) : 성분제(成墳祭)라고도 하며, 성분이 끝나면 주변을 살펴 쓰레기를 깨끗이 치우고 정리한 다음, 묘소 앞으로 영좌를 옮기고 간소하게 제수를 차린 뒤, 고인의 명복을 비는 제사를 지낸다. 화장을 했을 때는 영좌를 유골함으로 대신하기도 한다.

• 위소(慰疏) : 조문 편지.

• 위차(位次) : 대기소. 즉 상주들이 머무르는 대기소(喪次).

• 위패(位牌, Mortuary Tablet) : 죽은 사람의 계명(戒名), 기진(忌辰)을 써서 단(壇), 묘(廟), 원(院), 절 등에 모셔두는 이름을 적은 나무패로서 일명 목주(木主), 영위(令位), 위판(位版), 신주(神主)이라고도 한다. 재료와 형식은 여러 가지가 있으나 흰 나무 또는 검은 옻칠을 한 나무를 사용한다. 주로 불교 사찰에서 사용되고 있다. 유교의 신좌(神座) 또는 신위(神位)에서 전래된 것으로, 중국에서는 오랜 옛날부터 행해졌다. 대부분의 집에서는 이 위패를 대신해 임시 신주의 이름을 백지에 적어서 쓰는 경우가 많다. 이것을 지방(紙榜)이라고 부른다.

옛날에는 우제의 신주는 뽕나무로 만들고, 연제를 지내고 난 뒤에 밤나무로 만들었는데 점차 밤나무 하나로만 만들게 되었다고 한다. 밤나무의 경우 닭소리나 개소리가 들리지 않는 깊은 산 속의 밤나무로, 옹이가 없고 결이 좋은 것으로 만든다고 한다. 밤나무가 없으면 견고한 재질의 나무를 쓴다. 전통에 따라 장례 기간에 만들어 두었다가 매장을 마치고 난 뒤에 제주(題主)를 하여 상청에 모시고 나서 탈상 후에 비로소 사당에 모신다. 신주(神主) 참조.

• 위호(衛護) : 부모나 조부모의 혼(魂), 즉 조상신을 무당집에 위탁하여 제사를 올리어 음덕을 받으려는 것인데, 사대부들이 집 안에 가묘(家廟 - 사당)를 두고 봉사하는 것과 같은 것으로서, 민간 신앙의

측면에서 본 일종의 가묘이며, 무속과 유교 제의(祭儀)가 습합된 조상 숭배의 한 형태이다.

- 유(油) : 회격(灰隔)시 사용하는 들기름. 속칭 법유(法油 - 들기름)이니, 정회(淨灰)와 섞어서 얇은 널판(薄板)의 틈을 메우는 데 쓴다.
- 유(帷), 위(幃) : 휘장. 대청 가운데 마련하여 안팎을 가름. 대청이나 당(堂)에 쳐서 영구(柩)를 가리는데 씀. 위(幃) 참조.
- 유거(柳車) : 상여. 장례식에 사용하는 수레(상여). 유거(柳車)의 이름은 천거(輤 - 상여차 덮개 천), 유거(柳車), 신거(蜃 - 무명조개 신), 진거(軫 - 수레 진)의 4가지가 있다. 유(柳)는 '모이다(聚)'의 뜻이니 곧 '모든 장식이 모여 있는 것'을 말한다(『주례[周禮]』 주[注]).
- 유골분쇄기(遺骨粉碎機, Cremate Remains Processor) : 화장(Cremation)된 유골을 가루로 분쇄하는 기구.
- 유과류 : 약과, 산자(흰색), 강정(검은 깨) 등을 말한다.
- 유단(油單) : 전(氈). 기름먹인 종이. 담요 위에 덮(싸)는 것으로 관을 덮(싸)는 데에 쓰는 것이다. 크기는 관(영구)을 포장할 만큼이면 된다.
- 유돌분(乳突墳) : 봉토의 뒤편으로 꼬리를 두고 봉분을 중심으로 양쪽에 사성(砂城)을 둔 형태로 꼬리묘라고도 한다.
- 유산(遺産, Inheritance) : 죽은 사림이 남겨 놓은 재산.
- 유삼(油衫) : 동백기름에 절여서 둔 삼나무를 말하며, 관재(棺材)로서는 최고급품으로 친다.
- 유소(流蘇) : 깃발이나 장막 등에 다는 오채(五彩)로 된 장식 술. 상여(大輿, 大轝) 등의 네 귀퉁이에 나부낄 수 있도록 드리운다.
- 유아사망(幼兒死亡) : 생후 1년 미만의 사망을 말한다. 유아의 생존은 모자의 건강상태나 양육조건의 영향을 강하게 받으므로, 유아사망률은 그 지역의 위생 상태나 생활수준을 표시하는 지표가 된다.

• 유언(遺言, Will) : 병세가 위급하여 임종이 가까워지면 가족들은 주위를 조용하게 물리치고 병자에게 물어볼 말이 있으면 대답하기 쉽도록 간추려서 묻고, 그 대답을 기록해야 한다. 또한 병자 자신이 마지막으로 남기고 싶은 말이 있을 것이니 이것이 유언이다. 유언 가운데에는 교훈(敎訓)을 비롯해서 재산분배에 관한 것 등이 있다. 유언은 자필로 쓰는 것을 원칙으로 하나 시간적인 여유나 기력이 없는 관계로 여럿이 지켜보는 가운데 다른 사람이 대리로 써도 된다. 녹음기가 있으면 녹음을 하는 것도 생존 시의 육성을 들을 수 있어 한층 의의가 있을 것이다.

• 유영(遺影, Picture of deceased) : 죽은 사람의 초상이나 사진.

• 유월장(踰月葬) : 달을 건너 뛰어 장례를 모심. 예를 들어 3월에 돌아가시면 4월을 건너 뛰어 5월에 장사를 지냄.

• 유의(遺衣) : 고인이 남긴 옷. 이·개장 시 교의 위에 놓거나(유의[遺衣]가 없으면 허위[虛位]를 씀), 또는 신주를 싸서 묻는데 쓰는 것인데, 복의(復衣)가 있으면 함께 쓴다.

• 유일(柔日) : 육갑(六甲)의 십간(十干) 중에서 을(乙), 정(丁), 기(己), 신(辛), 계(癸)의 날. 부드러운 날의 뜻으로 음수의 날이다.

• 유족참관실(遺族參觀室) : 염습할 때 유족이 참관하는 장소.

• 육문전(六文錢) : 일본의 불교식 장례에서 저승으로 가는 노잣돈 삼아 관에 넣어 주는 종이돈.

• 윤(閏) 달 : 윤년에 드는 달. 태양력에서는 2월이 평년보다 하루 더 많게 29일로 하고, 태음력에서는 평년보다 한 달을 더하여 윤달을 만들었다. 태음력에는 19년에 7번의 윤달을 두었다.

• 유족(遺族, Bereaved Family) : 고인과 친인척 관계에 있는 사람. 즉 사망자의 친인척을 말한다. 유족생활의 보증을 위하여 민법상 친족과 별도로 유족의 범위가 결정되어 있다. 대부분은 배우자(내연), 자

녀, 부모, 조부보, 손, 또는 형제자매를 포함하는 경우, 친족은 아니더라도 사망 당시 그의 수입으로 생계를 유지한 자를 포함하는 경우도 있다.

- 유족연금(遺族年金) : 가정의 생계를 담당하는 노령연금, 장해연금의 수급자가 사망하게 되어 유족생활 보장을 목적으로 한 연금 보험의 급부(給付).
- 유체안치소(遺體安置所, Morgue) : 신원 불명인의 시신 등을 안치하여 인수자가 신원을 확인 후 시신을 인도한다.
- 유체(遺體, Remains) : 시신을 달리 하는 말이다.
- 유회(遺灰, Cremains) : 화장된 인간의 뼈 가루.
- 유회(油灰) : 기름에 횟가루를 섞은 것. 하관시 회다지기(灰隔)를 할 때 관의 틈을 메우기 위해 사용한다.
- 육단(肉袒) : 왼쪽 소매를 벗는 것을 좌단(左袒)이라고 하는데, 이것은 곧 육체를 드러내는 것이므로 육단(肉袒)이라고도 한다.
- 육탈(肉脫) : 시신을 땅에 묻으면 피와 살은 곧 썩어 흙으로 돌아가는 것을 말한다.
- 은전(殷奠) : 성대하게 차린 전(奠 - 제물)을 말한다.
- 은정(隱釘) : 관의 천판(天板)과 지판(地板)의 좌우를 봉합할 때, 그리고 상하의 머리판을 봉합할 때 사용하는 나무못으로서 소나무를 사용한다. 흔히 은혈못이라고도 하며, 허리가 잘록한 실패모양으로 쐐기의 일종이다. 봉합할 널의 바깥쪽을 삼각형으로 파고 은정을 끼워 넣으면 서로 물려 벌어지지 않는다. 한자의 원래 이름은 임(衽)이다.
- 의(椅) : 교의(交椅). 방석을 딸린다. 혼백함을 안치하는 데 쓴다.
- 의(倚) 교의(交椅) : 의자(倚子). 혼백상을 안치하는 데 쓴다.

• 의(衣) : 저고리. 길이가 4자 6치가 되는 베 2폭의 가운데를 접어서 아래로 드리우니 앞뒤의 길이가 각각 2자 3치이다.

• 의계(衣繫) : 옷고름. 4개의 조그마한 띠다. 둘은 각기 안과 겉의 깃가에 대고, 하나는 옷 밖의 오른쪽 겨드랑 밑에 대고, 하나는 옷 안의 왼쪽 겨드랑 밑에 대서 서로 여며 묶게 한다.

• 의기(義起) : 경전 등에 명확히 제시되지 않은 것에 대해 의리(義理)로서 따져 시행토록 하는 일.

• 의려(倚廬) : 중문 밖 담장 아래에 나무를 기대어 만든 상차.

• 의복(義服) : 혈연관계가 없는 사람이 의리로서 입는 복.

• 의빈(儀賓) : 임금의 사위.

• 이(履) : 신. 망자가 신는 신발. 구(屨) 참조.

• 이(椸) : 횃대. 곧 옷걸이이다. 교의의 뒤 시신을 가리는 데 쓴다. 큰 보자기(帕)로 덮는다. 없으면 병풍으로 대신한다. 또 휘장을 써서 시신을 가리기도 한다.

• 이금(侇衾) : 관을 덮는 이불, 즉 관보(관포)이다. 시신을 덮은 것으로도 사용한다. 무명으로 만드는데 너비는 다섯 폭, 위는 검고 아래는 붉은 빛으로 한다. 구의(柩衣 - 관 덮개)라고도 한다. 본래 관을 덮는 이불이므로 염할 때는 사용하지 않는다. 관을 광중에 넣을 때에는 벗긴다. 구의(柩衣) 참조.

• 이사기절(以竢氣絶) : 숨이 끊어지기를 기다림.

• 이상(夷牀) : 영구(柩)가 조상의 사당의 양 기둥 사이에 이르러 시신의 머리를 북쪽으로 할 때 사용하는 침상(寢牀)을 말한다. 이(夷)는 시신을 가리킨다(『의례(儀禮)』 : 侇本作夷, 侇之言尸也).

• 이장(移葬) : 개장(改葬)의 다른 말이다. 묘를 다른 자리로 옮겨 다시 장사지내는 것으로 개장이라고도 한다. 개장을 하려면 우선 새

묘 자리를 고르고 처음 장사 지낼 때와 같이 한다. 옛 묘소에서 토신제(土神祭)를 지낸 뒤 조심스럽게 파묘(破墓)하고 시신을 새 묘지로 옮긴 뒤 다시 토신제를 지낸다. 이장을 할 때에는 옛 묘소의 토지신에게 제수를 진설한 다음 헌주(獻酒) 재배하고 축문을 읽는다. 토신제를 지내고 나면 묘소 앞에 제상을 차리고 초상 때와 마찬가지로 다시 제사를 드린다.

• 이제(禰祭) : 녜제 참조.

• 이중장(二重葬) : 사람이 죽으면 먼저 임시로 매장하여 시신을 육탈(肉脫)시킨 다음, 뼈만 간추려서 곽(槨) 속에 안치하는 장법이다. 즉 1차장이라고 생각되는 빈(殯)과정을 거쳐서 탈육(脫肉)이 다 되면 뼈만 취하여 2차장에서는 커다란 목곽 속에 일가의 뼈를 넣는 2중 장법이다. 우리의 경우 동옥저(東沃沮)의 장례가 이러한 2중장의 형태이었으며, 이와 유사한 장법이 일본 오키나와 지방에서도 볼 수가 있다. 단 오키나와에서는 세골(洗骨)의 풍습도 있었다.

• 익사(溺死) : 물에 빠져 죽음.

• 익월장(翌月葬) : 돌아가신 다음 달에 장사를 지냄. 예를 들어 3월에 돌아가시면 다음 달인 4월에 장사를 지냄.

• 인산(因山) : 임금의 발인.

• 일곡(一哭) : 한 차례 곡함.

• 일중(日中) : 하루 중 정오 또는 해지기 전까지를 말한다. 초우(初虞)는 장사를 지낸 그날 중(日中)으로 지내야 한다. 즉 초우(初虞)는 장사지낸 그날을 넘기지 않는 것이 법도이다.

• 일헌(一獻) : 한 잔만 올림. 단헌(單獻).

• 임(衽) : 나비은장 이음. 나비 모양의 살대. 소나무로 만들어 덮개와 바닥을 붙이고 좌우의 틈을 맞추는데 쓰는 것이다. 혹은 위아래 머

리가 합쳐지는 곳에 쓰는 것이니, 속칭 은정(隱釘, 은혈못 - 나무로 만든 못)이라 한다.

• 임(衽) : 옷섶, 옷섶을 바로 잡다.

• 임사(臨死) : 죽을 고비에 이르다.

• 임종(臨終) : 운명하는 순간을 지켜보는 것. 숨을 거두는 순간 가족이나 가까운 혈족이 운명할 때 곁에서 지켜보는 것. 즉 마지막 숨이 넘어가는 것을 말하며 운명(殞命)이라고도 한다. 병이 위중해지면 주인은 정침(正寢)으로, 그 밖의 사람들은 각기 자기 방으로 옮겨 눕힌다. 이 때 집 안밖을 말끔히 치우고 병자의 머리를 동쪽으로 하여 북쪽 문 옆에 눕힌다. 다음은 헌 옷을 벗기고 새 옷을 갈아입힌 뒤 네 사람이 모시고 앉아 병자의 사지를 주무르고 가족들도 모두 옷을 갈아입고 운명을 기다린다. 이 때 햇솜을 준비해 두었다가 숨이 끊어지면 입과 코와 귀를 막아준다. 그러나 남자는 여자가, 여자는 남자가 지켜보고 있는 데서 숨이 끊어지게 해서는 안 된다. 여기서 말하는 정침이란 시신을 모실 안온한 방을 말하는 것이다.

• 입곡(入哭) : 우제, 졸곡, 소상, 대상 등 제사 전에 먼저 슬프게 곡하는 것.

• 입관(入棺) : 시신을 관에 모시는 일. 즉 예를 갖추어 시신을 관 속에 넣는 절차. 염습이 끝나면 곧바로 입관한다. 이때 시신과 관 벽 사이의 공간을 깨끗한 벽지나 마포(麻布) 등으로 꼭꼭 채워(보공), 시신이 관 안에서 흔들리지 않도록 한다. 입던 옷을 둘둘 말아서 빈곳을 채우기도 한다, 이 경우 옷의 재질은 삼베, 무명, 인조견으로 된 것이라야 한다. 시신을 고정시키고, 홑이불로 덮고, 관 뚜껑을 덮은 다음, 은정(隱釘)을 박고, 끈으로 묶는다. 입관이 끝나면 관 밑에 받침을 바치고 안치한 다음 관보를 덮어둔다. 관은 병풍으로 가린다.

입관의 준비물로는 ① 관, ② 관 받침대, ③ 관보, ④ 보공, ⑤ 한지, ⑥ 소창(결관바), ⑦ 공포, ⑧ 현훈(예단), ⑨ 명정, ⑩ 운아삽 등이다.

• 입상주(立喪主) : 부모상에는 장자가 주상(主喪)이 되고, 장자가 없으면 장손이 된다. 아들이 죽었을 때는 부친이, 아내가 죽으면 남편이 주상이 된다. 입주부(立主婦)란 그 상(喪)의 안주인을 말한다.

• 입후자(入後者) : 자식이 없는 사람이 후대를 잇기 위하여 동종(同宗)의 지자(支子)를 세워 후사(後嗣)함에 따라 다른 집안의 후사(後嗣)를 잇기 위하여 양자로 들어가는 사람을 말한다.

• 자(藉) : 신주 방석(깔개). 독(櫝) 안에 까는데 쓰는 것이니, 아버지의 것인 자색(紫色)과 어머니의 것인 비색(緋色)을 도(韜)와 같이 하고, 사방과 넓이(闊)는 독 안에 맞게 하고, 베를 겹쳐 두껍게 하고 비단으로 싼다.

• 자(刺) : 오늘날의 명함. 문자(門刺). 명자(名刺). 옛날에는 종이가 없어서 대(竹)나 나무를 깎아서 성명을 썼기 때문에 '자(刺)'라고 하였으며, 후대에는 종이에 썼기 때문에 '명지(名紙)'라고 하였다.

• 자모(慈母) : 어머니를 여읜 서자(庶子)가 아버지의 명으로 새로 어머니로 모시게 된 분. 살아서는 생모(生母)와 같이 봉양하고, 돌아가시면 3년상을 입는다.

• 자애융심(慈愛隆深) : 자애로운 마음이 높고 깊음. 아들, 조카, 손자가 사망한 상주를 위로할 때 사용하는 서식 문구.

• 자연사(自然死) : 자연사란 전신의 장기가 노화되어서 죽음에 이르는 것으로 생각되지만, 실제로 해부해 보면 어떠한 질병이 발견된다. 사망진단서에는 "병사 및 자연사"라는 부분이 있다.

• 자연장(自然葬) : 화장한 골분을 화단, 잔디, 수목 등에 묻어 자연스럽게 자연으로 돌아가도록 하는 장법(葬法).

• 자최(齊衰) : 오복의 하나. 조금 굵은 생베로 지어, 아래 가를 좁게 접어서 꿰맨다. 아들이 어머니의 상에 입는 상복.

• 작(勺) : 국자. 자루 달린 바가지.

• 잠(簪) : 비녀. 여자의 머리를 고정시키는 데 쓴다. 즉 앞머리를 묶을 때 쓰는 것이다. 비녀의 길이는 1자이다. 참최용(用)으로 쓸 때는 대나무로 만드는데, 비녀 머리가 없다. 자최의 경우는 막대기처럼 만드는데, 비녀머리가 있으며, 일반적으로 백리목(白理木)으로 만든다.

• 장(杖) : 지팡이.

• 장(漿) : 수정과. 미음. 마실 것. 전통 상례에서 졸곡 후에 상제들이 먹는 음식(蔬食水飲, 不食菜果)들이다.

• 장 : 무덤을 세는 단위.

• 장골(藏骨) : 신라시대에 불교식으로 시신을 화장하여 뼈만 간추려서 골호에 담아 무덤을 만들거나 보관하던 장법을 말한다.

• 장구(葬具) : 장례에 쓰이는 온갖 기구.

• 장군(長裙) : 여자들이 입는 긴 치마.

• 장군석(將軍石) : 무덤 앞에 세우는 돌사람.

• 장기(杖碁) : 지팡이를 짚는 1년상(喪). 상을 당한 사람이 상장(喪杖)을 짚고 자최를 1년 동안 입는 복제(服制). 적손이 그 아버지가 죽고 조부가 계실 때 그 조모를 위한 복. 승중의 경우는 증조모, 고조모의 경우도 마찬가지이다. 계모, 적모에게도 의복(義服)으로 이와 같이 입는다. 며느리도 시아버지가 계실 때 시어머니를 위해서 마찬가지이다. 3년은 윤달을, 기년(碁年)은 1년을 상징한 것이며, 9개월은 물건이 3시(時 - 계절)에 이루어진 것을 상징하였고, 5개월은 5행(五行)을, 3개월은 1년 사시(四時)중 1시(時)를 상징한 것이다.

• 장기(葬期) : 장례 기간, 즉 임종한 날부터 묘지에 장사를 지낼 때까지의 기간.

• 장례(葬禮) : 죽음을 처리하는 과정에서 행해지는 일련의 의례(儀禮).

즉 예를 갖추어 장사를 지내는 일 내지 장사지내는 예절.

• 장례식(葬禮式) : 장례를 진행하는 일정한 의식과 절차.

• 장례예식장(葬禮禮式場, Funeral Home) : 전문적으로 장례 의식을 행하고 서비스를 제공할 수 있는 시설을 갖춘 장소. 일련의 장례의식을 진행하는 일정한 장소. 장례예식장의 종류로는 ①일반 전문장례예식장이나 ②병원 등의 영안실(시체 안치실)이 업그레이드되어 탄생된 병원 장례식장 등이 있다.

• 장례용품전시실 : 유족이 직접 장례용품을 확인하고 구입할 수 있도록 전시, 판매하는 장소.

• 장례준비(葬禮準備, Funeral Arangement) : 사전에 장례에 필요한 준비를 하는 것.

• 장례지도사(葬禮指導師, Funeral Director) : 시신 운반이나 메이크업, 엠바밍 등 장례전반에 대한 기능을 습득하여 양질의 장례서비스를 할 수 있는 능력을 소지한 자로서 객관적 검정이 가능한 전문자격증을 소지한 자를 말한다.

• 장묘(葬墓) : 장례와 묘지의 합성어로서 사전에는 없는 신조어이다. 그러나 현대사회에서는 일반인들에게 매우 일상적으로 사용되고 있는 말이기도 하다. 각설하고 본 용어는 장례 부분 중에서 보통 매장부분인 묘지에 대한 비중이 매우 크기 때문에 자연스럽게 인위적으로 만들어진 용어라 말할 수 있다(구법 - 매장 및 묘지 등에 관한 법률).

• 장법(葬法) : 시신을 처리하는 방법(매장, 화장, 조장[鳥葬], 천장[天葬], 수장(水葬), 수장[樹葬], 풍장[風葬], 초빈장[草殯葬], 수목장, 수림장, 자연장, 산골장, 해양장, 우주장, 냉동장, 수분해장[水分解葬] 등)

• 장부[枘 : 예] : 나무 끝을 구멍에 맞추어 박기 위해 가늘게 깎아 만

든 부분. 상여 제작 시 쓰이는 용어이다.

• 장부차(丈夫次) : 남자 대기소로 동서(東序)의 동쪽에 마련한다.

• 장사(葬事) : 시신을 화장하거나 매장하는 등의 시신을 처리하는 일련의 행위. 즉 예를 갖추어 시신을 매장하거나 화장(火葬)하는 일.

• 장사 등에 관한 법률 : 매장, 화장, 자연장 및 개장에 관한 사항과 묘지, 화장장, 봉안시설 및 장례식장의 설치, 관리 등에 관한 사항을 규정함으로써 보건위생상의 위해를 방지하고 국토의 효율적인 이용 및 공공복리증진에 이바지함을 목적으로 규정된 법이다. 2007년 5월 25일 전면 개정 공포되고, 2008년 5월 26일 시행령, 시행규칙과 함께 전면 시행되고 있다. 2011.6.29일에는 <장례지도사 국가자격증>제도가 국회 본회의를 통과하기도 하였다.

• 장상(長殤) : 나이가 20살 되기 전 16~19세 사이에 죽음. 중상(中殤) - 12~15세 사이의 죽음. 하상(下殤) - 8~11세 사이의 죽음.

• 장송행진곡(葬送行進曲) : 장례식에서 연주되는 음악으로 비애의 감정을 표시하는 곡이다. 대표적인 것은 쇼팽의 피아노 소나타, 베토벤의 교향곡 3번 영웅의 제2악장, 헨델의 오라토리오(soul), 베토벤의 피아노 소나타, 멘델스존의 무곡 29번, 그리그이 장속곡 등이 있다. 우리의 전통장송곡으로는 상여놀이 시의 만가 등이 있다.

• 장오자(長襖子) : 소매가 좁고 길이가 긴 옷으로 속칭 장의(長衣), 혹은 장옷이다.

• 장의(葬儀) : 장의란 장송의례(葬送儀禮)의 약칭이다. 임종으로부터 사후에 이르기까지 죽은 사람을 장사지내고 애도하기 위한 일련의 의례를 나타내는 말이다.

• 장의사(葬儀社) : 장의 업무를 청부(請負)하는 업자. 장제(葬祭) 기구를 빌려주고, 상가(喪家)의 모든 설비, 습렴(襲殮 - 시신에 옷을 입히고 입관하는 일), 영구차에 의한 영구, 산역(山役 - 광중을 파서 시

신을 묻고 봉분하는 일) 등을 대신 맡아서 한다. 수의, 널(棺), 상복도 맡아서 만들고, 승려의 독경(讀經) 같은 것도 알선하며, 상가에서 자체로 할 수 없는 일을 대행한다. 요즈음에는 사망신고, 매장신고 등의 일도 포함된다.

• 장의차량(葬儀車輛) : 영구를 운반하는 자동차(장의자동차, 영구차).

• 장의행렬(葬儀行列) : 장사지내러 가는 상여 뒤에 길게 늘어서 따라가는 회장(會葬)자들의 행렬.

• 장일(葬日) : 장사를 지내는 날.

• 장죽(長竹) : 긴 대나무. 양(兩) 전판(剪板) 안을 헤아려 길이와 높이와 너비를 재는 데 사용한다. 소렴 때 사용된다.

• 장지(葬地) : 시신을 매장하거나 화장하여 봉안 또는 자연장을 하는 장소. 장사하여 시신을 묻는 땅. 장사할 땅. 매장한 땅. 묘지.

• 장편의(長片衣) : 명주 10여자로 그 반을 접어서 요로 하고, 햇솜을 두텁게 두어서 옷 아래 이불 위에 세로로 깔아서 상하 양 끝에 충분히 머리를 싸고 발을 쌀 만큼 취한다.

• 장포(長布) : 시신을 세로로 묶는 포.

• 장회(墻灰) : 관[棺]의 사방으로 담장처럼 둘러 있는 회격(회다지기).

• 재궁(梓宮) : 천자(天子)의 관(棺) 또는 임금의 서거 시 사용하는 관(棺)을 말한다. 재궁은 공조에서 소나무로 만드는데, 안을 벽돌처럼 단단하게 옻칠을 하고 사방에 붉은 비단을 붙이고 사각모서리 부분에는 녹색 비단을 붙여 정성껏 만든다. 왕이 즉위하면 그 해에 관을 만들어 해마다 옻칠을 하였다.

• 재기(再期) : 2주년.

• 재변복(再變服) : 거듭 옷을 바꿔 입음.

- 재우(再虞) : 초우를 지낸 다음 첫 유일(柔日)에 지내는 제사이다. 유일(柔日)이란 일진(日辰)에 을(乙), 정(丁), 기(己), 신(辛), 계(癸)가 들어있는 날을 말한다.
- 재우제(再虞祭) : 장례식 하관 후 초우를 지낸 다음 첫 유일(柔日)에 지내는 제사.
- 저(苴) : 풀(草)을 그릇에 깔고 물건을 저장하는 것.
- 저고리 : 수의 품목 중의 하나로 심의 안에 입히는 웃옷. 망자가 생전에 입던 옷보다 5치 정도 넓게 하고, 다른 부분도 같은 비율로 넓게 만든다. 속에는 속적삼을 입힌다.
- 저장(苴杖) : 상중에 사용하는 대나무 지팡이.
- 적(適) : 주름진 옷깃.
- 적(滴) : 앞 어깨 쪽에 붙이는 베.
- 적모(嫡母) : 서자의 본실 어머니. 본부인.
- 적삼 : 수의의 품목 중의 하나로 저고리 안에 입히는 웃옷. 고름을 달지 않으며 '한삼(汗衫)' 또는 '속적삼'이라고도 한다.
- 적상(吊喪) : 중국의 장례 풍속 가운데 하나로서, 적상(吊喪)이란 초상 소식을 접한 친인척들이 지전(紙錢 - 동전 모양을 본 따서 만든 종이 돈), 향(香), 화환(花環) 등의 예물을 보내어 조문하는 행위이다.
- 적손(嫡孫) : 서출이 아닌 적출의 손자.
- 적아자배지(敵我者拜之) : 문상 시 나와 대등하게 대적하는 사람[친구]에게만 절한다는 의미이다. 승아자배지(勝我者拜之 - 문상 시 나를 이기는 사람에게만 절을 한다는 의미)라는 말도 있다. 승아자배지(勝我者拜之) 참조.
- 적자부(嫡子婦) : 큰며느리.

• 전(奠) : 영상(靈床)에 조석(朝夕)으로 주과포(酒果脯)를 올리는 것(발상한 뒤부터 발인 전까지 전을 올림). 산 자에게 행하는 것과 같은 예(禮)이다. 즉 상중(喪中)에 고인을 생시와 똑같이 섬긴다는 의미에서 제물(酒果脯醯 등)을 올리는 것으로서, 이 음식에 혼(魂)이 의지하라는 뜻을 지니고 있다. 아침에 올리는 전(奠)은 조전(朝奠)이고, 저녁에 올리는 전(奠)은 석적(夕奠)이다. 그런데 이 전(奠)은 제사와 형식은 같으나, 장자(長子)가 주인이 되지 않고 축관이 전(奠)의 주인이 되는 점이 다르다. 우제를 지내기 전까지는 죄인(罪人)이 제사의 주인이 될 수가 없기 때문이다. 이처럼 전(奠)은 신(神)에게 제물(祭物)을 올려 기원(祈願)하는 제사(祭祀)와는 구별되는 것으로서, 성균관이나 향교·서원에서 올리는 제사를 석전(釋奠)이라 했듯이, 신(神)이 아닌 성인(聖人) 등의 덕(德)을 따르기 위해 올리는 제물(祭物)을 의미한다.

죽은 사람을 생시와 같이 섬기기 위한 뜻으로 제물(祭物)을 올리는데, 제물이란 영좌 앞에 간단히 주과(酒果)를 올려놓는 것이다. 전(奠)을 올리는 집사는 포와 과일을 탁자 위에 놓고, 축관은 손을 씻고, 술잔을 씻은 후에 술을 따라서 시신 동쪽의 어깨에 닿을 만큼 올린다. 전(奠)은 주과포혜(酒果脯醯)로 염습이 끝날 때까지 날마다 한차례씩 올린다. 슬픔에 가득 찬 상주가 친히 올리지 못하는 전을 집사가 올리는데 절은 하지 않는다.

시신을 땅에 묻기 전에 음식을 바치는 경우는 전(奠)이고, 시신을 땅에 묻고 난 뒤(初虞)부터는 제(祭)라는 용어를 쓴다. 그러므로 전(奠)은 시사전(始死奠)부터 견전(遣奠)까지를 말하고, 제(祭)는 초우제(初虞祭)부터 붙이는 명칭이다.

• 전(氈) : 담요. 종이 위를 싸는 데에 쓰는 것이다. 크기는 적당히 하고, 없으면 두꺼운 솜이불로 대신하는데, 여름에는 약간 얇아도 된다.

• 전(甎, 磚) : 벽돌(甓). 도빈(塗殯) 할 때 바닥에 깔고 사방을 쌓는 벽돌. 또는 지석(誌石)을 에워싸는데 사용하기도 한다.

• 전뇌병사(奠酹並賜) : [조문을 오셔서] 전(奠)하시고, 뇌(酹 - 강신)하시고, 아울러 위로하심을 내려주심.

• 전부(奠賻) : 부의금을 올림.

• 전인부고(專人訃告) : 부고를 사람이 직접 전하는 것.

• 전작례(奠酌禮) : 왕 또는 왕비가 되지 못하고 죽은 조상이나 왕자 왕녀를 위하여 임금이 친히 시내는 제사.

• 전장(奠狀) : 전(奠)을 올릴 때 함께 올리는 서장(書狀) 문서.

• 전죽(饘粥) : 된 죽과 묽은 죽.

• 전중(傳重) : 선조의 제사를 후손에게 전하여 받들어 잇게 함. 승중(承重) 참조.

• 전판(剪板) : 도련판. 시신의 옆과 상하에 세워 길이와 높이와 너비를 겨냥하는 것이다. 소렴의 절차에서, 또는 이개장시 영구를 꺼낼 때에 사용된다. 즉 만일 이개장시 관(棺)이 심하게 썩었으면, 편죽을 칠성판 아래 출회(秫灰) 위에 가로로 꽂는데, 대자리같이 촘촘하게 한다. 전판(剪板) 2개로 칠성판 밖의 편죽 양 끝에 놓고, 가는 새끼줄로 단단하게 엮어 묶고, 전판(剪板)의 네 머리를 동시에 들어서 영구를 꺼낸다.

• 절관(節棺) : 관을 묶는 끈을 말하며, 백지로 꼬아 만든 노끈이나 백지로 감은 새끼 한 가닥으로, 끊지 않고 관을 세로로 길게 한 번 묶고 가로로 일곱 번, 옆으로 한 번을 묶는다.

• 점(苫) : 거적자리. 즉 짚으로 엮은 것.

• 점석(苫席) : 거적자리로서 상주들이 머무는 곳.

• 접객실(接客室) : 문상객을 대접하기 위한 장소.

• 정간(竿) : 명정의 장대.

• 정당(正堂) : 정침(正寢). 대청. 정침 참조.

• 정령(精靈) : 육체를 떠난 사람의 혼백.

• 정복(正服) : 정규 상복.

• 정상(停喪) : 『삼국지(三國志)』, 「위지동이전(魏志東夷傳)」과 『후한서(後漢書)』 등에 나타나 있는, 순장(殉葬)과 후장(厚葬) 등과 함께 등장하는, 우리나라의 전통 장례 풍속 가운데 하나이다. 즉 될 수 있는 한 장례 기간을 길게 하는 것을 예(禮)로 생각하여, 예를 들어 부여에서는 보통 5개월 장(葬)을 행하였다.

• 정성지의(定省之義) : 혼정신성(昏定晨省)의 의미.

• 정우(丁憂) : 부모의 상사를 당함.

• 정의(正衣) : 소렴 시 맨 겉에 입히는 정복.

• 정자각(丁字閣) : 임금의 무덤(왕릉)에서 제관(祭官)이 제(祭)를 올리는 장소인 정자(丁字) 모양의 누각. 신령과 인간이 만나는 신성한 곳으로서 안에는 혼(魂)이 깃들 수 있도록 의자를 놓았는데, 궁궐 정전의 용상과 같다. 보통 무덤에서는 봉분 앞에 설치한 상석에다 제물을 차려 제사를 지내지만, 왕릉은 상석이 아닌 정자각에서 제사를 지낸다. 그리고 정자각에서는 동입서출(東入西出)이라 하여 동쪽으로 올라가 서쪽으로 내려온다.

• 정저(正箸) : 젓가락을 바르게 고르는 일.

• 정종지의(正終之義) : 바른 끝맺음. 즉 정침(正寢-안방)에서 바르게 죽음을 맞이한다는 뜻으로 다시 말하면 고종명(考終命)의 뜻이다. 즉 정침(안방)에서 자손들이 다 모여 보는 앞에서 숨이 끊어지는 것을 말한다. 고종명(考終命)은 『서경(書經)』, 「홍범(洪範)」편의 5복(五福 - 壽, 富, 康寧, 攸好德, 考終命) 중의 하나이다.

• 정침(正寢) : 정전(正殿). 제사나 일을 잡아 하는 몸체의 방으로 집

안채의 큰 방(제사를 지내는 몸체의 방). 즉 주인의 방 혹은 시신을 모시거나 제사를 모시는 안온한 방을 가리킨다.

• 정토(淨土) : 회격(灰隔)을 만들 때 정회(淨灰 - 깨끗한 회) 위에 채우는 것이니, 속칭 모토(母土)라 한다.

• 제각(祭閣) : 무덤 근처에 제청(祭廳)의 소용으로 지은 집.

• 제명정(題銘旌) : 명정을 준비하여 글씨를 씀.

• 제목주(題木主) : 신주를 준비하여 글씨를 씀.

• 제복(制服) : 복(服)을 제작함. 중단은 상주가 입는 겉옷이고, 상(裳)은 베로 만든 치마이고, 행전(行纏)은 다리에 두르는 것이다.

• 제복(除服) : 복(服)을 벗음.

• 제부(諸父) : 백부, 숙부, 당숙부 등.

• 제부(娣婦) : 작은 며느리. 작은 동서. 아랫동서. 큰 며느리가 작은 며느리를 호칭할 때 제부(娣婦)라고 말한다. 사부(姒婦)의 반대말.

• 제상(除喪) : 상기를 마치거나 또는 복상을 도중에서 그만두어 상을 벗음.

• 제위(祭位) : 제사를 받드는 신위.

• 제주(祭主) : 제사를 주관하는 상주(제).

• 제주(題主) : 신주에 누구의 신주인가를 씀. 신주에 함중(陷中)과 분면(粉面)을 써서 교의에 봉안하고, 혼백과 복의(復衣)는 신주 뒤에 둔다. 그러나 신주를 모시지 않는 가정에서는 지방(紙榜)으로 대신한다. 한편 『사례편람』의 주(註)에는 '신주 쓰기를 흙을 채운 뒤에 하는 것은 글의 흐름이 그러할 뿐이지, 반드시 흙 채우기를 기다린 뒤에 쓰는 것만을 말한 것은 아니다. 몸이 광중(壙中)으로 돌아가면 정신을 갑자기 떠돌아 의지할 곳이 없으니, 진실로 속히

신주를 써서 의지할 곳이 있게 해야 한다.'고 하였다.

• 조(組) : 손발이 뒤틀어지는 것을 막기 위해 손과 발을 바로잡아 간단하게 묶는 절차인 설치철족(楔齒綴綴足)에서 손발을 묶는 끈이다. 흔히 종이를 꼬아 사용하지만, 천을 사용하기도 한다. 요즘은 가제를 많이 사용한다.

• 조(弔) : 조문(弔問).

• 조(旐) : 거북과 뱀을 그린 검은 깃발로 운구 때 앞에 세움.

• 조객록(弔客錄) : 부상(父喪) 때 조문객의 출입을 기록하는 노트. 즉 조문 온 빈객들의 이름을 적은 대장.

• 조건(罩巾) : 전(奠)을 덮는 데 쓰이니, 대나무를 쪼개어 배롱을 만들고, 종이나 베로 덮는다.

• 조곡(朝哭) : 아침 곡. 상제가 소상 때까지 날마다 아침에 하는 곡. 아침 곡에는 절이 없다.

• 조기(弔旗, Flag of Mourning) : 반기(半旗) 또는 조의를 표현하는 뜻으로 검은 헝겊을 단 깃발을 말한다.

• 조대(條帶) : 두루마기 끈.

• 조도(祖道) : 송별 제사. 즉 망자를 송별하기 위해 먼저 길(道路)의 신(神)에게 지내는 제사. 『한서(漢書)』, 「임강왕전(臨江王傳)」에 의하면, 황제의 아들 류조(纍祖)가 멀리 놀러 가기를 좋아했는데 도로에서 죽었다. 후에 그를 기려서 도로의 신(神)에게 지내는 송별의 제사를 행하게 되었다[『가례증해(家禮增解)』].

• 조등(弔燈) : 상가임을 표시하기 위하여 거는 등(燈). 즉 상가(喪家)임을 표시하기 위하여 집 앞의 대문이나 벽에 게시하는 등(燈)을 말한다.

• 조례(弔禮) : 조상(弔喪)의 뜻을 표하는 인사.

• 조물(助物) : 지차 집에서 제물(祭物)을 돕는 것.

• 조문(弔文 : 弔狀) : 조문하는 글. 고인의 생전의 업적을 기리고 그의 명복을 비는 글.

• 조문(弔問) : 죽음을 슬퍼한다는 말로서 죽은 이에게 그 죽음을 슬퍼하여 인사하는 것으로서 다시 말하면 빈소에 절하고 상주에게 위로하는 것이다. 「단궁」에 보면, 남에게 조문가거든 그날은 음악을 연주하지 않고 술이나 고기도 먹지 않는다고 하였다. 또한 "죽었을 때 조문가지 않는 경우가 3가지 있으니, 외(畏 - 법을 어겨 감옥에서 죽은 사람), 압(壓 - 바위 따위에 깔려 죽은 사람), 익(溺 - 물에 빠져 죽은 사람)이다."라고 하였다(『사례편람』 조조[弔條] 참조).

• 조발랑(爪髮囊) : 시신을 목욕시킬 때 빠진 머리카락, 손톱, 발톱 등을 넣는 작은 주머니. 머리카락, 손톱, 발톱을 깎아서 담는 주머니. '녹랑(鹿囊)'이라고도 함. 오낭(五囊) 참조.

• 조복(弔服) : 흰 옷으로서 조상하는 옷. 부인으로서 강복하여 복이 없는 사람, 친구, 선비와 종 등이 조복을 입는다.

• 조복가마(弔服加麻) : 조문 복장에 삼을 더한 것.

• 조빈(造殯) : 염(殮) 등 시신에 관한 처리를 담당하는 일.

• 조사(弔詞) : 고인의 죽음을 애도하여 쓴 문장으로 옛날의 만장에 해당된다. 본인이 직접 장례식에 참석하여 낭독하기도 하고, 신문 · 잡지 등에 게재하기도 한다. 거리가 먼 경우에는 우편으로 보내기도 한다.

• 조상(弔喪) : 조상이란 고인의 명복을 빌고, 유가족을 찾아가 위로의 인사를 하는 것이다. 조상은 원칙적으로 성복 후에 하도록 되어 있다. 성복 전(前)에는 가까운 일가친척들이나 또는 친한 친구가 가서 상주에게 인사만 하고 영구(靈柩)에 대해서는 절하지 않는다. 성복 후라도 망인과 생사에 면대가 없거나 여자의 경우에는 빈소(殯所)에

절하지 않고 상주에게만 인사한다. 조상하는 순서는 조객이 먼저 호상에게 성명을 통하고 들어가면 상주는 일어나 곡을 한다. 조객은 영구 모신 쪽을 향하여 곡을 하고 두 번 절한 다음 상주에게 절을 하고 인사를 한다. 조객이 손위 어른이면 상주가 먼저 절을 한다. 조상할 때는 모두 소복(素服)을 하고, 양복일 경우에는 검정색을 입는다. 가지고 가서 올리는 물건은 차(茶), 양초, 술, 향(香), 과일 등으로 한다. 부의(賻儀)는 돈이나 비단으로 하고, 글을 써서 이름을 알린다.

- 조서(弔書) : 조문(弔問)의 뜻을 적은 편지나 글.

- 조석곡(朝夕哭) : 소상 전에 조석(朝夕)에 궤연 앞에서 하는 곡(哭). 대렴(大斂) 후 성복(成服)을 마치면 조석(朝夕)으로 빈소(殯所)에서 곡을 행하는 것을 말한다. 한편 『주자가례』의 주(註)에 보면 '사마온공이 말하기를 시신을 움직이고 관을 들 때는 곡을 하고 가슴을 두드리기를 수없이 하지만 염습하고 빈(殯)을 할 때는 마땅히 곡을 그치고 가서 지켜보기를 침착하고 안정되게 하도록 힘써야지 곡(哭)만 해서는 안 된다.'고 하였다.

- 조석전(朝夕奠), 상식 : 장사전에 날마다 조석(朝夕)으로 시신 옆에 주과(酒果)를 놓는 일. 아침이면 조전(朝奠)을 올리고, 식사시간에는 상식(上食)을 올린다. 저녁에는 석전(夕奠)을 올리고 석곡(夕哭)을 한다. 곡은 수시로 하고, 매달 초하룻날 아침에 제물을 올릴 때는 모든 반찬을 올리고, 또한 새로운 음식이 있으면 천신(薦新)한다. 조전은 해가 뜨면 올리고, 석전은 해가 진 뒤에 올린다. 조전이나 석전이 끝나면 음식은 치우고 술과 과실만 남겨 놓는다. 혹은 조전 때 쓴 음식은 석전에 가서야 치우고 석전 때 쓴 음식은 이튿날 조전 때에 가서야 치운다는 설도 있으나, 여름철에는 상할 염려가 있으니 그때 치우는 것이 옳다. 상식(上食)은 조전의 의식과 같다. 조전을 올린 뒤 술잔만 치우고 다른 음식은 치우지 않고 두었다가, 다시 상식 음식을 올린다. 술을 잔에 따르고 밥그릇 뚜껑을 열며 수저를 바

르게 한다. 조금 있다가 국 대신 숭늉을 올리고 잠시 후에 상을 치운다. 석전은 조전과 같다. 석곡(夕哭)을 할 때는 혼백(魂帛)을 받들어 영좌에 모시고, 상주 이하가 슬프게 곡을 한다. 새 음식을 천신하는 새 음식의 천신(薦新)은 오곡이나 백곡 중 새로 익었으면 반드시 해야 할 것이다. 오곡은 밥을 지어서 상식으로 올리고 그 밖의 것도 상식 때 함께 올리는 것이 좋다. 한편 『의례(儀禮)』, 「기석례」편에는 '조전은 해뜰 때 올리고, 석전은 해가 아직 지기 전에 올리는 것으로 부모님의 신령이 양(陽)을 따라서 오시기를 바라기 때문이다.'고 하였다.

• 조신(祖神) : 조상이 되는 신.

• 조위록(弔慰錄) : 모상(母喪) 때 조문객의 출입을 기록하는 노트. 즉 조문 온 빈객들의 이름을 적은 대장.

• 조자(罩子) : 조전(朝奠)과 석전(夕奠)에 올린 음식을 덮어 놓는 데 사용하는 그릇. 대나무를 엮어서 만든다. 고기를 잡는 데 사용하는 통발과 비슷하게 생겼다.

• 조장(弔狀) : 간찰(簡札)의 일종으로 부고를 받은 사람이 사정이 있어 직접 조문하지 못할 경우 보내는 조문(조상)하는 글이나 편지이다.

• 조장(鳥葬), 천장(天葬) : 시신을 토막 내어 독수리의 먹이로 줌으로써 시신을 처리하는 장법. 티벳 지역의 장례풍습이 이에 해당한다.

• 조전(祖奠) : 발인 전날, 길을 떠남에 즈음하여 길(道)의 귀신[조도(祖道)]에게 제사를 지내는 일. 신시(申時)[오후 3~5시]에 거행한다. 음식은 조석전(朝夕奠)과 같이 차리는데 관행에서는 일포제(日晡祭)라고도 한다. 『의례(儀禮)』, 「기석례」편에 '길을 떠나려 할 때 제사(祭祀)지내고 술을 마시는 것을 조(祖)라고 하니, 조(祖)는 시작하는 것이다.'라고 하였고, '모두 길을 떠나려 할 때 제사지내고 술을 마시는 것을 조(祖)라고 하는 것은 길 떠나기를 시작하는 것이기 때문에 조(祖)라고 말하는 것이다.'고 하였다.

• 조전(朝奠) : 아침 전. 고인을 위해서 해가 뜨면 올리는 음식.

• 조전(弔電, Telegram kf Condolence) : 조상(弔喪)의 뜻으로 보내는 전보.

• 조조(朝祖) : 조상 사당에 뵙는 일. 즉 영구를 청사로 옮기기 전에, 사당의 조상들에게 하직 인사를 것.

• 조주(造主) : 신주를 만드는 일이며, 재료는 밤나무를 사용하는데, 높이는 약 24cm, 너비는 9cm 정도로 하고 밑에 바치는 부(趺)는 12cm, 두께는 3.5cm 가량으로 만든다. 요즈음은 신주를 만들지 않고 그때그때 지방(紙榜)을 써서 거행하는 사람이 많다.

• 족분(族墳) : 한 묘역 내에 친족, 문중 등 여러 개가 집단으로 있는 묘.

• 존항(尊行) : 항렬이 높음.

• 졸(卒) : 마침. 사망. 대부(大夫)의 죽음.

• 졸곡(卒哭) : 삼우제 후 이틀 뒤에 지내는 제사(대략 사망 후 백일 정도). 이때부터는 아침저녁으로만 곡(哭)을 하고[朝夕哭] 이외에는 곡을 하지 않는다. 고로 졸곡(卒哭)은 무시애곡(無時哀哭)을 마친다는 뜻이며, 삼우를 지낸 후 첫 강일(剛日)에 거행한다. 이제 졸곡부터는 생자(生者)의 예가 아니라 귀신(鬼神)을 섬기는 예(禮)가 되는 것이다. 요즈음은 보통 3일, 5일, 7일 등으로 장일을 단축하기 때문에 우제는 여기에 맞추어 지내지만, 졸곡만은 3개월 뒤에 강일(剛日)을 택일하여 지내는 것이 바람직하다.

• 종, 사(終, 死) : 군자(君子)의 죽음을 종(終)이라 하고, 소인배의 죽음을 사(死)라 한다. 종(終)은 시(始)에 대응하여 말한 것이요, 사(死)는 점점 다해 남음이 없다는 말이다. 군자는 행성덕립(行成德立)에 처음이 있고 끝이 있기 때문에 종(終)이라 하고, 소인배(小人輩)는 여러 사물들과 더불어 같이 썩고 부패하기 때문에 사(死)라 한다(『예기(禮記)』). 또한 종(終)은 도(道)로서 말한 것이요, 사(死)란 형체로서

말한 것이다(『가례집해(家禮集解)』: '종이도언 사이형언(終以道言 死以形言)').

• 종계(宗系) : 종가의 혈통.

• 종문(宗門) : 종가의 문중(門中).

• 종부성사(終傅聖事) : 가톨릭의 7성사(聖事)의 하나. 중병을 앓거나 고령으로 인하여 죽음 위험에 처해 있는 신자가 받는다. 환자가 회생할 가망이 없으면 신부님을 청하여 종부성사를 받는다.

• 종신(終身) : 사람이 장차 죽을 때를 이름. 운명(殞命) 참조.

• 종중(宗中), 문중(門中) 묘지 : 종중 또는 문중 구성원의 분묘를 동일한 구역 안에 설치하는 묘를 말한다. 종중(宗中)에 대한 명확한 법률적 정의는 없지만, 판례에 의하면 종중이란 공동선조의 분묘 수호, 제사, 종원(宗員) 상호간 친목을 목적으로 하는 공동선조의 후손들 중 성년 이상의 남자를 종원으로 하여 구성되는 종족의 자연적 집단이라고 정의하고 있다. 이러한 종중은 보통 문중이라고 일컫기도 하지만, 문중은 종중과 동의어는 아니며, 즉 문중(門中)이란 고조(4대조)를 공동시조로 하는 유복지친(有服之親)의 친족단체를 가리키는 것이 통례이다.

• 종중산(宗中山) : 한 문중의 조상을 모신 산.

• 좌(髽) : 괄발의 일종으로 부인이 풀었던 머리를 묶는 것을 말한다.

• 좌관(坐棺) : 시신을 앉은 자세로 넣는 관.

• 좌곡(坐哭) : 약간 엎드린 자세로 꿇어앉아 곡함.

• 좌단(左袒) : 초상 시 상주의 왼쪽 소매를 빼서 어깨를 드러내는 일이다. 부상(父喪)의 경우에 해당한다.

• 좌단우단(左袒右袒) : 성복(成服) 때 남자 상주는 두루마기를 입되 아버지 상을 당했을 때는 왼쪽 소매를, 어머니 상을 당했을 때에는

오른쪽 소매를 꿰지 않고 입는다. 이러한 차림은 죄인이란 의미 말고도 부모가 돌아가신 급한 상황이 상주로 하여금 옷도 제대로 갖춰 입을 수 없을 정도로 정신을 잃게 했다는 의미를 지니기도 한다.

- 좌면지(座面紙) : 제상 위의 상보 대신 까는 유지(油紙)를 말한다.
- 좌수조(左手爪) : 왼손의 손톱.
- 좌식(坐式) 상여 : 일본의 상여 중 메이지 유신 이전에 매장을 주로 하였을 때 사용되었던 상여로서 시신을 앉은 자세로 안치하여 묘지까지 이동하였다. 또한 침식(寢式) 상여가 있었는데, 이것은 메이지 유신 이후 토장(土葬)이 화장으로 장례방식이 바뀌면서 사용되었던 시신을 길게 눕혀서 이동하는 상여이다.
- 주가(酒架) : 술병걸이.
- 주가석(酒架石) : 봉분 앞에 술 주전자를 올려놓는 돌.
- 주감(主龕) : 신주가 있는 감실.
- 주검 : 죽은 몸뚱이. 송장. 시체. 사체(死體). 사해(死骸).
- 주독(主櫝) : 신주를 모시어 두는 나무 궤.
- 주배(酒杯) : 술잔. 잔대(잔 받침)가 반드시 있어야 한다.
- 주병(酒甁) : 술병.
- 주부(主婦) : 상(喪)의 안주인. 즉 초종의 절차에서 입상주의 경우 상주와 함께 주부를 정하는데, 이 때 주부의 역할을 담당하는 사람이다. 망자의 아내가 주부가 되나 그렇지 않을 경우 상주의 아내가 한다.
- 주빈(主賓) : 빈객을 접대하는 예(禮)를 맡는 것으로 친척 중 명망 있는 사람으로 정한다.
- 주상(主箱) : 신주 상자.

- 주상(主喪) : 상(喪)의 주인. 망자 직계의 최고 어른. 상주(喪主) 참조.
- 주손(胄孫) : 대(代)를 잇는 직계 장손.
- 주자(注子) : 손잡이와 출구가 따로 달린 술병.
- 주주(酒注) : 술 주전자.
- 주제(主祭) : 제사를 주관하여 행하는 사람. 제주(祭土).
- 주탁(注卓) : 술병 등을 놓는 탁자.
- 주합(酒盒) : 술을 담는 쇠붙이로 만든 그릇.
- 주항(酒缸) : 술을 담는 항아리.
- 죽강(竹杠) : 명정을 거는 대나무 장대. 길이는 명정보다 조금 길다.
- 죽격(竹格) : 상여를 치장할 때 대나무 등을 사용하여 상여의 위를 촬초정(撮蕉亭)처럼 비단 끈 등으로 묶어 품위 있게 장식하는 것.
- 죽도(竹刀) : 대나무 칼. 신주(神主)의 분면(粉面)을 깎아서 긁어내어 다시 쓸 때에 사용하는 것이다.
- 죽목잠(竹木簪) : 대나무 비녀. 잠이라 하면 남자용을 의미하며, 계라 하면 여자용도 있고, 남자용도 있다(한한대사전).
- 죽음(Death) : 생명활동이 정지되어 다시는 원래상태로 되돌아가지 못하는 불가역적인 생물의 상태.
- 죽음 교육(death Education) : 현대는 병원에서 죽음을 맞이하는 경우가 증가하여, 가정에서 죽음을 간호하는 일이 거의 없어졌다. 그러다 보니 죽음에 대하여 자연스럽게 교육받을 수 있는 공간과 시간이 매우 부족하게 되었다. 그러다 갑자기 본인이나 또는 주변의 가까운 분들이 죽음을 맞게 되면, 사람들은 매우 당황하게 되고 때로는 공황상태에 빠지게 된다. 이러한 점을 극복하기 위해 이성적으로 충분히 사유를 할 수 있을 때, 자신과 가족의 죽음에 대하여 충분히 사

색하고 미리 준비할 수 있도록 하려는 교육 프로그램이 최근에 많이 등장하고 있는데, 이것을 널리 죽음(준비)교육이라고 한다.

• 죽음의 충동(Thanatos) : Thanatos는 희랍어로서 죽음을 뜻한다. 프로이드는 그의 『쾌락 원칙의 피안』(1920)이라는 책에서, 인간에게는 생명을 유지하는 '생의 충동(Eros)'과 긴장을 제로상태로 하는 '죽음의 충동(Thanatos)'이 있다고 말하였다.

• 죽장(竹杖) : 부상(父喪) 시 사용하는 대나무 지팡이. 저장(苴杖) 참조.

• 죽차(竹釵) : 대나무로 만든 비녀.

• 중(重) : 나무로 간단하게 만들어 영혼을 의지하게 하는 일종의 임시 신주(神主)이다. 은나라는 신주를 만들면 중(重)을 달아 두고, 주나라에서는 신주를 만들면 중(重)을 없앤다고 한다(『예기』, 「단궁」).

• 중복(重服) : 무거운 상복(喪服). 5복(服) 중 참최복과 자최복 등처럼 무거운 상복을 일컫는 말이다.

• 중상(重喪) : 무거운 상. 보통 대공(大功) 9월 이상의 상(喪)을 말한다. 또는 탈상하기 전에 부모의 상 등을 거듭 당함.

• 중상(中殤) : 12세~15세 사이의 죽음.

• 중손(衆孫) : 장손이 아닌 여러 손자들.

• 중유(中有) : 불교에서 말하는 이승과 저승 사이에 있다고 하는 중간 단계. 보통 생(生)을 마친 뒤 다음의 생(生)을 받기까지를 중유(中有)라고 하여 그 기간을 47일로 치고 있다. 이 49재 후 6도윤회(六道輪廻 - 天上, 人間, 修羅, 畜生, 餓鬼, 地獄)에 따라 다음 생(生)으로 환생하게 되는 것이다.

• 중월(中月) : 한 달 걸러 뜀.

• 중의(中衣) : 고의(袴衣)와 적삼. 최복(衰服) 밑에 입는 것이다. 누이거나 누이지 않은 베를 쓰는 것은 최복과 같고, 베의 새(升 - 올 수)

는 최복보다 약간 곱고, 만드는 법은 심의와 같고, 참최도 또한 베로 갓 선을 두른다. 일명 한삼(汗衫)이다. 중단의(中單衣)라고도 한다.

• 즐(櫛) : 망자의 머리를 빗기는 데 사용하는 빗이다. : 대나무 그릇(箪, 단)에 담아 놓는다. 즐(櫛)은 영좌를 설치한 다음 평소에 사용하는 물건을 놓아 둘 때도 사용되는 일반적인 빗을 총칭한다.

• 즙변(緝邊) : 가를 꿰맴.

• 증직(贈職) : 사후에 추증한 벼슬.

• 증(贈) 현훈(玄纁) : 죽은 이에게 관속으로 물건을 보내는 것을 말한다. 검은 비단(玄) 여섯과 붉은 비단(纁) 넷을 쓴다.

• 지(紙) : 종이. 구덩이 안 사방에 회다지기를 하지 않은 곳에 바르니, 흙먼지를 막는 것이다.

• 지개문(誌蓋文) : 묘지(墓誌) 덮개 글.

• 지곡(止哭) : 곡을 그침.

• 지구의(紙柩衣) : 종이로 된 널 옷으로서 널을 싸는 홑이불.

• 지금(地衾) : 요. 시신 밑에 까는 겹이불. 시신을 관에 넣을 때 바닥에 까는 이불 지욕(地褥)이라고도 하며 관의 밑에 펴는 요.

• 지남철(指南鐵) : 방위를 살피는 데 사용하는 도구이다. 패철.

• 지목(支木) : 관을 받쳐 놓는 나무.

• 지방(紙榜) : 백지 또는 두꺼운 종이로 만드는데 크기는 폭 2치, 길이 7치 정도에 해서체(楷書體) 중심으로 가늘게 써서 제사지낼 때 교의 위에 세운다. 신주의 대용이다. 나무 대신에 종이로 만드는 임시 신주. 깨끗한 백지에 먹으로 쓰며 길이 22cm, 폭 6cm 정도로 한다. 요즈음 지방을 만들 때 상단 모서리를 약간 오려내는 경우가 있는데, 이는 조상의 안면 상부(上部)를 난도질하는

것과 같은 것으로서 절대 금물이다. 신주 참조.

• 지석(誌石) : 죽은 사람의 이름, 나고 죽은 날, 살아서 한 일, 무덤이 있는 곳과 좌향(坐向) 따위를 적어 무덤 앞에 묻는 돌이나 도판(陶板)을 말함. 돌 두 쪽, 즉 지개석(誌蓋石)과 지저석(誌底石)의 글씨를 쓰거나 옹기에 글씨를 써서 구워 광중 앞 가까운 곳에 묻는다.

• 지옥(地獄) : 땅 속에 있는 감옥.

• 지욕(地褥) 지요 : 시신을 관에 넣을 때 밑에 까는 겹이불. 입관할 때 아래에 까는 요.

• 지의(地衣) : 돗자리.

• 지자(支子) : 장자가 아닌 아들.

• 지장(遲葬) : 고대사회에서의 장례 풍습의 일종으로서 장례를 서둘러 치루지 않는 것을 말한다. 이는 상주가 주위 사람들의 강청에 못 이겨 장례를 치르는 것이 도리라고 생각했기 때문이다. 이런 이유로 고대 부여에서는 초상을 5개월 동안 정성스럽게 치르기도 하였다.

• 지지(地支) : 60갑자의 아래 단위를 이루는 요소들로서, 자(子), 축(丑), 인(寅), 묘(卯), 진(辰), 사(巳), 오(午), 미(未), 신(申), 유(酉), 술(戌), 해(亥) 등이다. 땅의 기운으로서 음(陰)이고, 달이고, 여자여서 양(陽)의 기운을 받아 만물을 낳고 기르는 역할을 담당한다.

• 지평척(地平尺) : 세속에서 나무 두 가닥을 써서 고무래 정(丁)자 모양을 만들어서 한 복판 기둥면에 먹줄을 대고 기둥머리에 실을 드리우고 실 끝에 추를 달아 구덩이 바닥에 놓아 실이 그 먹줄에 닿는 것을 보아 그 땅이 평평한 지를 살피는 것이다. 즉 묏자리를 팔 때 구덩이 속이 평평한지를 알아보기 위한 도구이다.

• 지환(紙環) : 종이 고리. 관의 상하 네 모서리의 새끼줄이 닿는 곳에

붙여서 관을 묶어 움직일 때 모서리가 상하는 것을 방지하기 위하여 붙인다.

• 지회(地灰) : 회격(灰隔) 시 사용하는 재료로서 석회(石灰)의 일종이다. 바닥에 까는 석회(石灰).

• 지효(至孝) : 남의 어머니가 돌아가셨을 때 상주에게 위로하는 글(弔狀)을 올릴 경우, 상주를 가리켜 지효(至孝)라고 표현한다. 남의 아버지가 돌아가시면 대효(大孝)라고 표현한다. 대효(大孝) 참조.

• 직장(直葬) : 일본에서 최근에 등장하고 있는 장례방법인데, 장례절차를 대부분 생략하고 납관과 다비식만 간단히 가족중심으로 하고는 고별식 없이 곧바로 화장장으로 직행하여 1일장 등으로 장례를 마무리하는 장법이다. 비용부담에 따른 장례 기피 현상이 심화된 양상의 하나이다.

• 진기(陳器) : 제사 등에 필요한 기물들을 진설하여 펼쳐 늘어놓음.

• 짐주전지(斟酒奠之) : 술을 따라서 올림. 즉 술을 따르되 잔을 비우지 않고 상대에게 올려 바침. 반면 뇌주(酹酒)는 특히 술을 모사기나 토지 위에 따라서 잔을 비우는 것임.

• 질(質) : 흑색 무(冒 - 시신을 싸는 것)로서, 모(冒)의 윗부분을 말한다.

• 질명(質明) : 날이 밝음. 해 뜰 무렵.

• 질병천거정침(疾病薦居正寢) : 병세가 위독하면 임종을 맞이하기 위해 방을 정침으로 옮긴다.

• 집사(執事) : 집안일을 맡아 보는 사람.

• 집사분정기(執事分定記) : 상장례의 일을 담당할 사람들의 임무를 분장하는 명단.

• 집상(執喪) : 부모의 거상(居喪) 중에 지키는 예절.

• 차일(遮日) : 장례나 묘역 공사 시 햇볕이나 비를 가리기 위해 치는 장막. 백막(白幕 - 흰 장막) 참조.

• 찬(饌) : 음식. 제물.

• 찬궁(攢宮) : 임금의 시신을 모신 곳. 빈전(殯殿) 참조.

• 찬시(饌侍 : 饌緦) : 친척이 아니면서 한 솥 밥을 먹은 자가 시마 3월복을 입는 것.

• 참도(參道) : 왕릉의 공간 구성 배치와 관련, 홍살문에서 정자각에 이르는 수십 미터의 돌길.

• 참척(慘慽) : '비참한 슬픔'이라는 의미의 자손의 상을 의미하는 말.

• 참최(斬衰) : 아버지의 상을 당하였을 때에 입는 상복. 거친 베로 짓되 아랫도리를 접어서 꿰매지 않음.

• 참포립(黲布笠) : 검은 베 갓으로, 검은 갓 끈을 갖추었다. 검푸르죽죽한 베 갓. 상중에 외출할 시 상주들이 쓰는 갓이다.

• 참포삼(黲袍衫) : 삼은 직령이나 심의를 입어도 된다. 심의를 입을 경우에는 검푸죽죽한 베로 선을 두른다.

• 창홀(唱笏) : 홀기(笏記)를 외치는 사람.

• 채혜(彩鞋) : 채색신.

• 책(簀) : 대오리로 엮은 자리.

• 천(薦) : 등메를 말하는 것으로, 이삭을 잘라낸 볏짚으로 만든 자리. 침상을 치우고 병자를 땅에 뉘일 때 쓰는 자리.

• 천거정침(薦居正寢) : 초종의 절차에서 환자의 병이 심해져 회복이 불가능하다고 판단되면, 평소 거처하던 방이나 안방에 모셔 임종할 준비를 하는 일이다. 『예서(禮書)』에서는 남자는 사랑방에, 여자는 안방에 옮겨 임종하도록 하였다. 또한 남자부절어부인지수(男子不絕

於婦人之手), 부인부절어남자지수(婦人不絶於男子之手)라 하여, 임종의 순간에도 남녀유별(男女有別)의 정신을 본받았다. 나아가 여기에서 여자장례지도사의 존재 근거를 찾을 수도 있다.

- 천개(天蓋) : 관 뚜껑.

- 천광(穿壙) : 구덩이를 파는 일. 땅을 파서 광중을 만드는 일. 무덤을 파는 일. 개혈(開穴)이라고도 한다. 출상하기 전에 미리 파둔다. 먼저 광상(壙上)에 묘상각(墓上閣)을 짓거나 차일(遮日)을 쳐서 비나 해를 가린 다음 천광한다. 사토제가 끝나면 땅을 파기 시작하여 광중을 깊이 1.5미터 정도로 파고, 석회에 모래를 섞어 관이 들어갈 만큼 외곽을 만든다. 그리고 광중을 팔 때에는 금정기를 사용한다.

- 천구(遷柩) : 발인하기 하루 전날 먼저 가묘(家廟)에 가서 조상들에게 고하기 위해 관을 옮기는 일. 조전(朝奠)에 천구할 것을 고한다. 영구를 받들고 사당에 가서 뵙고, 마루로 옮기고 나서 대곡(代哭)을 시킨다. 오복을 입을 친척들은 저마다의 상복을 입고 모두 모여서 곡을 한다. 조전을 올릴 때는 축관이 술을 올리고 북쪽을 향하여 무릎을 꿇고 고사를 읽고 일어나면 상주 이하 모두 슬피 울고 두 번 절한다.

- 천금(天衾, 天錦) : 입관할 때 시신을 덮는 이불. 시신을 덮는 홑이불. 대렴할 때 시신을 덮은 이불이다. 색깔 있는 명주 또는 삼베로 만드는데 너비는 한 폭이다. 폭이 좁으면 혹 폭을 잇대어 만들며 길이는 다섯 자이다.

- 천묘(遷廟) : 신주를 사당으로 옮김.

- 천붕지통(天崩之痛) : 부모의 상을 의미하는 말.

- 천시(遷尸, 遷屍) : 시신을 옮김. 수시(收屍)라고도 함. 시신을 상판(牀板)에 옮기고 굄목 2개를 백지로 싸서 괴고 머리를 남쪽으로 두게 한다. 시신이 차가워지기 전에 지체(肢體)를 주물러서 곧고 바르

게 한다. 그 후에 얇은 옷을 접어 머리를 괴고 백지로 양 어깨와 양 정강이, 양 무릎의 윗부분을 묶되 남자는 긴 수건으로 두 어깨를 단단히 묶고, 여자는 두 다리를 단단히 묶은 다음 사방침(四方枕)을 두 발바닥에 대어 어그러지지 않게 하고 병풍으로 가린다.

• 천장(遷葬) : 무덤을 옮김. 특히 임금의 무덤을 옮기는 것을 이개장이라 하지 않고 특별히 천장이라고 하였다.

• 천장(天葬) : 시신을 독수리의 먹이로 처리하는 장법(葬法)으로서 조장(鳥葬) 또는 신장(神葬)이라고도 한다. 즉 시신을 토막 내어 독수리의 먹이로 줌으로써 시신을 처리하는 장법이다. 중국의 티벳 지역과 운남성, 사천성 등에 살고 있는 장족(壯族)들의 장례법이다. 이곳에서는 독수리를 '샤르거'(죽은 사람을 데리고 승천하는 신령한 새)라 칭하여, 죽은 이의 육신을 먹고 하늘로 날아감으로써 망자의 영혼을 하늘에 오르게 한다고 믿었다. "… 바닥에는 피가 흥건했고, 피비린내가 진동했다. 처음 접하는 인육 냄새에 오감과 내장이 모두 뒤집어지는 것 같았다. 돕덴이라고 불리는 천장사(天葬師)가 한 손에는 날카로운 긴 갈고리를, 다른 손에는 장도(長刀)를 들고 서 있다. … 먼저 긴 칼로 시체의 왼쪽 발뒤꿈치를 턱 하고 쳤다. 그러고는 발목, 정강이, 허벅다리, 팔, 어깨, 목, 머리의 순서로 사정없이 쳐댔다. … 천장사가 인육을 먹어도 된다는 신호를 보냈다. 독수리들이 기다렸다는 듯이 달려들었다."(『천장』, 책세상, 심혁주)

• 천주교 장례절차 : 생전에 세례를 받은 사람은 『상장예식』에 의하여 장례를 치른다. 순서는 다음과 같다. ① 임종과 운명, ② 위령 기도(연도), ③ 염습과 입관, ④ 장례(출관예식, 고별식, 운구예식, 하관예식[무덤축복, 매장], 화장예식 등), ⑤ 우제, ⑥ 면례 등이다.

• 천회(天灰) : 관의 위에 덮은 회(灰).

• 철말(鐵抹) : 쇠말뚝. 이·개장 시 천회(天灰)에 구멍을 뚫고 꺼낼 때 사용한다.

• 철속(鐵束) : 묶는 쇠. 지석(誌石)을 묶는 데 쓴다. 돌 두 개를 서로 마주보게 해서 겹쳐 묶는다.

• 철전(撤奠) : 전(奠)을 물림.

• 철족(綴足) : 발을 묶음. 연궤(燕櫃 - 다리가 굽은 옛날 책상의 일종)를 쓴다. 발이 뒤틀리지 않게 하기 위해서 묶는다.

• 철주(撤酒) 철주기(撤酒器) : 술을 물린다는 의미이며, 퇴주잔에 술을 따른다는 뜻이다. 퇴주걸이

• 첩비복(妾婢服) : 첩이나 여자 종의 옷.

• 청정(聽政) : 국상(國喪)을 당하여 임금이 정사(政事)를 돌보지 않는 것. 즉 일반 사대부들이 부모상을 당하면 3년 상을 마칠 때까지 관직에서 물러나 거상(居喪)을 하듯이, 임금도 약 27일 정도 정사를 보지 않았는데, 이를 청정(聽政)이라고 한다. 임금은 사서인(士庶人)과 달리 상중이라도 군국(軍國)의 중요한 일을 폐할 수 없으므로, 역월단상제(易月短喪制)에 의거 그 기간이 단축된 것이다.

• 체백(體魄) : 땅 속에 묻은 송장.

• 체사자(逮事者) : 증조, 고조 등 살아계실 때 뵌 일이 있는 조상 어른. 이 분들을 위해서는 모두 자최 3개월의 복(服)을 입는다.

• 체일(逮日) : 성복 후 석전(夕奠)을 드리는 시간. 즉 해가 아직 떨어지기 전을 말한다. 보통 조전(朝奠)은 해가 뜨면 지내고, 석전(夕奠)은 체일(逮日 - 해지기 전)에 지낸다.

• 체천(遞遷) : 바꾸어 옮긴다는 뜻으로, 신주가 옮겨짐을 말함. 4가지 경우가 있는데, ① 새 신주를 처음으로 사당에 옮겨 모시는 일(遷主), ② 새 신주가 들어옴으로 인해 이미 있던 신주가 한 자리씩 위로 옮겨 가는 일(迭遷 - 질천), ③ 효현손(孝玄孫)에게서 친속이 다한(親盡) 신주를 최장방(最長房)에게 옮겨 오시는 일(祧遷 - 조천), ④

친속이 다한 신주를 사당에서 내어 모셔 태묘(太廟)에 보관하거나 무덤에 묻는 일(毁廟 - 훼묘, 遷墓 - 천묘, 埋安 - 매안) 등을 들 수 있다.

- 초교(草轎) : 삿갓가마. 초상 중 상제가 타는 가마. 가마 가장자리에 흰 휘장을 두르고 위에 큰 삿갓을 덮음.

- 초변복(初變服) : 머리를 풀고 맨발 벗는 것.

- 초분(草墳) : 가매장의 한 형태로서 풀 등으로 임시 매장하는 것. 즉 장사지내기 전에 시신을 관에 넣어 일정한 장소에 풀로 덮어 안치하는 일. 지금도 일부 서남해 도서 지방에서 시행되고 있는 장법의 하나이다. 그런데 초분은 적어도 3년 정도 지나 육탈이 된 다음 길일(吉日)에 뼈만 간추려서 이차장으로 주검을 다시 치르지 않으면 안 된다. 가장(假葬) 참조.

- 초빈(草殯) : 초장(草葬)의 일종으로 초분(草墳 - 풀무덤)을 말하는데, 짚을 깔고 그 위에 관을 두며 관의 상부를 풀이나 나뭇가지로 덮는 장법으로, 내륙에서는 거의 소멸되어 그 자취를 찾아 볼 수가 없으나 일부 남, 서해 도서지역에서는 아직도 행해지고 있는 장법이다(예, 남해 청산도). 시신을 바로 땅에 묻지 않은 채 돌이나 통나무 위에 관을 얹어 놓고 육탈(肉脫)이 될 때까지 멍석이나 이엉, 용마름으로 덮은 초가(草家) 형태의 임시 무덤이다. 고빈(藁殯), 출빈(出殯), 외빈(外殯)이라고도 하며, 일단 땅 위에 올려놓았다가 2~3년 뒤 뼈를 씻어 다시 땅 속에 묻는 까닭에 복장제(復葬制), 이중장제(二重葬制)라고도 한다.

  이장(移葬)은 특히 '공달', '손 없는 달'이라고 하여 윤달에 많이 한다. 현재까지 초분 풍속이 행해지고 있는 지역으로는 전남 완도군 청산도, 여수시 금오도, 안도, 개도 고흥군 나로도, 신안군 증도, 도초도, 비금도, 영광군 송이도, 군산시 무녀도, 부안군 계화도 등이 있다. 세골장 참조.

• 초상(初喪) : 사람이 죽어서 장사 지낼 때까지를 말함.

• 초석(草席) : 풀로 만든 자리. 기름종이 겉에 덧싸는 데에 쓰는 것이다. 또는 충해(蟲害)가 없는 야생초를 건조시켜 여러 묶음(束)으로 만들어 시신과 관벽 사이의 공간을 채우는 것(보공)을 초석이라고 하기도 한다. 그런데 보공의 경우는, 초석 대신 고인이 생전에 입었던 의류 등(매장 시에는 화학 섬유질은 피할 것)으로, 보공을 하여도 된다.

• 초숙포(稍熟布) : 조금 성글게 익힌 삼베.

• 초우제(初虞祭) : 초우는 장례를 지낸 날 중으로 지내는 제사이다. 혹시 묘소가 멀더라도 이날을 넘기지 말아야 하며, 만일 집이 멀어서 당일 귀가치 못하고 중도에서 유숙하게 되는 경우는 유숙하는 집에서라도 지낼 일이다. 이날 상주 이하는 모두 목욕을 하지만 빗질은 하지 않는다. 만일 부득이하여 목욕할 겨를이 없으면 간단하게나마 몸을 씻는 것이 좋다. 초우부터는 정식 제사(祭祀)로 지낸다. 서쪽 계단의 서쪽에 세수 대야와 수건을 놓되 남쪽이 위이다. 대야는 탁자 위에 놓고 수건은 줄을 매고 걸어 놓는다. 술병은 영좌 동남쪽에 탁자를 마련하고 그 동쪽에 놓아둔다. 술잔과 잔 받침 그리고 퇴주(退酒)그릇도 그 위에 놓아둔다. 화로를 영좌 서남쪽에 놓고 그 서쪽에 탁자를 준비하여 그 위에 축판(祝板)을 놓고 향로에 불을 담아서 역시 그 위에 놓는다. 또 이 향안(香案) 앞에 모래를 담아 놓고 그 위에 띠를 조금 묶어 놓는다(茅沙器). 날이 어두워지면 촛불을 켜고 제물을 조전(朝奠)과 같이 한다.

• 초장(草葬) : 초분(草墳)을 말한다. 외분, 고름장, 세골장, 소골장, 토롱 등 지역에 따라 다양한 명칭으로 불리고 있다. 초장(草葬), 초분(草墳)이란 임시로 장례를 치루는 의미인 가장(假葬)이라 생각되는 1차장을 하였다가 어느 정도 시간이 경과되어 시신이 완전히 육탈(肉脫)된 후에 유골만을 취합하여 본장(本葬)이라 생각되는 2차장으로

처리하는 장제이다. 이를 복장(復葬) 또는 2중장이라고도 하는데, 초분을 하는 이유는 돌아가신 부모에게 효도하기 위한 것이고, 다른 이유로는 좋은 묘 자리를 구하기 위하여 임시로 초분을 한다.

- 초종(初終) : 초종장사(初終葬事)의 준말. 갓 돌아갔을 때를 말한다. 즉 상례의 시작으로 운명하는 순간, 별세하는 순간을 의미하며, 임종(臨終), 종신(終身)등과 같은 뜻으로 죽음을 맞이하는 절차라 할 수 있다. 혹은 초상이 난 뒤부터 졸곡(卒哭) 때까지의 과정을 일컬을 수도 있다.
- 초천(草薦) : 줄자리. 줄로 만든 자리.
- 초혼(招魂) : 죽은 사람의 흐트러진 혼을 부르는 것. 고복(皐復) 참조.
- 초혼장(招魂葬) : 전쟁이나 홍수 등으로 인하여 죽음에 이르러 시신이 없이 죽으면, 한복 등을 지어 혼을 불러들인 다음에 장례를 치루는 경우가 있는데, 이를 초혼장(招魂葬)이라고 한다.
- 촉대(燭臺) : 촛대. 즉 촛불을 켜놓는 받침대를 말하며 한 쌍이다.
- 총수(冢隧) : 무덤.
- 촬초정(撮蕉亭) : 상여(大輿, 大轝)를 만들 때 파초(芭蕉)를 한데 모은 모양의 정자 지붕처럼 상여의 지붕 위에 장막을 씌우는데, 이를 촬초정(撮蕉亭)이라고 한다.
- 최(衰) : 앞가슴에 붙이는 베. 눈물받이. 너비 4치 되는 베를 써서 저고리의 겉깃의 앞에 가슴이 닿는 곳에 꿰매 붙이는데, 대공 이하는 쓰지 않는다. 최는 꺾다의 뜻으로, 효자에게 애절한 뜻이 있는 것이다. 이런 마음이 있는 자는 최라 이름하고 상복 또한 최라 부르니, 그 애절함이 몸에 두루 미쳐 마음에 그치지 않음을 취한 것이다.
- 최장방(最長房) : 고조 이하의 생존자 중에 항렬과 나이가 높은 자. 체천할 신주가 있으면 효현손(孝玄孫 - 고조의 장손)에게서 최장방에게로 옮긴다.

- 추도식(追悼式, Memorial Service) : 죽은 사람을 애도하기 위한 기념(종교)행사.
- 추모(追慕) : 죽은 사람을 사모함.
- 추복(追服) : 상(喪)을 당하였을 때 사정이 있어 상복을 입지 못하다가 나중에 상복을 입음.
- 추선(追善) : 죽은 사람의 명복을 빌기 위해 착한 일을 하는 것.
- 추송(追送) : 죽은 뒤에 그 공적, 선행을 칭송하는 것.
- 추조(追造) : 뒤늦게 만듦.
- 추천재(追薦齋) : 천도재(遷度齋). 망자를 극락으로 인도하는 불교의 재(齋).
- 축관(祝官) : 제의례 시 축문을 읽은 사람.
- 축철(祝綴) : 상장례를 치르는 사이에 읽어야 하는 모든 축문을 써서 책으로 맨 것.
- 출계(出系, 出繼) : 남의 집에 양자로 들어감.
- 출관(出棺) : 출상하기 위하여 관을 집 밖으로 내감.
- 출구(出柩) : 개장(改葬)때 무덤에서 관을 꺼냄.
- 출입고(出入告) : 출필고 반필면(出必告 反必面)의 정신. 주인이 출타하여 몇 날을 박에서 묵게 되면 출발 전 대문 안에서 2번 절하고 귀가 후에도 그렇게 한다. 만약 몇 달을 묵게 되면, 중문 안에서 분향재배하고 귀가 후에도 또한 이와 같이 한다.
- 출주(出主) : 제사 때 사당에서 신주를 모셔내는 것.
- 출회(秫灰) : 차조의 짚을 태운 재. 찹쌀재로 관 안에 깐다. 두께는 4~5센티 정도면 된다. 차조 4~5말을 넣고, 그릇에다 까맣게 볶거나, 혹은 숯을 피워서 불살라 가루로 만들어 고운 체로 친다. 껍질

을 벗기지 않은 것을 사용할 수도 있고, 없으면 숯가루로 대신한다.

• 충관(充棺) : 관을 채우는 것.

• 충비(充鼻) : 시신의 코를 막는 솜으로 만든 코막이.

• 충이(充耳) : 시신의 귀를 막는 솜뭉치로 된 귀마개. ≪가례≫에는 백광(白纊 - 흰 솜)을 쓰며, 크기는 대추씨 정도라고 하였다. 세속에서는 설면(雪綿 - 흰 솜)을 쓴다.

• 취토(取土) : 장사지낼 때 광중의 네 귀에 놓은 길방(吉方)에서 떠온 흙. 이 흙을 먼저 맞상주가 상복 자락이나 삽으로 세 번 받아서 구(柩)의 상(上)에 한 번, 가운데 한 번, 아래쪽에 한 번씩 차례로 놓는다. 다음의 상주 순으로 취토를 이어서 행한다. 취토가 끝나면 지석과 명기를 묻고 광중을 메운다.
사실 예서(禮書)에는 취토(取土)라는 용어는 없다. 또 취토의 의례(儀禮)도 예서에는 없다. 실토(實土), 하토(下土)라는 표현만 있을 뿐이다. 허토(虛土), 헌토(獻土)라는 용어도 일상에서는 쓰이고 있다.

• 치관(治棺) : 관(棺)을 만드는 일. 관을 마련함. 유삼(油杉 - 이깔나무)이 제일 좋고, 잣나무가 그 다음이다. 통상 1치 정도의 옹이 없는 송판을 만든다. 천판(天板)이나 지판(地板) 하나에 사방판(四方板)이 각각 하나씩 필요하며 높이나 길이는 시신에 따라 약간 여유 있게 한다. 칠성판도 송판으로 만들되 5푼이면 적당하고 판면에 구멍을 뚫어 북두칠성 모양으로 한다.

• 치금(緇衾) : 검은 이불. 붉은 안감을 쓰며 이불깃은 없다.

• 치병(輜軿) : 덮개가 있고 사면이 가려진 부인용 수레로서, 외출 시 사용한다.

• 치위(致慰) : 상중에 있는 사람을 위로함.

• 치장(治葬) : 장지로 가서 매장하는 절차. 즉 치장은 묘 자리를 정하

는 택지(擇地)에서 매장하여 봉분을 만드는 성분(成墳)까지의 절차를 말한다. 묘지를 정하는 일과 땅을 파고 광을 만드는 일, 천광(穿壙), 지석(誌石)을 준비하는 일 등이 이에 포함된다. 옛날에는 석 달 만에 장사를 지냈는데, 이에 앞서 장사를 지낼만한 땅을 고른다. 즉 최후의 영결을 하기 전에 장사지낼 묘 자리를 먼저 잡은 다음, 장사지낼 날을 정하고, 이를 미리 친척 또는 친지들에게 알리는 동시에, 조전(朝奠) 때 영연(靈筵)에 고한다. 정해진 날짜에 영역(營域)에 대한 산역을 시작하는데, 먼저 토지신에게 사토제를 지낸다. 이 날 상주는 조곡(朝哭)을 마치면 집사를 데리고 묘지로 정해진 곳으로 가서 네 모퉁이를 판 다음에 표목(標木)을 세운다. 먼 친척이나 손님 중에 한 사람을 가려서 후토(后土), 즉 토지신(土地神)에게 고하도록 한다. 이 때 축관은 집사를 데리고 표목 중간에 신위(神位)를 남향으로 마련하고 술잔에 술을 따르고 포과(脯果)를 진설한다. 상주는 여기에 참례(參禮)하지 않는다.

- 친(櫬) : 비어 있는 관.
- 친빈(親賓) : 친척과 손님.
- 친상(親喪) : 부모의 상.
- 친애가륭(親愛加隆) : 친하고 사랑함이 더욱 더함. 백숙부모와 고모가 돌아가신 상주를 위로할 때 쓰는 조문 서식.
- 칠관(漆棺) : 관에 옻칠을 함. 즉 관에 옻칠을 하는 것을 말하는데, 일반적으로는 옻칠한 관을 가리킨다.
- 칠등(漆凳) : 관에 옻칠을 할 때 관을 받치는 받침대. 높이가 2자쯤 된다.
- 칠백(七魄) : 죽은 사람의 몸에 남아 있는 7가지의 정령.
- 칠성판(七星板) : 시신을 받치기 위해 관 바닥에 놓은 널빤지. 관 안 바닥에 까는 널조각. 시신을 바르게 하기 위하여 시신을 올려

받쳐 놓는 판. 한 장으로 된 송판을 쓰되, 길이와 넓이는 관의 안(內) 치수에 맞게 한다. 두께는 5푼으로 하고 널판에 구멍 7개를 북두칠성처럼 뚫는다. 칠성판은 죽음을 관장하는 신이 북쪽 어딘가에 있다고 생각하여 북두칠성을 표시하여 죽은 자의 영혼이 북망산천인 북두에 곧바로 갈 수 있도록 배려한 생각에서 비롯되었다고 한다. 이처럼 칠성판은 저승으로 가는 길잡이의 역할과 나쁜 잡귀의 근절을 방비한다고 생각해 왔던 것이다. 현대적인 의미로는 고인의 손발을 곧고 바르게 유지하기 위하여 사용되는 지지대의 역할을 한다. 또한 칠성판을 버리지 않고 입관 시 관 속에 넣어 차조를 태운 재(灰)를 밑에 깔아 물이 스미지 않게 하여 부패를 방지하도록 하였다. 예로 자리 터가 나쁜 곳에 숯을 깔아 넣는 것과 같은 이치이다.

칠성판은 전한 때 왕망(王莽)이 북두칠성의 위엄을 빌려 군대를 압박하고 굴복시키기 위해 5가마나 되는 구리로 두 자 반 정도의 북두(北斗) 모양을 만들어 '위두(威斗)'라 하고, 자신이 출입할 때마다 사람을 시켜 이를 따르게 한 데서 비롯되었다고 한다. 칠성판을 묘지에 묻는 것은 지하의 나쁜 귀신을 누르기 위한 것이요(『성호사설』 권 13, 경사문, 칠성판조), 또 칠성판에 구멍을 뚫는 것은 죽음을 관장하는 북두신에게 빌어 죽음을 구제받기 위한 것이다. 고려시대에는 이러한 칠성판을 쓰지 않다가, 조선 초기부터 사용하여 오늘에 이르고 있다(『상장례, 삶과 죽음의 방정식』 86쪽).

• 칠승포(七升布) : 7새 베. 대공복을 만든다. 여기서 승은 직물에 실올이 들어간 밀도를 나타내는 단위이다. 1승은 80올이다.

• 침(枕) : 베개. 대렴을 할 때 요 위에 시신의 머리를 안정시킬 때 사용한다. 색깔 있는 명주로 하고, 그 길이는 요의 너비에 맞춘다. 또한 수시에서도 베개는 필요하여, 탈지면과 염지(한지) 등으로 베개 모양을 만든다.

• 타계(他界, The Other World) : 죽음을 의미하는 다른 표현.

• 탁(卓) : 상(牀, 床). 늘 쓰던 밥상이다. 탁자(卓子).

• 탁(鐸) : 방울. 요령(搖鈴) 참조.

• 탈복(脫服) : 복을 벗다.

• 탈상(脫喪) : 상기(喪期)가 끝나 복(服)을 벗는 절차이다. 탈상은 옛날에는 3년 탈상, 기년(1년) 탈상 등이 있었지만, 요즈음에는 100일 탈상, 49일 탈상, 3일 탈상, 발인 탈상 등이 있다. 이 때 지내는 제사가 탈상제이다. 지내는 방법은 기제사와 동일하다.

• 탕관(湯灌) : 일본어로 '유칸'이라고 하는 것인데, 수의를 입히기 전 따뜻한 물로 몸을 씻기는 일. 목욕시키는 일.

• 택일(擇日) : 날을 잡다.

• 택조(宅兆) : 무덤.

• 토롱(土壟) : 임시로 흙을 모아 간단히 만든 무덤.

• 토용(土俑) : 흙으로 인간이나 동물 등의 형상을 본 뜬 허수아비(俑)를 만들어, 무덤에 순장 대신 대용품으로 넣었던 물건. 우리나라의 경우 순장풍습을 금한 신라 지증왕 이후 통일신라시대에 무덤에서 많이 출토되고 있다.

• 토삼(土杉) : 미리 벌채해서 기름에 절인 것(油杉)이 아니라 현지에서 바로 자른 삼나무.

• 토수(吐手) : 토시의 잘못된 말로 원래는 한복에서 여름이나 겨울에 팔에 끼워 더위나 추위를 막는 복식인데, 수의(壽衣)에서도 토시를 사용한다.

• 토장(土葬) : 매장(埋葬)의 다른 이름으로서 시신을 땅을 파서 흙 속에 매장하는 방법이다. 장법 중 가장 자연스러운 방법 중의 하나라고 말할 수 있다.

• 통고최열(痛苦摧裂) : 직계존속의 죽음에 대해 조장(弔狀)을 보낸 다른 사람들에게 답장을 보낼 때 표현하는 편지 서식 문구로서, '슬픈 고통이 쓰라리고 무너져 찢어진다.'는 의미이다. 백숙부모, 고모, 형제, 자매의 경우에는 '최통산고(摧痛酸苦 - 고통이 시고 쓰립니다)'라고 표현하고, 아내의 경우에는 '비도산고(悲悼酸苦 - 슬픔이 시고 쓰라립니다)'라고 표현하고, 아들이나 조카나 손자의 경우에는 '비념산고(悲念酸苦 - 슬픈 생각이 시고 쓰립니다)'라고 표현한다.

• 통야(通夜) : 일본말로 '쓰야'라고 하는데, 발인 전날 밤을 새우며 죽은 사람을 기리는 일.

• 통혈(通穴) : 광중을 서로 터 놓음.

• 퇴관(退棺) : 장지에서 시신만 매장하고 관을 버리는 것. 탈관(脫棺)이라고도 한다.

• 특수묘지 : 왕릉, 국립묘지, 4.19묘지, 5.18망월동묘지 등이 있다.

• 파(帕) : 보자기. 횃대에 걸쳐서 병풍 대신으로 가리개 역할을 하게 한다.

• 패(貝) : 3개. 금이나 옥이나 돈이나 조개 모두 된다. 세속에서는 구멍 없는 구슬을 쓴다.

• 편고(編藁) : 엮은 짚거적.

• 편죽(片竹) : 수의를 입힐 때 시신 밑으로 지메를 집어넣을 때 사용하는 도구. 또는 이개장시 시신을 들어올릴 때 사용하는 도구. 보통 세속에서는 큰 대나무를 깎아서 각각 넓이 한 치쯤 되게 조각내어 매끄럽게 다듬어 관의 너비보다 길게 한다. 수효는 적당하게 한다.

• 편회(片灰) : 석회 조각. 돌 지석(石誌)을 대신하여 쓰는 것이다. 나무로 테를 만들고, 석회, 모래, 흙 3가지를 고루 섞어 반죽하여 그 속에 다져 넣은 다음, 나무틀을 제거하고 벽돌 모양으로 여러 조각

을 만들어 지개석(誌蓋石)과 지저석(誌底石)의 양식을 따라 조각마다 큰 글자 하나씩을 써서 깊이 새긴다. 숯가루와 잿가루를 법유(法油: 들기름)에 개어서 그 획(畫)을 가득하게 메워서 판판하게 하고, 작은 글씨는 조각마다 서너자씩 써서 역시 조각마다 그 차례를 위와 같이 쓴다.

- 폄(窆) : 하관(下棺).
- 폄장(窆葬) : 땅에 묻는 장례.
- 평토제(平土祭) : 하관할 때 상주들이 차례로 흙을 뿌리고 나면, 산역꾼들이 본격적으로 흙을 퍼부어 관을 묻는다. 흙으로 메우기 시작하여 평지와 같은 높이가 되면, 평토제를 올린다. 평토제는 산에서 올리는 마지막 제사라 하여 제물을 특히 많이 차리는데 맏사위가 담당하도록 관례화되고 있다, 이때 쓴 제물은 산역꾼과 상두꾼 및 조문객들이 현장에서 고루 나누어 음복한다.
  사실 평토제는 예서(禮書)에서는 보이지 않는 절차이다. 일반적으로는 성분제(成墳祭), 제주제(祭主祭)라고도 말할 수 있다.
- 폐백(幣帛) : 토지지신에게 예물로 바치는 비단. 하관 시 관 위에 명정을 덮고 상주에게서 현훈(玄纁)의 폐백을 받아 시신의 가슴에 청색 폐백을 얹고, 다리 쪽에 붉은 비단을 얹는다. 현(玄)은 청색(검은) 비단을 말하며, 훈(纁)은 붉은 비단을 말한다. 폐백을 드리고 나서 횡대로 내광을 덮은 다음 맞상주가 취토(取土)를 한다.
- 포(布) : 베. 오복의 상복을 만드는 데 쓰인다.
- 포(袍) : 겉에 입는 옷으로 솜이 있는 긴 것을 말함. 포오(袍襖) 참조.
- 포(苞) : 어육 등을 싸거나 담는 그릇. 포저(苞苴). 갈대나 띠 풀, 대나무 가지 등으로 만든 꾸러미. 견전(발인)례를 하고 남은 포(脯)를 담기도 한다. 저(苴) 참조.
- 포건(布巾) : 베 두건. 문, 괄발 등 머리를 묶거나 감싼 베를 받치는

데 쓰는 것으로 흰 베로 만든다. 또는 봉분 조성 시 베 버선(포말, 布襪)과 함께 일꾼들이 쓰기도 한다.

• 포과각대(布裹角帶) : 베로 싼 뿔 띠.

• 포렴(布簾) : 베로 만든 발.

• 포막(布幕) : 베 장막. 묘역에 부인의 악(幄 - 장막)을 마련할 때 베 장막을 준비한다.

• 포말(布襪) : 베 버선. 봉분 조성 시 진흙과 회를 밟아 채우는 일(회격 다지기)을 하는 일꾼들이 착용하는 것이다.

• 포상(布裳) : 베 앞치마. 포건(布巾), 포말(布襪), 포상(布裳) 등은 모두 세속에서 떼(잔디) 입히는 사람들이 착용하는 것으로, 회 다지기(灰隔)에 이르러서도 다 그대로 쓴다.

• 포석(蒲席) : 부들자리.

• 포안(布鞍) : 베 안장.

• 포영(布纓) : 베로 꼰 갓끈.

• 포오(袍襖) : 겉에 입는 옷으로 솜이 있으면서 긴 것을 포(袍), 솜이 있으면서 짧은 것을 오(襖)라 한다. 남자의 경우는 중치막, 여자의 경우는 저고리에 해당한다. 속칭 저고리라고도 한다.

• 포시(晡時) : 신시(申時), 곧 오후 3시에서 5시 사이를 말한다. 김장생(金長生)은 "일포(日晡)는 신시(申時)이니, 저녁 상식 후에 전제(奠祭)를 올리되 저녁 전제(奠祭)와 겸행하는 것이 옳다."고 하였다(『사례편람』).

• 폭건(幅巾) : 흑색의 포(布)를 사용하여 만든 건의 일종이다. 머리를 싸서 덮는 것. 모부는 둥글고 앞이 뾰족하며, 뒤에는 폭이 넓은 천을 수직으로 내렸다. 귀 위의 끈은 뒤로 돌려 매게 되어 있다. 즉 검은 명주 베로 만든 것으로 머리를 싸서 덮는 것. 머

리를 뒤로 싸서 덮는 비단 두건.

• 폭시(暴屍) : 시신을 드러내 놓다.

• 폭장(曝葬) : 풍장(風葬)의 일종으로 공장(空葬)이라고도 한다. 관에 나뭇가지나 풀을 덮어 숲 속에 방치하거나, 관을 풀이나 널빤지로 장집[葬屋]을 만들어 덮는 경우도 있다. 시신을 놓는 방식에 따라 수장(樹葬), 대장(臺葬), 애장(崖葬), 동혈장(洞穴葬) 등으로 나뉜다.

• 표목(標木) : 치장(治葬) 시 산역(山役)을 함에 있어 네 귀퉁이와 중앙 그리고 앞쪽(남쪽) 양 옆에 세워서 표시를 하는 총 7개의 푯말.

• 풍비(豊碑) : 관을 하관하는 데에 이용하기 위해 광중 주변 4방에 세워 둔 나무 기둥. 옛날 사람들의 무덤(冢)과 사당(廟)에는 비석(碑)이 있었는데, 사당 내에 있는 것에는 희생[犧牲]을 매어 놓았다. [또한] 무덤 위 4방에 나무 기둥 4개를 세우고 이것에 새끼를 묶어 하관에 이용하였다. 이미 관을 하관하였으면 [이것을] 4방에 묻었는데, 소위 풍비라는 것은 바로 이것이다(『家禮源流』).

• 풍장(風葬) : 풍장(風葬)은 시신을 매장하지 않고 아이나 전염병으로 사망한 시신을 가마니나 짚자리 등을 묶어 나무에 묶어서 매달거나 혹은 그대로 땅위에 두고 인적이 없는 산야에 방치해 두는 장법이다. 풍장은 주로 장티푸스나 천연두 등 전염병에 걸린 사람들을 다루는 장법이다. 폭장(曝葬) 공장(空葬)이라고도 하며, 나뭇가지나 풀을 덮어 숲 속에 방치하거나 관에 넣어 관을 풀이나 널빤지로 장옥(葬屋)을 만들어 덮는 경우도 있다. 사체를 놓는 방식에 따라서 수장(樹葬), 대장(臺葬), 애장(崖葬), 동혈장(洞穴葬) 등으로도 나뉜다.
풍장의 풍습은 북아시아의 고(古) 아시아 족, 고지(高地) 아시아의 여러 종족, 인도차이나 · 인도네시아 · 멜라네시아 · 오스트레일리아의 섬 주민과 아메리카 인디언들에게서 볼 수 있다. 풍장의 경우 풍화하는 대로 두는 경우도 있으나 유체가 해체되기를 기다렸다가 뼈를 거두어 두는 예도 있다. 일본 오키나와의 섬에서도 풍장을 하였다.

대개 물가의 숲 속 그늘, 동굴 속, 장대한 거북이의 등 모양의 무덤 속에 넣어 두는데, 시체가 썩으면 유골만 골라 잘 씻어서 항아리에 담아 안치소에 모셔 놓고 제사를 지낸다.

- 표목(標木) : 푯말. 1개는 중앙에 세우고, 4개는 네 귀퉁이에 세우고, 둘은 남쪽 문에 세운다.

- 피(被) : 이불.

- 피발(被髮) : 머리를 풀음.

- 필(筆) : 붓. 명정을 쓸 때 사용한다.

- 하관 : 장지에 도착하면 장의차나 상여에서 관을 내려 광중에 넣는다. 하관 때는 상주와 복인이 참여하되 곡은 하지 않는다. 광중이란 관을 묻기 위하여 파놓은 구덩이이다. 주검의 머리가 북쪽으로, 발이 남쪽으로 가도록 하고 좌향(坐向)에 맞도록 상하좌우가 반듯하게 안치되면 관 또는 주검과 광중 사이를 흙으로 메운다. 이어서 명정을 관 위에 덮고 운(雲)자와 아(亞)자를 쓴 패도 관 양쪽에 끼워 둔다. 관을 해체하고 주검을 하관하는 경우에는 동천개(횡대)라고 하는 나무를 광중에 가로로 걸쳐 덮는다. 동개천은 참나무, 버드나무, 대나무를 일정하게 자르고 편편하게 깎아서 홀수가 되게 준비해 두었다가 아래서부터 위로 덮는다. 하관할 때 상제들은 곡을 그치고 하관하는 것을 자세히 지켜본다. 다른 물건이 떨어지거나 관이 비뚤게 놓이지 않나 하는 것들을 잘 살펴본다. 하관을 하는 데는 먼저 가느다란 나무 둘을 회벽(灰壁) 위에 놓고 기다란 나무 두 개를 광구(壙口)에 놓은 다음 영구 위에 있는 명정과 구의(柩衣)를 벗기고서 나무 위에 올려놓는다. 여기에서 다시 무명 두 가닥으로 관 밑바닥을 떠서 양쪽 머리에서 관을 들고 장목을 치운 다음 서서히 광중으로 내려 보낸다. 회벽 위 나무에 관이 놓이면, 거기에서 다시 비뚤어지지 않았는지 살펴본 뒤에 나무토막을 치우고 광중으로 내려 보낸다. 이것이 끝나면 현훈(玄纁)을 가져다가 상주에게 주면, 상주는 이것을

받아서 축관에게 준다. 축관은 이것을 받들고 들어가 관의 동쪽 즉 죽은 사람의 왼편에 바친다. 또는 현(玄)은 동편 위에, 훈(纁)은 서편 아래에 올리기도 한다. 상주가 두 번 절하고 이마를 조아리고 나면, 모든 사람들이 슬피 곡을 한다. 현훈이란 폐백으로 쓰는 것으로서 파란 빛과 붉은 빛의 비단인데, 이것을 색실로 동심결로 묶은 것이다. 석회(石灰)를 처음 넣을 때는 관 위에 횡판(橫板)을 대서 회(灰)가 관에 직접 닿지 않게 한다. 백회로 관 위를 채운 다음 지석(誌石) 위에 글씨를 쓰는 수도 있다. 그리고 상주는 두루마기나 옷자락에 깨끗한 흙을 담아 관의 상하좌우로 '취토(取土)', '취토', '취토'락 3번 외치면서 먼저 흙을 던진다. 흙을 채울 때는 한 자 정도 채우고서 다진다. 다음에 지석을 묻고 성분을 한다.

• 하상(下殤) : 8세~11세 사이의 죽음.

• 하실(下室) : 내실(內室), 안방을 말한다.

• 하장(下帳) : 하관 시 명기(明器) 등과 함께 부장품으로 묻는 것. 상(牀), 장막(帳幕), 깔개(裀席), 의자, 탁자 등 사람 몸의 아래에 해당하는 것들이다.

• 한삼(汗衫) : 적삼을 말하는 것으로 속옷으로 입는 저고리(속저고리, 속적삼)를 말한다. 비단 명주로 하거나 혹은 무명으로 한다.

• 한식성묘(寒食省墓) : 24절기 중 청명 다음날로, 동지로부터 105일째 되는 날. 이 날은 조상에게 제사를 드리고 성묘를 간다. 한식이라는 명칭은 비바람이 심하여 불을 때지 못하고, 찬밥을 먹었다는 풍속에서 비롯되었다고 한다. 묘역을 살피고 사초(莎草)를 할 경우에는 택일을 하여 제수를 차리고 의식에 따라 제사를 올리는데 사초 전에는 두 가지 고사를 하여야 한다. 즉 개초할 때 묘지에 고한 다음, 토지신에게도 고한다.

• 한지(韓紙) : 일명 염습지라고도 하며 시신의 결박이나 또는 입관 전후 관 내부에 미리 깔기도 한다.

• 할반지통(割半之痛) : 형제의 상(喪)을 의미하는 말.

• 함영(頷盈) : 턱받이. 수시에 사용되는 품목.

• 함중(陷中) : 신주 속을 움푹 파서 글씨를 쓰는 곳. 즉 죽은 사람의 이름, 관직, 별호 등을 적기 위하여 신주 속(신주의 뒷부분)에 4각형으로 우묵하게 파낸 홈으로서, 함중의 길이는 6치, 너비는 1치, 깊이는 4푼 정도이다. 함중에 쓰는 글씨는 한 번 쓰면 다시 바꿔 쓰지 않는다. 반면 분칠이 되어 있는 신주 앞면(粉面)은 현고(顯考)와 봉사자(奉仕者)의 이름을 대(代)가 바뀔 때마다 고쳐 쓴다.

• 합독(合櫝) : 부부의 신주를 한 독(櫝) 안에 넣는 일. 또는 그 신주.

• 합문(闔門) : 제사 지낼 때에, 유식하는 차례에서 문을 닫거나 병풍으로 가리어 막는 일. 참사자 모두 밖으로 나가 문을 닫고 3~4분가량 기다린다. 단칸방의 경우는 제자리에 엎드리거나, 남자는 동편에서 서향하고 여자는 서쪽에서 동편향하여 엎드려 몇 분이 지난 뒤 일어나기도 한다. 영위(靈位)가 조용히 식사하시기를 기다리는 의식으로서 보통 9식경(밥 9술 먹는 시간)정도 기다린다. 제상 앞에 병풍을 가리기도 한다.

• 합장(合葬) : 여러 사람의 주검을 한 무덤 속에 묻는 장법. 부부의 시신을 한 무덤 속에 묻다.

• 합폄(合窆) : 함께 묻음. 합장.

• 항려의중(伉儷義重) : 부부의 의리가 소중함. 배우자가 사망한 상주를 위로할 때 사용하는 서식 문구.

• 해서(楷書) : 한자 글씨체의 하나로 정자(正字)로 쓴 글씨. 명정은 해서체로 쓰는 것이 원칙이다.

• 해양장(海洋葬) : 화장한 골분을 바다에 뿌려 장자지내는 장법(葬法).

• 해포(解布) : 미라가 된 시신의 경우, 시신을 염(殮)한 부장품 등

을 벗기는 작업을 말한다.

- 행면타고(幸免佗苦) : 다행이 다른 고민을 면함. 문상오신 손님들에게 답장을 보낼 시 상주가 사용하는 문구 서식.
- 행전(行纏) : 다리를 싸매는 베. 늑백(勒帛), 박고(縛袴)라고도 한다. 바지, 고의를 입을 때 정강이에 감아 무릎 아래에 매는 물건.
- 향궤(香櫃) : 향을 담는 궤.
- 향도(香徒) : 상여를 메는 상두꾼.
- 향로(香爐) : 향을 피우는 작은 화로.
- 향상(香床) : 향로나 향합을 올려놓는 상. 향안 참조.
- 향안(香案) : 향상(香床)이라고도 하며, 향로나 향합(香盒) 따위를 올려놓는 작은 상을 말함. 향을 놓은 탁자. 향로와 향합, 숟가락, 젓가락을 딸려 놓는다.
- 향안석(香案石) : 무덤 앞에 향로와 향합을 놓는 돌.
- 향정자(香亭子) : 영거(靈車) 참조.
- 향촉(香燭) : 제사에 쓰이는 향과 촉.
- 향축(香祝) : 제사에 쓰이는 향과 축.
- 향취(香臭) : 향냄새.
- 향탁(香卓) : 향로와 향합을 올려놓는 상으로 제상 앞에 놓는다.
- 향탕수(香湯水) : 염습할 때 시신을 씻기 위해 향을 넣어 달인 물. 향나무 삶은 물. 군주가 승하했을 때 목욕 시 목욕물로 향탕수를 쓴다.
- 향함(香函) : 향을 담는데 쓰는 함. 향합(香盒) 참조.
- 향합(香盒) : 제사 때 피우는 향을 담는 합(盒).
- 행전(行纏) : 늑백(勒帛) 참조.

• 허위(虛位) : 신주가 없는 빈 교의.

• 허첨고족(虛簷高足) : 허첨이란 관의 가장자리에 처마가 있는 것이고, 고족이란 관의 밑바닥에 다리를 설치한 것.

• 헌화(獻花, Flower Offering) : 신전이나 죽은 사람의 영전에 꽃을 바침 또는 그 꽃.

• 현관장(懸棺葬) : 중국의 사천성, 절강성, 운남성, 귀주 등에 거주하는 소수민족의 장례법으로서, 약 3천 년 전부터 내려오는 장례 풍습이다. 강가나 냇가의 가파른 절벽에 단단한 나뭇가지를 꽂을 수 있는 구멍을 판 후, 나뭇가지를 고정하여 그 위에 관을 얹어 놓았다. 애장(崖葬), 선관장(船棺葬)이라고도 불린다. 현관장(懸棺葬)에 쓰이는 재료는 대략 나무나 옹기 등이 쓰인다.

• 현궁(玄宮) : 땅 속의 내광(內壙 : 壙中). 즉 땅 속에 있는 재궁(梓宮 - 임금의 관[棺])을 모시는 곳이다.

• 현실(玄室), 현궁(玄宮) : 무덤 내부 시신을 모셔 놓은 자리. 광중(壙中) 참조.

• 현훈(玄纁) : 장사지낼 때 산신(山神)에게 드리는 검은 빛과 붉은 빛의 두 조각 헝겊의 예물(폐백). 일명 예단이라고도 함. 검은 색이나 청색 천과 붉은 색 천에 오색실을 동심결로 묶어 하관시에 상현하훈(上玄下纁), 혹은 관 오른쪽에 청색이나 검정색, 왼쪽에 붉은색을 넣고 매장하는데, 옛날에는 크게 만들었으나 지금은 치수가 작고 형식에 그치며 쓰지 않는 곳도 있다.

• 호곡(號哭) : 소리 내어 곡하는 일.

• 호상(好喪) : 망자의 가정 형편이 좋고, 망자의 나이가 수를 누리고(長壽), 상주 나이가 50 정도를 넘은 유복한 집안에서 초상이 난 경우를 일컫는다.

• 호상(護喪) : 장례에 관한 모든 일을 맡아서 진행하는 사람. 배상(陪喪)이라고도 하는데, 장례 사무의 주관자이다. 친지 중에 예(禮)를 알고 일을 주관할 수 있는 사람을 시킨다. 즉 호상차지(護喪次知)의 준말로서 초상에 관한 모든 일을 도맡아 보살피는 사람을 말하며, 발상과 아울러 장례 일체를 주관하고 지휘할 만한 친척이나 친구를 택하여 정한다. 상주를 대신하여 상례 전반을 주관한다. 장례에 관한 절차, 진행, 금전관리, 조문객의 접객, 사망신고, 매장(화장)신고, 허가신청 등의 모든 일을 주관한다.

• 호상소(護喪所), 비장책 : 호상소는 상가의 사무소이고, 비장책은 상사에 필요한 조객록(망자가 남자일 경우), 조위록(망자가 여자일 경우), 금전출납부, 물품수불부, 월력, 축철(축문철), 잡지장 등을 말한다.

• 호식장(虎食葬) : 호식장은 호랑이가 사람을 잡아먹고 남긴 유해를 거두어 그 자리에서 화장을 한 다음, 돌무덤을 만들고 그 위에 사루를 엎어 놓고 시루 가운데 구멍에 칼이나 뾰족한 물레가락 등을 꽂는 장법이다. 이러한 장법은 호환이 많은 강원 산간지방에서 많이 행해진 장제로서, 지역에 따라 호식장, 화장터, 홍살이터, 범다물, 호식터 등으로 불렸다.

• 혼백(魂魄) : 넋. 주지하다시피 정통 유학의 사생관(死生觀)에 의하면 우주의 모든 삼라만상은 기(氣)의 이합집산(離合集散)에 의하여 생성하고 소멸한다. 인간 역시 마찬가지이다. 기(氣)의 이합집산(離合集散)에 의하여 인간 역시 탄생되고 소멸되는 것이다. 흔히 인간은 정신(마음)과 물질(육체)로 구성된다고 한다. 즉 정신(마음)의 기(氣)와 물질(몸)의 기(氣)의 결합체가 바로 인간이다. 이 경우 정신(마음)의 기(氣)가 다름 아닌 혼(魂)이요, 물질(몸)의 기(氣)가 다름 아닌 백(魄)이다. 따라서 혼(魂)과 백(魄)의 공존이 삶(生)이라고 한다면, 양자 간의 분리는 곧 죽음(死)이 되는 것이다. 그런 의미에서 인간의 한 몸은 <혼백(魂魄)의 집>이라고 말할 수 있다.

이렇게 중요한 혼백(魂魄)의 결합체로서의 인간이 죽음을 통해 혼백이 서로 분리가 되면, 혼(魂)은 인간이 경험하는 천상(자연)에 부유하게 되고, 백(魄) 역시 인간이 사는 땅에 묻히게 된다. 이 경우 인간의 혼(魂)은 흩어질 수 있고, 백(魄)도 소멸할 수 있다. 따라서 조상의 혼(魂)은 물론 그의 육체(魄)마저도 정성스럽게 잘 보존해야만 한다. 이러한 유한한 시공간적 감각의 산물이 바로 선조공양과 묘지이다. 그 때문에 유학에서는 무덤의 중요성을 매우 강조하고, 매장을 선호하게 되는 것이다. 유학이 조상의 시신, 즉 주검의 문제에 깊이 관심을 갖는 이유는 바로 여기에 있다.

- 혼백(魂帛) : 고인의 영혼을 상징하기 위하여 빈소에 모시는 삼베나 명주로 접어서 만든 패(牌). 즉 흰 명주로 사람의 형상을 만들어, 왼쪽에 죽은 사람의 생(生) 년월일시를, 오른쪽에 졸(卒) 년월일시를 써 놓은 물건. 신주(神主)를 만들기 이전 신주를 대신하기 위해 임시로 임시신주를 만든다. 흰 비단, 명주나 삼베 혹은 모시 서너 자로 만든다. 신주를 만들기에 앞서 만들어 빈소에 모셨다가 대상이 끝나는 날 묘소에 묻는다. 이 혼백은 상자(魂帛函)에 넣어 교의 위에 모신다. 평소에는 혼백상자 뚜껑을 덮고, 혼백을 뵈올 때만 연다. 요즈음은 사진으로 대신하기도 한다.

- 혼백함(魂帛函) : 혼백을 담아두는 함.

- 혼유석(魂遊石) : 봉분 앞 상석 뒤의 혼령이 노니는 장방형의 돌.

- 혼정성신(昏定省晨), 혼정신성(昏定晨省) : 아침저녁으로 부모에게 문안함. 즉 부모에게 효도하는 정신의 일환으로서 저녁이 되면 자리를 봐 드리고 아침이 되면 기침하셨는지 살펴드리는 효성의 정신. 이러한 정신을 가지고 조석(朝夕)으로 곡(哭)을 하고 전(奠)을 올려야 된다.

- 혼천백지(魂天魄地) : 혼(魂)은 승천하고 백(魄)은 땅속을 스며든다.

- 화삽(畵翣) : 대부(大夫)와 사(士)가 쓰는 것이니, 만드는 법은 불삽

(黻翣)과 같되, 다만 구름무늬를 그리고 가장자리 역시 같이 한다. 불삽과 화삽은 모두 대나무로 장대를 만들되 길이는 5장이다. 구름은 하늘을 뜻한다. 사람이 죽으면 혼은 하늘로 올라가고 넋은 땅으로 떨어진다는 데에서 유래한 것으로 죽은 사람의 혼을 하늘로 인도해 줄 것을 염원하기 위한 것이다. 일명 운삽(雲翣)이라고도 한다. 상여의 옆에서 보삽, 불삽, 화삽의 순서로 상여를 호위하여 인도한다.

- 화장(火葬, Cremation) : 시체 또는 유골을 불에 태워 장사지내는 것을 말한다. 유럽에서는 신석기시대부터 이루어졌다. 일본에서는 불교와 함께 보급되었다. 명치시대에는 콜레라가 유행하여 화장이용률이 매우 상승하였고, 현재도 일본에서는 대부분 화장을 하고 있다. 우리의 경우도 삼국시대 불교의 유입과 함께 일반에 많이 보급되었다.
- 화장(化粧) : 메이크업. 시신을 Viewing할 수 있도록 잘 단장하고 분장하는 것.
- 화장장(火葬場) : 시신 또는 유골을 화장하기 위한 시설.
- 화장허가서(火葬許可書, Cremation Permit) : 화장을 위하여 지역의 공공기관에서 발행하는 허가서.
- 환질(環絰) : 건(巾) 위에 두르는 수질(首絰). 두건 위에 덧쓰는 것이니, 누인 베 한 가닥으로 감는 것인데, 그 굵기는 시마(緦)의 질과 비슷하다.
- 황천(黃泉) : 저승(죽음)을 나타내는 말. 즉 지하에 있다는 샘으로 저승을 가리키는 말이다.
- 회격(灰隔) : 회 다지기. 광중(壙中 - 구덩이) 파는 일이 끝나면 석회(石灰)와 가는 모래(細沙)와 황토(黃土)를 섞어 골고루 펴서 다지고 채워서 회격(灰隔 - 회 다지기)을 만든다. 회다지를 하는 것은 광중에 나무뿌리나 뱀, 쥐, 여우와 같은 동물들이 침범하지

못하도록 하기 위한 것이다.

- 회격개(灰隔蓋) : 회다지기 뚜껑. 일명 횡대(横帶)니, 횡판 다섯 조각 혹은 일곱 조각을 쓰는데, 두께는 대강 3~4치쯤 되고, 길이와 너비는 넉넉히 회격(灰隔 - 회 다지기) 사방에 각각 2치 위에 덮이도록 한다.

- 회광 반조(回光 返照) : 반조(返照) 현상 참조.

- 회다지 : 달구질이라고도 한다. 상주가 취토를 하고 나면 석회를 섞은 흙을 한자쯤 채우고는 다지고 해서 광중을 메운다. 보통 3번 내지 5번 행한다. 상두꾼들이 상여를 맬 때 썼던 연추대나 대나무를 사지고 선소리꾼의 소리에 발 맞춰 돌면서 다진다. 회다지를 하는 것은 광중에 나무뿌리나 뱀, 쥐, 여우와 같은 동물들이 침범하여 시신을 훼손하지 못하게 하기 위한 것이다.

- 회칠(灰漆) : 관(棺)의 안과 밖에 부패방지를 위하여 횟가루와 옻칠을 하는 것. "내외개용회칠(內外皆用灰漆 - 관의 안팎으로 모두 회칠을 함)." 퇴계 이황은 '골회(骨灰)칠과 같다.'고 하고, 서애 유성룡은 '골회(骨灰)는 쓸 수 없고 신회(蜃灰 - 조개가루)가 아닌가 한다.'라고 하였다(『가례집해(家禮集解)』).

- 회회청(回回靑) : 도자기에 바르는 청색 도료.

- 횡대(横帶) : 매장할 때 영구 위에 흙이 직접 닿지 않도록 덮는 나무토막 또는 널빤지. 즉 하관할 때 관 위에 가로로 걸쳐 놓는 막대기로서 나무판이나 대나무로 한다. 요즈음은 석판으로도 한다. 이것을 놓는 이유는 하관 후 관 위에 쏟아지는 회반죽이 직접 관에 닿지 않도록 하기 위함이다.

- 횡오(横烏) : 복두(幞頭 - 문상 시 머리에 쓰는 관[冠]의 일종)의 일종이다(권상하의 『가례집해』 참조).

- 횡첩판(横貼板) : 가로 붙인 널판.

• 횡편의(横片衣) : 명주 5~6자 남짓으로 반을 접어서 편의(片衣)를 만들고, 햇솜을 두텁게 두어서 장편의의 위에 등이 닿는 곳에 가로로 깔고 좌우로 거두어 일으켜서 충분히 옆구리를 지날 만큼 하되 배까지는 가지 않을 만큼을 취한다.

• 효건(孝巾) : 굴건제복할 때 상주와 복인이 머리에 쓰는 건(巾). 상제(수)의 두선(頭巾), 관 밑에 쓰는 것이다. 베로 머리를 싸고 꿰맨 솔기가 뒤 가운데에 있고 양쪽을 접어서 안에 넣고 그 위를 꿰매는데 앞뒤에서 바라보면 방관과 같으니, 속칭 두건(頭巾)이다.

• 효(絞), 효금(絞衾) : 보통 염포(殮布)라고도 하는데, 시신을 싸서 묶는 띠(束帶)를 말한다. 빨아서 누인 고운 베로 만든다. 세로 매는 1폭으로 하는데, 길이는 10자쯤이다. 그 양쪽 끝을 각기 3갈래로 쪼갠다. 폭 중간 2/3는 쪼개지 않고 남겨 둔다. 가로 매는 3폭으로 하며 길이는 각각 4자 혹은 3자 정도로 하다. 매 폭 양끝은 각각 3갈래로 쪼갠다. 폭 중간 8치쯤은 쪼개지 않고 남겨둔다. 가로 매는 매듭을 정 중간에 해야 한다.

• 효대(絞帶) : 상복 안에 받쳐 입는 중단의를 매는 띠. 요질 아래에 묶어 두르는 띠. 효대는 씨가 있는 삼끈 1조를 쓰는데, 크기는 요질의 빈 정도이다. 가운데를 접어서 양 갈래를 각각 1자 남짓하게 만들어 곧 합하여 그 오른쪽 끝을 양 갈래의 사이에 끼우고 반대로 오른쪽에 삽입하여 요질의 아래에 늘어지게 한다.

• 후장(厚葬) : 전통 장례 관습 중, 하관 시 망자가 지하(저승)의 세계에서 생활하는 데 필요한 생필품과 하인 등을 충분하게 넣어 주던 매장 풍습을 말한다. 또는 장사를 지낼 때 매우 성대하고 후하게 장례를 치러주는 것이 자손된 도리라 생각하여 매우 후(厚)하게 장사를 지내주는 풍습을 말한다.

• 후토신(后土神) : 토지지신.

• 후토제(后土祭) : 치장(治葬)을 위해 산역(山役)을 시작하기 전에 먼저 토지지신(후토신)에게 간단히 고하는 제사. 효자의 정성어린 효심에서 우러나온 것으로서 부모의 시신이 묻힐 자리(陰宅)를 주관한다고 여겨지는 지신(地神)에게 부모와 자손들의 평안을 기원하는 제사를 모시는 것.

• 휘(諱) : 죽은 사람의 이름.

• 훈교(燻珓) : 점칠 때 50가지의 배교(环珓) 가지를 합쳐서 두 손으로 집고 향로 위에서 연기에 쏘이는 것을 말한다. 한 가지는 엎어지고 한 가지는 젖혀지는 것이 길한 것이다.

• 훙(薨) : 제후(諸侯)의 죽음.

• 훙서(薨逝) : 사망에 대한 경칭(敬稱). 즉 망자의 벼슬이 매우 높을 경우의 죽음을 표현하는 말이다. 연관(捐館), 엄기영양(奄棄榮養), 엄기색양(奄棄色養) 참조.

• 흉례(凶禮) : 상례라고도 하며 상중에 행하는 모든 예절을 말함.

• 흉제(凶祭) : 시신을 묘지에 매장한 후 혼백을 제청에 모시고 거행되는 우제부터 졸곡 전까지의 제례를 흉제라 함.

• 흔작(釁酌) : 잔을 향료 연기에 쏘이는 것.

• 흠향(歆饗) : 음식을 잡수시는 것.

• 희생(犧牲) : 우(牛), 양(羊), 시(豕)등 제사 시에 받쳤던 희생의 제물.

• Air Tray : 시체 운반용 컨테이너로서 관의 손상을 막기 위한 덧 관으로 씌워서 보호한다. 항공화물로 운송될 경우 지게차가 들어 올릴 수 있게 설계되어 있다.

• Casket : 관

• Catacombs : 카타콤은 '움푹파인 곳'이라는 뜻으로서, 죽은 사람들

을 돌로 된 지하의 동굴 속에 매장한 공동묘지를 일컬었으나, 16세기 초에 기독교인의 지하묘지가 발견된 후부터는 모든 지하묘지를 일컫는 말이 되었다. 로마제국의 기독교 탄압을 피해 지하 동굴로 숨어든 기독교도가 순교자나 성자 또는 신도의 시체를 동굴 안의 벽면에 매장한 묘지이다. 구조는 보통 지하 10~15미터 깊이의 동굴에 대체로 폭 1미터 미만, 길이 2미터 정도의 규격을 갖추고 있다.

- Cemetery : 공원묘지. 집단묘지
- Cematory : 화장장.
- Chapel : 공원묘지교회. 집단묘지 내 예배당 또는 예배당 겸 장례식장
- Columbarium(봉안당) : 시신을 화장하여 유골을 용기에 넣어 모셔두는 허가받은 봉안시설. 봉안 영구보관시설. 즉 Niche(납골보관소)가 있는 시설.
- Crypt : 시신보관소. 시신을 영구 보관하는 최소단위 공간 또는 실(室).
- Death Mask : 죽음의 가면. 죽은 얼굴을 석고로 형을 떠서 만든 가면.
- Embalming : 방부처리. 소독 및 방부처리.
- Funeral Service : 장례서비스.
- Fumace : 화장로.
- Grave : 분묘.
- Mausoleum : 매장시설. 시신 영구보관 시설. 즉 Crypt가 있는 시설.
- Monument : 묘비.
- Mortuary : 장례시설.
- Niche : 납골보관소(봉안당). 화장한 유골을 보관하는 소구역 또는 실(室).

• Pain Clinic : 환자의 통증에 대처함에는 마취제에 의한 신경 Block이 행하여진다. Pain Clinic에는 주로 약제가 사용되지만 심리적인 요소도 중시된다.

• Plate Marker : 평판묘지. 평장묘지. 세로로 땅에 누인 형태의 묘비.

• Shrouding : 염습.

• Upring Marker : 입형묘지. 세로로 세워진 형태의 묘비.

• Um : 봉안함(납골함).

• Vault : 매장 시 관을 보호하는 곽(槨).

• Terminal Care : 말기 환자의 정신적, 육체적 고통을 감소시키기 위하여 도와주는 것으로 가족이나 사후 유족의 Care를 포함하는 경우가 있다. Terminal Care의 목적은 남아있는 사람의 삶의 질을 높이고, 보다 나은 죽음을 맞이하기 위하여 돕는 것이다. 말기 환자의 욕구에는 신체적, 정신적인 것, 기타 사회적, 종교적 욕구가 있으며 그것이 상호연결되어 나타난다. ① 신체적 욕구 - 고통, 구토, 호흡곤란, 식사, 배설 등의 처치. ② 정신적 욕구 - 죽음에 대한 불안, 고독 등 환자의 마음의 조치. ③ 사회적 욕구 - 유산 상속 등의 경제나 가정 문제, 가족이나 직장 문제의 상담. ④ 종교적 욕구 - 정신적 욕구의 한부분이지만, 마음의 고뇌만을 심리적 측면만으로 처리하는 경우 구미에서는 상담전문가나 병원 소속의 성직자가 상담한다.

2 제의례 용어

• 가(斝) : 제례에 사용하는 술잔.

• 가가례(家家禮) : 집집마다 달리 행하는 예법(禮法).

• 가공(加供) : 소상(小祥)이나 대상(大祥)에 혹은 보통 제사에 지손이나 자손들이 따로 음식과 술을 마련하여 유식(侑食) 후에 제상 앞에 벌여 놓는 것. ≪사례편람(四禮便覽)≫에서는 잘못된 것으로서 정리를 표할 마음이 있으면 제수를 준비할 돈을 보태주는 것이 정리에 합당하다고 한다.

• 가기(家忌) : 집안 조상의 기제사.

• 가기판(家忌板) : 조상의 제삿날을 적은 종이를 붙여두는 판자.

• 가신(家神) : 집에 딸려 집을 지킨다는 귀신. 사당에 모셔져 있는 조상신.

• 가이(斝彛) : 옥이나 유기 등으로 만든 술을 담는 그릇. 보통 가을과 겨울 제사에는 맑은 물을 담기도 한다.

• 간적(肝炙) : 적(炙)의 일종으로서 소의 간(肝)을 구은 적(炙).

• 갈납 : 전(煎)의 다른 명칭.

• 감소고우(敢昭告于) :○○에게 감히 밝혀 아뢰옵니다. 처상(妻喪) 등 아랫사람들에게는 감(敢)자를 뺀다.

• 감실(龕室) : 사당 안에 신주를 모셔두는 장. 즉 조상숭배를 위하여 조상의 위패를 모셔서 사당에 넣어두는 작은 집 모양의 장.

• 갑(匣) : 신주를 거두어 넣어 두는 작은 상자.

• 감제(監祭) : 제향을 총감독하는 제관.

• 강신(降神) : 신위께서 강림하시어 음식을 드시라고 청하는 의식. 즉 제사를 지낼 때 신이 제사지내는 장소로 강림하도록 하는 것으로서 보통 <신내림>이라고도 한다. 우리나라에서는 사람이 죽으면 혼(魂)은 하늘로 올라가고 백(魄)은 땅으로 흩어진다는 원리에 따라 하늘에 있는 신을 내리기 위해 향을 피우고, 땅에 있는 백(魄)을 오시게 하기 위해 술을 따라 모사(茅沙) 위에 붓는다. 경우에 따라서는 제주(祭主)가 신위를 모셔오는 뜻으로 문 밖에 나갔다가 들어오고, 제사(祭祀)를 지낸 뒤에도 다시 신위를 배웅하여 문 밖까지 나갔다 들어오는 지방(地方)도 있다.

• 강일(剛日) : 전통사회에서는 천간(天干)과 지지(地支)로 시간, 날짜 등을 표시하였는데, 날짜의 일진(日辰)이 천간의 갑(甲)·병(丙)·무(戊)·경(庚)·임(壬)에 해당하는 날을 말한다. 척일(隻日)이라고도 하며, 양(陽)의 날이라고도 하여, 바깥일은 이 날에 하는 것이 좋다고 한다. 보통 우제(虞祭)를 지낼 때, 삼우제의 날을 잡을 때에 바로 강일(剛日)로 잡는다.

• 개문축렴(開門軸簾) : 사당 문을 열고 발을 걷음.

• 갱(羹) : 제사 음식에 관한 중국의 한자말로서 무와 다시마 등을 넣고 끓인 제사에 쓰는 국. 고기 국이면 육갱(肉羹), 채소 국이면 채갱(菜羹)이라 한다. 신위의 수(數)대로 준비한다.

• 갱수(更水) : 냉수.

• 건고근고(虔告謹告) : 경건히 고하고 삼가 아룀.

• 건좌습우(乾坐濕右) : 모든 제물(祭物)을 제상에 놓을 때 마른 것은 왼쪽에, 젖은 것은 오른쪽에 놓는다는 이치를 나타내는 말.

• 결척분(潔滌盆) : 설거지 통(그릇).

• 경수(硬水) : 숭늉.

• 경신전헌(敬神奠獻) : 공경하는 신께 전(奠)을 올림.

• 계개삼급(階皆三級) : 사당 앞뜰의 계단은 모두 3단으로 조성.

• 계명축시(鷄鳴丑時) : 세사는 보통, 집안에 따라 다르겠으나, 자시(子時 - 11:00~1:00)나 새벽 3~4시 경 닭이 울기 전에 지낸다. 이처럼 닭이 울기 전에 지내는 것은 자정이 되어 혼령이 오고 날이 밝으면 혼령이 돌아간다는 믿음에서 나온 것이다. 이를 일러 계명축시(鷄鳴丑時)라고 하는 것이다. 제사 시간에 대해서는 "다만 너무 빨리 해서도 안 되고, 너무 늦어도 안 된다."(최순권, 『한국의 제사』, 국립민속박물관, 2003, 131쪽)는 주장도 참고할 필요가 있다.

• 계문(啓門) : 닫았던 문을 여는 의식이다. 축관이 헛기침을 3번 하고 문을 열고 들어가면 참사자가 모두 따라 들어간다. 제사지낼 때 유식 뒤에 합문을 여는 것.

• 계문사신(啓門辭神) : 제사를 지낼 때 문을 열고 조상신과 작별하는 의례. 축관이 문 북쪽을 가서 기침을 3번 하고 문을 열면 상주 이하 참례자 모두는 제자리에 서고 집사는 국을 거두고 냉수를 그 자리에 놓고 삼초반(三抄飯 - 밥을 3번 떠서 물에 마는 행위)을 한 다음 축관이 상주의 오른쪽에 서서 서쪽을 향하여 이성(利成)을 고한다.

• 계반삽시(啓飯揷匙) : 제사 시 헌주를 끝낸 후, 메 뚜껑을 열고 메에 숟가락을 꽂고 젓가락을 적이나 편 위에 올려놓는 절차이다. 계반(啓飯)은 이처럼 헌주를 끝낸 후 하기도 하고, 아니면 초헌(初獻) 때 집사가 술잔을 드리면서 메 뚜껑을 미리 열기도 한다.

• 계이(鷄彝) : 닭의 문양이 그려진 술 담는 그릇으로서 봄, 여름 제사에는 물을 담는데 사용한다.

• 고비(考妣) : 돌아가신 아버지와 돌아가신 어머니.

• 고비각설(考妣各設) : 내외분이라도 고위(考位), 비위(妣位)를 각각 진설함.

• 고비합설(考妣合設) : 내외분을 함께 모시고 제사를 지냄. 즉 아버지 기일 때 어머니도 함께 모시며 하나의 제상을 차리는 것. 흔히는 고비각설보다 고비합설이 일반적이다.

• 고사(告祀) : 새로운 일을 시작하거나 도모할 때 무사 소원성취를 기리기 위해서 드리는 제사를 말한다. 흔히 고사를 지낼 때 돼지머리를 앞에 놓고 지내는 경우가 많은데, 이는 돼지가 갖는 상징성 때문이라고 말할 수 있다. 돼지의 상징성은 우선 다산(多産)에 있다. 새끼를 많이 낳아 경제적인 도움을 달라는 기원이 담겨 있는 것이다. 다음은 다식(多食)이다. 먹성이 좋아 무엇이든 많이 먹는 것처럼 행운이 많이 들어오라는 뜻이다. 이와 같이 다산(多産)과 다식(多食)으로 상징되는 돼지의 습성을 본받아 많이 낳고, 많이 먹고, 많이 벌게 해 달라는 간절한 기원(祈願)의 뜻이 담겨 있는 것이다.

• 고서비동(考西妣東) : 고위(考位), 비위(妣位)를 합설할 때 고위 즉 남자 조상은 서(왼쪽)에, 여자 조상은 동(오른쪽)에 모신다.

• 고손(孤孫) : 아버지가 먼저 돌아가신 다음에 할머니는 살아계시고 할아버지가 돌아가셨을 때의 주상인 손자. 곧 장손.

• 고수관(告授官) : 사당의 조상 신위에게 관직을 제수 받음을 고함.

• 고애손(孤哀孫) : 아버지가 먼저 돌아가시고 다음에 할머니와 할아버지가 모두 돌아가셨을 때의 주상인 손자.

• 고애자(孤哀子) : 외롭고 애달픈 아들이란 뜻으로 양친이 작고하였을 때 사용함.

• 고유제(告由祭) : 어떤 행사를 함에 있어 그 까닭을 고(告)하는 제사

를 지내기도 하는데, 이를 고유제(告由祭)라고 한다.

- 고위(考位) : 돌아가신 아버지로부터 각 대 할아버지의 위를 말함.
- 고이성(告利成) : 고이성(告利成)이란 초우제부터 행하는 의식절차로서 신령께 올리는 양례(襄禮)가 끝났음을 고하는 절차이다. 축관이 상주 옆에 나아가 서서 읍(揖)을 하며 이성(利成)하고 고하면 모두가 곡을 하고 재배한다.
- 고자(孤子) : 외로운 자식이란 뜻으로 아버지를 여의였을 때의 자칭(自稱).
- 고지기[산지기] : 옛날에 묘제(墓祭)를 지낼 때 제구 준비, 음식 준비 등 자질구레한 일을 도맡아서 하는 사람을 일컬어 '고지기'라고 하였다.
- 고지호천(叩地號天) : 땅을 두드리고 하늘에 통곡함.
- 고추증(告追贈) : 사당의 조상 신위에게 국가로부터 관직을 추증 받음을 고함.
- 곡이불배(哭而不拜) : 문상 시 망자가 나보다 아랫사람인 경우에는 곡(哭)만 하고 절은 하지 않는다는 말이다.
- 공수세사우(恭修歲事于) : 공손하게 제사를 올림.
- 공신전헌(恭伸奠獻) : 공손히 전(奠)을 드림. 윗사람의 경우 사용. 아랫사람의 경우는 신차전의(伸此奠儀)라는 서식문구를 사용.
- 공축(工祝) : 신사(神事)를 맡은 축관.
- 과시부제(過時不祭) : 철을 넘겨서는 제사를 지내지 않음.
- 과실(果實) : 대추, 밤, 배, 곶감, 사과 등의 과일. 3실과(實果)라는 말이 있듯이 제수를 마련할 때 대추, 곶감, 밤은 기본적인 종류였다. 적어도 3가지 많아도 5가지 이상은 쓰지 않는다.

• 광(筐) : 광주리.

• 구반경(九飯頃) : 밥을 아홉 숟가락 뜨는 시간.

• 구찬(具饌) : 제수(祭羞)를 준비하여 조리하는 일.

• 궐명(厥明) : 다음 날 날이 밝음.

• 궤(簋) : 종묘, 문묘 등 나라 제사에 쓰는 기장이나 쌀을 담는 제기.

• 귀근지시(歸根之時) : 풀과 나무의 뿌리로 기운이 거두어지는 계절이라는 의미의 축문 문귀(文句).

• 귀조(歸胙) : 제사지낼 때 올린 제수(고기 등)를 보낸다는 의미로 사시제(四時祭) 등에서는 수조(受胙)라고도 한다. 즉 제사지낸 고기 등의 음복을 받는다는 의미이다.

• 근이(謹以) : 이에 삼가. 축문에서 삼가 정성을 다한다는 뜻이다.

• 급시(扱匙) : 숟가락을 밥그릇에 꽂는 것.

• 기서유역(氣序流易) : 세월이 흘러 바뀜. 절기가 바뀌었음을 나타내는 축문의 문구(文句). 세서천역(歲序遷易)과 같은 의미.

• 기일(忌日, Death Day) : 1년 단위로 고인이 돌아가신 날. 제삿날. 명일(命日)이라고도 함. 기일이 되면 제사를 올려 고인을 추모하는데, 이를 기일제(忌日祭)라 한다.

• 기일(忌日) : 사람이 죽은 날. 제삿날.

• 기일무제(忌日無祭) : 기일(忌日)에는 제사를 생략함.

• 기제(忌祭) : 기신제(忌辰祭). 돌아가신 기일(기일)에 지내는 제사. 제사는 제주(祭主)의 집에서 지내며 고인의 장자나 장손이 제주로서 제사를 주재한다. 장자나 장손이 없을 때는 차자나 차손이 주관하기도 한다. 부모, 조부모, 증조부모, 고조부모까지의 4대 조상을 각각의 휘일(諱日 - 사망일)의 첫새벽(子時頃)에 영위(靈位)를 모셔 놓고

제사를 모신다. 흔히는 대청에 진설하고 주인 이하가 사당에 들어가 두 번 절한 다음 해당 신주의 주독(主櫝)을 모시고 나와 교의에 봉안하고 제사지낸 다음 다시 사당으로 환봉한다. 기일제사는 원래 고전 예서에는 없는 것으로서 후대에 이르러 기일을 그냥 넘기기가 미안하여 인정상 추가된 예(禮)이다.

- 기제사(忌祭祀) : 해마다 죽은 날에 지내는 제사.
- 낙시저(落匙箸) : 수저를 다시 시저접(匙箸楪)에 내려 놈.
- 낙식(落食) : 먹을 것을 떨어뜨림(고시레와 같음).
- 남좌여우(男左女右) : 제사 시(時) 왼쪽은 남자(考位), 오른쪽은 여자(妣位).
- 납속(納粟) : 납속가자(納粟加資)라 하여 흉년이 들거나 병란이 일어났을 때 곡식을 많이 바친 사람에게 정3품의 벼슬을 주어 포상하던 일. 공명첩(空名帖)과 같이 이름만의 벼슬임.
- 납주(納主) : 신주 들여 모시기. 신주를 사당 감실에 되돌려 모신다는 의미. 납주의 절차는 사시제(四時祭), 녜제(禰祭), 기제(忌祭) 등 사당에서 신주를 청사(廳舍 - 제사를 지내는 장소로 당[堂]을 의미)에 내모시고 지내는 제사에서 출주(出主 - 신주를 내모심)했던 신주를 다시 사당 감실 안으로 모신다는 말이다. 제사를 위해 신주를 옮길 때는 주독(主櫝)을 함께 움직인다.
- 내외봉작(內外奉爵) : 안팎에서 잔을 전하는 제관.
- 녜제(禰祭) : 돌아가신 부모님을 위한 정기적인 계절 제사로 만물이 이루어지는 음력 9월에 제사를 드린다. 전달 하순 제일(祭日)을 택한다. 제사의 순서는 참신, 강신, 진찬, 초헌, 아헌, 종헌, 유식, 합문, 계문, 수조(受胙), 사신, 납주(納主), 철상, 준(餕) 등이다.
- 노서합동(爐西盒東) : 화로는 서쪽에 향합은 동쪽에 배치.
- 뇌우모상(酹于茅上) : 모사 위에 강신 술을 부음.

• 뇌주(酹酒) : 강신뇌주(降神酹酒)의 준말. 넋(魄)을 모셔 오기 위해 술을 모사기에 조금씩 따라서 3좨주(三祭酒)하는 것.

• 다(茶) : 차. 세속에서는 숭늉을 쓰기도 한다.

• 다식(茶食) : 녹말, 송화, 흑임자 등을 다식판에 넣어 과자 모양으로 찍어낸 과자의 일종.

• 단(壇) : 높게 만든 제(祭) 자리.

• 단헌(單獻) : 제사 시 삼헌(三獻) 할 술잔을 단 한 번만 올림(명절 차례제사 시).

• 당위(當位) : 해당 신위. 제사를 지낼 해당 신주.

• 대제(大祭) : 종묘와 사직에 지내는 큰 제사(종묘대제, 사직대제 등).

• 대축(大祝) : 제향(祭享)에 축문을 읽는 벼슬.

• 대향(大饗) : 선왕(先王)의 제사.

• 도(韜) : 신주를 넣어두는 겉뚜껑의 집.

• 도(禱) : 천지신명에게 비는 일(『논어』, 「술이(述而)편」 : 뢰왈도이우상하신기(誄曰禱爾于上下神祇) : 뢰문에 이르기를 '너를 상하 신명(神明[神 - 하늘의 신, 祇 - 땅의 신]에게 기도한다.'고 하였다).

• 도위하제사불용(桃爲下祭祀不用) : 복숭아는 하질이므로 제사에 사용하지 않음.

• 독전(櫝前) : 신주를 교의에 모시고 제탁에 제수를 진설한 앞.

• 독제문(讀祭文) : 제사 때 쓰는 글, 일종의 축문을 읽음.

• 독축(讀祝) : 제사를 지낼 때 제사의 내용을 고하는 축문을 읽는 일. 제사 절차에서 보면 초헌의 부차적인 행위이다. 주인이 초헌의 잔을 올리고 일동이 부복하면 축관이 나와 축문을 읽는데, 이를 독축이라고 한다. 초헌이 끝나면 참사자 전원이 무릎을 꿇어앉는다. 제주가

꿇어앉은 왼쪽에서(흉사[우제] 시에는 오른쪽, 길사[졸곡 이후] 시에는 왼쪽) 축관이 축을 천천히 엄숙하게 읽는다. 독축이 끝나면 제주(초헌관)가 일어나서 재배한다. 집사는 잔에 담긴 술을 퇴주그릇에 붓고 비워 놓는다. 축관이 따로 없으면 제주가 직접 읽어도 무방하다. 또한 옛날에는 독축 후 부모의 기제사에는 반드시 곡(哭)을 하였으나 오늘날은 일반적으로 생략한다.

- 독흘(讀訖) : 독축이 끝나는 것.
- 돗자리 : 실내에서 제사를 지낼 때 바닥에 까는 자리.
- 돌림제사 : 윤회봉사 참조.
- 동두서미(東頭西尾) : 두동미서(頭東尾西) 참조.
- 동조서율(東棗西栗) : 대추는 동쪽에, 밤을 서쪽에 진설하라는 의미의 제사용어이다. 같은 논리 선상에서 홍동백서(紅東白西)라는 제사용어도 등장한다.
- 동태전 : 동태의 비늘을 긁고 내장을 빼낸 후 껍질을 벗겨 넓적하게 포를 뜬다. 소금을 약간 뿌려서 간을 맞춘 후 생선에 밀가루와 달걀로 옷을 입히고 기름을 두른 프라이팬에서 약한 불에 지진다.
- 두(豆) : 김치와 젓갈을 담는 제기 그릇. 굽이 높고 사각형이며, 뚜껑이 있다.
- 두(斗) : 곡식이나 액체를 되는 제기(祭器)의 하나.
- 두동미서(頭東尾西) : 제사진설법의 하나로서 생선의 머리를 동쪽으로, 꼬리는 서쪽으로 진설한다는 것을 의미한다. 단, 생선의 배를 지방 쪽으로 놓는다. 그러나 지역에 따라서는 서쪽이 상위라 하여(고위 - 서, 비위 - 동 : 以西爲上) 반대로 놓기도 한다.
- 리어불용(鯉魚不用) : 잉어는 제사에 사용하지 않음.
- 망료례(望燎禮) : 제사를 마무리할 즈음 제사 때 읽은 축문(祝文)

등을 태우는 의례.

- 망묘루(望廟樓) : 종묘(宗廟)에 있는 건물로서 종묘의 서령(署令), 능참봉, 종묘관리인 등이 머무는 곳이다.

- 망예(望瘞 : 망료[望燎] : 예매[瘞埋]) : 신주 대신에 사용되었던 지방(紙榜)이나 신에게 바쳤던 '폐백'과 '축문'은 신에게 속하는 것이니 불태워 하늘로 올리고 남는 재는 땅에 묻는 절차. 즉 신에게 보내는 제물을 처리하는 절차이다.

- 망일부지(亡日復至) : 죽은 날이 다시 돌아옴.

- 망일참례(望日參禮) : 매월 음력 보름날 분향재배한다. 모사(茅沙)는 베풀지 않는다.

- 망자(亡子) : 죽은 아들의 신주 첫머리에 쓰는 말.

- 망제(亡弟) : 죽은 동생의 신주 첫머리에 쓰는 문구.

- 면(麵), 면식(麵食) : 국수. 만두 등의 제상에 올리는 음식.

- 면서병동(麵西餠東) : 국수는 서쪽에, 떡은 동쪽에 진설.

- 명의(明衣) : 제사를 지내기 위해 목욕재계하고 갈아입는 옷.

- 명일장천(明日將遷) : 날이 밝으면 옮김.

- 명조(名祖) : 이름난 조상.

- 모듬제사 : 조상의 기제사를 여러 형편상 한 날로 몰아서 지내는 것이다. 일종의 합동제사로고도 말할 수 있다.

- 모사기(茅沙器) : 강신할 때 사용하는 띠의 묶음과 모래를 담는 그릇. 즉 모래와 띠의 묶음인 모사(茅沙)를 담는 그릇으로 탕기보다 굽이 조금 높다. 모사는 글자 그대로 띠 풀과 모래로 구성되어 있는데, 초목과 땅을 상징한다. 따라서 제사에서 강신은 두 가지 형태로 진행된다. 하나는 신[魂]이 하늘에 있을 경우, 향냄새를 맡고 강림하

라는 뜻에서 향을 피우는 강신(降神)이고, 다른 하나는 신[魄]이 땅에 있을 때 술 냄새를 맡고 강림하라는 의미에서 술로 강신(降神)을 한다. 술 강신을 할 때, 원래는 땅에 술을 부어야 하나, 대청 등에서 제사를 지낼 때에는 땅에 술을 부을 수 없기 때문에, 땅을 상징하는 모사를 사용한다(종묘 제사 시에는 술을 붓는 관지의 구멍이 따로 있음). 따라서 묘제(墓祭)에서는 모사가 필요하지 않다.

보통 강신뇌주의 술을 퇴주기에 붇기도 하는데, 이는 잘못된 것이다. 강신뇌주의 술은 항상 이 모사기에 부어야 한다.

- 모속(茅束) : 제사에서 모사에 꽂는 띠 묶음. 이 띠 묶음을 만들기 위해서는 음력 7월 선영에서 가장 어른의 산소에 난 띠(茅)를 베어 한 묶음을 묶고 또 이 어른의 산소에 있는 고운 흙을 가져와서 1년에 한 번씩 띠 묶음을 만들면 된다.
- 모좌지원(某坐之原) : 묘를 어느 방향으로 잡음.
- 묘사(墓祀) : 3월 상순에 택일하여 친속묘, 즉 고조 이하의 묘에서 거행하는 제사.
- 묘제(墓祭) : 산소를 찾아가서 드리는 제사이다. 원래는 3월 상순에 지내는 고조 이하의 친제(親祭)를 뜻하는 말로, 『사례편람』에는 '3월 상순에 택일하여 하루 전에 재계(齋戒)한다.'고 되어 있으나 오늘날에는 묘사(墓祀, 親祭)·시향(時享)·절사(節祀) 등을 통틀어 이른다. 제찬(祭饌)은 기제(忌祭)와 같게 준비하고 토지신에게도 따로 제수를 마련하여 제사를 지낸다. 산소 왼쪽에 자리를 마련하고 토지신에게 먼저 제사를 지낸 뒤 산소 앞에 정한 자리를 깔고 제찬(祭饌)을 진설한다. 그리고 참신, 강신, 초헌, 아헌, 종헌, 사신의 순으로 제사를 지내고 상을 물린다.
- 묘제무진(墓祭無進) : 묘제에는 진찬(進饌)이 따로 없음.
- 무축단작(無祝單酌) : 제사를 지낼 때 축문을 읽지 않고 술잔도 한 잔만 올리는 것. 무축단헌(無祝單獻)이라고도 한다.

• 문묘(文廟) : 공자를 비롯하여 공자 이래로 유교의 중요한 학자들의 위패를 모신 사당.

• 미사 : 가톨릭의 성스러운 제사의식. 예수의 <최후의 만찬>을 본받아서 진행하는 성제(聖祭)의 의식이다.

• 미식(米食) : 떡. 쌀로 만든 음식.

• 반(飯) : 메. 밥. 조상에게 드리는 제삿밥으로 신위의 수(數)대로 주발식기에 수북이 담아 뚜껑을 덮는다.

• 반(盤) : 쟁반.

• 반서갱동(飯西羹東) : 밥은 서쪽에 국은 동쪽에 진설. 이는 산 사람의 상차림과 정반대의 상차림이다.

• 반좌갱우(飯左羹右) : 메는 오른쪽, 국은 왼쪽.

• 방제(傍題) : 제사를 받드는 사람의 이름.

• 배이선비(配以先妣) : 돌아가신 어머니를 배향함.

• 백로기강(白露旣降) : 계절이 바뀌어 '찬 이슬이 벌써 내렸다.'는 의미의 가을에 쓰이는 축문 서식 문구.

• 번육(燔肉) : 제사에 쓰고 난 고기.

• 변(籩) : 실과와 건육을 담는 제기. 원래 대나무로 굽을 높게 엮어서 만들었다.

• 별묘(別廟) : 가묘(家廟)에서 받들 수 없는 신주를 따로 모시던 사당.

• 병(餠) : 떡. 제수 중 가장 기본적인 음식으로 현란한 색깔을 피하고 팥고물을 쓸 때도 껍질을 벗겨내 가급적 흰 빛깔이 나게 한다. 보통은 백설기나 시루떡을 해서 사각의 접시에 보기 좋게 놓고 신위의 수(數)와 관계없이 한 그릇만 올린다. 떡을 올릴 때에는 찍어서 먹을 꿀이나 조청을 한 종지 같이 올린다.

• 병대(餠台) : 떡 받침. 떡을 담는 제기. 위판이 4각형이다.

• 병풍(屛風) : 제사지낼 장소의 뒤와 옆을 둘러치는 제구로 흉제(凶祭) 시에는 현란한 그림과 경사 잔치와 관계되는 내용의 글씨는 피해야 한다.

• 보(簠) : 제향(祭享) 때 기장과 피를 담는 그릇.

• 보본의식(報本意識) : 제의례의 의의를 설명하는 말이다. 즉 제사란 자신을 존재하게 하신 근본에 보답하는 의식이라는 말이다.

• 복기득길(卜旣得吉) : 배교(环珓 - 점치는 도구)를 가지고 점을 쳐 이미 길일(정일[丁日] 또는 해일[亥日])을 얻음.

• 봉게(奉揭) : 음복례 후 제수(祭羞)에 쓰인 음식을 나누어 싸서 주는 것.

• 봉로(奉爐) : 향로를 받드는 제관.

• 봉사(奉祀) : 제사를 받들어 모심. 조상의 제사를 받드는 것.

• 봉사손(奉祀孫) : 조상의 제사를 모시는 자손.

• 봉사조(奉祀條) : 제사지낼 재산 몫.

• 봉제사(奉祭祀) : 제사를 받들어 모심.

• 봉향(奉香) : 향을 받드는 제관.

• 봉헌미사 : 가톨릭의 성당 제대에 준비된 봉헌 제물 위에 축복이 내리도록 기구하며 드리는 미사.

• 부(釜) : 가마솥.

• 부부공제(夫婦共祭) : 『예기』에 나오는 구절로서, “부부는 함께 제사를 올린다.”는 말이다. 『주자가례』에서도 의례 절차에서 제사(祭祀)는 모두 주인(宗孫)과 주부(宗婦)가 함께 행하는 것으로 되어 있다.

• 부자승감(不自勝感) : 불승비념(不勝悲念)과 같은 의미로서 아내의 기제 축문 시 사용하는 문구이다.

• 분정(分定) : 제사를 지냄에 있어 초헌, 아헌, 독축 등 역할 분담을 하고 이를 문서화하는 절차.

• 분조합(分胙盒) : 음복을 나누어 담는 그릇.

• 분준(分餕) : 제사 음식을 나누는 절차. 즉 제사에 참여한 사람은 물론 참례하지 못한 후손과 이웃에게까지 복조(福祚 - 제사를 지낸 고기)와 복주(福酒)를 나누어 주는 음복(飮福) 잔치의 성격을 지닌 제사의 절차이다. 혹은 제물(祭物)과 제기(祭器)를 다 치우고 나서, 제사에 참여한 사람들이 제물을 나누어 먹고 이웃에까지 나누어 주는 음복잔치이다.

• 분할(分割)봉사 : 윤회봉사가 자식들 간에 제사를 돌려가면서 모시는 것인데 반해, 분할봉사란 여러 제사를 서로 분할한 다음 특정제사를 자식들 중 특정인이 고정해서 봉사하는 것이다.

• 분합(分閤) : 사당 대청 앞에 두리우는 4쪽의 창살문.

• 불륙제시(不鬻祭器) : 아무리 가난해도 제기를 팔아서는 안 됨.

• 불승감모(不勝感慕) : 영원하신 조상님을 깊이 사모[흠모]하고 감사하는 마음을 억누를 수가 없음. 조부모 이상의 조상에게 쓰는 축문 서식 문구.

• 불승감창(不勝感愴) : 방계 친족 기타 등에 쓰는 서식 문구. 가슴 아픔을 억누를 수 없음. 기제사 시 아랫사람의 경우에 씀. 부모에게는 호천망극(昊天罔極), 조부모 이상에게는 불승영모(不勝永慕), 불승감모(不勝感慕)를 씀.

• 불승경달(不勝驚怛) : 놀라움과 측은함을 이기지 못함.

• 불승비념(不勝悲念) : 슬픈 마음을 억누를 수가 없음. 아내의 경

우에 쓰는 축문 서식 문구.

• 불승영모(不勝永慕) : 깊이 흠모하는 마음을 억누를 수 없음. 조부모 이상의 기제사에 사용한다.

• 불자승감(不自勝感) : 감정을 스스로 이기지 못함.

• 불천위(不遷位) : 살아생전 이룩한 업적이 대단하여 4대가 지났어도(親盡) 자손 대대로 기제사를 모실 수 있도록 국가나 유림에서 인정한 조상(祖上). '불조위(不祧位)'라고도 한다.

• 비(篚) : 바구니. 광주리. 없으면 버들가지로 만든 그릇으로 대신한다.

• 비저접(匕筯[箸]楪) : 제사나 전(奠)에서 숟가락과 젓가락을 놓는 접시. 시접이라고도 함.

• 비저거중(匕筯[箸]居中) : 수저접시는 중앙에 진설.

• 사갑제(祀甲祭) : 죽은 사람의 회갑을 제사하는 것.

• 사기(私忌) : 사갓집의 기제.

• 사당(祠堂), 사우(祠宇), 묘제(廟祭) : 조상의 신주(4대조)를 모셔 놓은 집으로 신주, 향로, 제상 등이 마련되어 있다. 지을 경우에는 주인이 거처하는 방(정침)의 동쪽에 사당을 짓고 이곳에 조상의 신주를 모신다. 사람이 죽으면 신주를 궤연(상청)에 모시고 제사를 올리다가 3년상을 마친 뒤에는 신주를 궤연에서 사당으로 모시는데, 사당은 4감(龕)을 설치하고 북쪽에서 남향하여 서쪽부터 제1감은 고조고비, 제2감은 증고조비, 제3감은 조고비, 제4감은 고비의 위가 된다. 사당이 있는 집은 종자(宗子)가 대대로 살면서 지켰고 아무에게나 팔지 않았다.

• 사대봉사(四代奉祀) : 조상의 제사를 4대까지 받들어 모시는 것.

• 사사여사생(事死如事生) : 죽은 사람(조상) 섬기기를 산 사람 섬기듯 하라는 말이다. 상생지의(象生之義) 참조.

• 사시제(四時祭) : 사시제는 보통 시제(時祭)라 부르는 것으로서 사계절의 가운데 달(음력 2, 5, 8, 11월)에 고조 이하의 조상을 함께 제사하던 합동 제사의 하나이다. 즉 철에 따라 지내는 제사로서 음 2, 5, 8, 11월 상순의 정일(丁日)이나 해일(亥日)을 택해 지낸다. 옛날에는 정제(正祭)라 하여 가장 중요시하였다. 주공(周公)이 예(禮)를 정할 때부터 있던 제도인데, 조선시대 이후 기제사가 중요시되면서 시제(時祭)의 중요성이 점차 퇴색되어 갔다.

• 사신(辭神, 합동 배례) : 신을 작별하여 보내고 전송함. 신을 보내는 마지막 작별인사. 즉 고인의 영혼을 전송하는 절차로서 참사자가 신위 앞에 일제히 두 번 절한 뒤 지방과 축문을 불사른다. 지방은 축관이 모셔 나온다. 신주일 때는 사당으로 모신다. 이로써 제사를 올리는 의식절차는 모두 끝난다.

• 사십구재(四十九齋) : 사람이 죽어 49일 되는 날 올리는 제사. 칠칠일(七七日). 불교의 제례로서 사람이 죽으면 극락왕생하기까지 49일 동안 중음[中陰 - 중유(中有)]의 공간에 떠돌게 되는데, 이 때 이승의 후손들이 간절히 재(齋)를 올려 정성을 들이면, 그 염력(念力)으로 영가(靈駕 - 영혼)가 극락왕생하는 데 도움을 받을 수 있다.

• 사직대제(社稷大祭) : 땅(地)과 곡식(穀食)의 신(神)에게 왕(王)이 드리는 국가적인 제사. 중요무형문화제 제 111호이다. 사(社)는 땅의 신, 직(稷)은 곡식의 신을 의미한다. 정궁(正宮)인 경복궁의 서쪽에 위치해 있다.

• 삭(朔) : 초하루.

• 삭망참례(朔望參禮) : 매월 음력 초하룻날과 보름날 주인 이하가 옷을 갈아입고 각 위에 음식을 진설한 다음 모사를 향상에 놓고 제사 지낸다.

• 산뢰(山罍) : 산과 술독(罍, 술독 뢰)이 양각된 그릇으로 사시제

(四時祭) 때 청주를 담았다.

• 산신제(山神祭) : 묘사에는 산신제도 지낸다. 이때는 강신, 향, 모사는 없이 지낸다. 향을 피우지 않는 이유는 불과 땅이 상극이기 때문이다. 산신제는 보통 집사가 제주를 대신해 지내는데, 축문을 올리는 자의 이름을 제주로 한다. 제수를 진설하고 참신한 다음 술을 한 산반 올리고 독축한다. 독축 후에 재배하고 사신하면 산신제는 끝난다. 또 절사에도 산신제가 있으나 이는 절사의 절차대로 행한다.

• 산재(散齋) : 산재(散齋)란 재계(齋戒)의 한 방법으로서 치재(致齋 : 지극한 재계)에 대비되는 느슨한 재계(齋戒이다. 제사에 참여하는 사람들이 각자의 집에서 편의대로 행하는 것으로서 큰 제사의 경우는 4일을 하는데, 이 때 남자들은 주인이 인솔하여 외실(사랑채)에서, 여자들은 안주인이 인솔하여 내실에서 목욕하고 마음을 깨끗이 다스렸다. 산재(散齋) 동안에는 술은 취하지 않을 만큼만 마셔야 하며, 고기는 먹을 수 있지만 마늘, 파 등과 같은 냄새가 심한 음식을 가까이 하지 않아야 한다. 치재(致齋) 참조.

• 삼상향(三上香) : 제사를 지낼 때 초헌관이 향을 세 번에 나누어 향로에 올리는 일.

• 삼색과일 : 삼색의 과일을 일컫는 말로 붉은 색의 대추, 흰 색의 밤, 검은 빛의 곶감을 말한다.

• 삼색나물 : 흰색 나물(도라지, 무나물 등), 푸른색 나물(시금치, 배추나물 등), 갈색 나물(고사리 등)을 말한다.

• 삼우제(三虞祭) : 장사지낸 뒤 3번째 지내는 제사로 재우 다음 날 첫 강일(剛日)에 지낸다. 요즘은 장례를 치른 3일째 되는 날, 제수를 올리고 분향하고 곡을 하며 재배한다. 상주는 간단한 묘제를 올리고 성분이 잘 되었는지 묘역이 잘 조성되었는지를 살피고 잔손질을 한다. 최근에는 장기(葬期)를 단축할 경우 삼우날에 고인의 묘에

가서 봉분 옆에 흙을 파고 혼백을 묻기도 하는데, 이를 매혼(埋魂)이라고 한다.

- 삼제어모(三祭於茅) : 모사기에 3번 술을 좨주(祭酒)한다. 3번을 하는 이유는, 예(禮)란 3에서 이루어지기 때문이다(『가례』 初終 條 : '復聲必三者, 禮成於三也).

- 삼적(三炙) : 육적(肉炙), 계적(鷄炙), 어적(魚炙)을 일컫기도 하며, 또는 육적, 어적, 소적(蔬炙 - 두부를 재료로 한 炙)을 일컫기도 한다.

- 삼초반(三抄飯) : 제사 시 집사가 계문(啓門) 후 국을 거두고 냉수를 그 자리에 놓고 밥을 3번 떠서 물에 마는 행위를 하는데, 이를 삼초반(三抄飯)이라고 한다.

- 삼탕(三湯) : 육탕(肉湯), 계탕(鷄湯), 어탕(魚湯)을 일컫기도 하며, 또는 육탕, 어탕, 소탕(素湯, 蔬湯 - 채소나 두부를 재료로 한 湯)을 일컫기도 한다.

- 삼헌(三獻) : 제사 때 술잔을 3 번 올리는 것.

- 삼헌관(三獻官) : 초헌관, 아헌관, 종헌관의 3 헌관.

- 삽시정저(插匙正箸), 삽비정저(插匕正筯) : 첨작(添酌)이 끝나면 주부가 메(밥) 그릇의 뚜껑을 열고 숟가락을 메 그릇의 중앙에 꽂는다(啓飯插匙). 젓가락을 가지런히 고른 뒤 어적이나 육적 위에 가지런히 옮겨 놓는다. 숟가락은 바닥이(안쪽) 동쪽으로 가게 한다. 삽시정저가 끝나면 제주는 두 번, 주부는 네 번 절한다. 첨작과 삽시정저의 두 절차를 흔히 유식(侑食)이라고도 하는데, 이는 '진지를 권하는 의식'이다. 뒤의 절차인 합문(闔門)까지를 유식이라고 하여 합문유식(闔門侑食)이라는 합성어도 생기게 되었으나, 유식은 첨잔(작)하고 수저를 올린 후 재배하는 단순한 의식에 불과하다.

- 상로기강(霜露旣降) : 찬 서리가 이미 내렷다는 의미의 축문 문구(文句). 백로기강(白露旣降)과 같은 의미.

• 상시(上匙) : 숟가락을 메밥 위에 올리는 일.

• 상준(上樽) : 제사 때 상위(上位)에 놓는 주준(酒樽 - 술통).

• 상향(尙饗) : 흠향하시기 바랍니다.

• 생기지제(生忌之祭) : 죽은 사람의 생일 제사.

• 생동숙서(生東熟西) : 날 것은 동쪽에, 익힌 것은 서쪽에 배치.

• 서계(誓戒) : 제의례의 절차 중 준비과정에서 마음을 깨끗이 하는 것을 말한다.

• 서립옥(序立屋) : 사당 참례자가 차례로 서는 집.

• 서반우갱(西飯右羹) : 제사상에 밥은 서쪽에, 국은 동쪽에 배치.

• 선구사당(先救祠堂) : 집안에 화재가 발생하든가 하는 유사시 먼저 사당을 구함.

• 선인지실(先人之室) : 사당.

• 섭행(攝行) : 종묘대제나 사직대제 시, 왕(王) 대신 불가피하게 왕세자나 대신들로 하여금 제사를 대신 올리게 하는 것.

• 성상재회(星霜再回) : 묵은해가 넘어갔다는 의미의 축문 문구(文句).

• 성생리살(省牲莅殺) : 희생의 제물을 살피고 도살에 임함.

• 성복(盛服) : 주인 이하가 제(祭)를 위해 옷을 잘 차려 입음.

• 성생(省牲) : 희생의 제물을 살핌.

• 성생대(省牲臺) : 종묘의 건물로서 찬막단 옆에 성생대가 있는데, 종묘 제향 시에 우(牛), 양(羊), 시(豕)의 삼생(三牲)을 도살하기 전에 살펴보던 곳이다.

• 세서천역(歲序遷易) : 세월이 흘러 해가 바뀌었다는 의미이다. 기서유역(氣序流易)과 비슷한 의미.

- 세율기경(歲律旣更) : 계절이 바뀌어 '이미 햇수를 고쳤다.'는 의미의 설날에 쓰이는 축문 서식.

- 세일사(歲一祀) : 10월에 택일하여 친진묘(親盡墓), 즉 4대조가 넘은 묘소에 한해 지내는 제사이다. 즉 음력 10월에 친진(親盡)을 다한 5대 이상의 각각의 조상(祖上)들을 날짜를 택일하여 자손들이 모두 모여서 각각의 묘소 앞에서 지내는 제사. 일명 묘사(墓祀), 세사(歲祀)라고도 한다.

- 세제(歲祭) : 묘사(墓祀), 묘제라고도 하여 음력 10월 보름날[하원]에 지내지만, 지방, 문중에 따라 10월 중 적당한 날에 시조 이하 전 조상님들을 한꺼번에 모시고 지내는 제사이다. 모든 후손들이 모여 가문과 조상의 음덕을 자랑삼고 문중 친족의 역사와 명예를 다지는 교육의 도량이 되기도 한다. 이때에는 토지신(土地神)과 산신(山神)에 대한 제(祭)도 같이 겸한다.

- 세제(世祭) : 대대로 제사함.

- 소기(素器) : 장식이 없는 그릇.

- 소목지서(昭穆之序) : 사당에서 신주를 배치하는 방법 중의 하나이다. 사당에 4대조까지의 신주를 모실 때는 보통 이서위상(以西爲上)이라 하여 서쪽에서부터 고조부모의 신위부터 차례로 모시는데, 그 밖에 불천지위(不遷之位)나 시조(始祖)의 신위를 중앙에 모시고 그리고 나서 고조부모의 신위부터 4대조의 신위를 모실 때에는 보통 소목지서(昭穆之序)의 순서로 모시게 된다. 중앙의 신위를 기준으로 동쪽(昭)과 서쪽(穆), 다음에 다시 동쪽과 서쪽의 순서로 4대조의 신위를 차례로 모시는 것이다. 이 신주 배치방법을 바로 소목지서(昭穆之序)라 일컫는다.

- 소반(小盤) : 제사 음식을 진설할 때 음식을 옮기는 작은 상(床).

- 소적(素炙) : 두부 두께 1센티 정도 되게 넓적하게 썰어서 소금을

약간 뿌려 기름을 두른 프라이팬에서 약한 불로 굽는다.

- 소채(蔬菜) : 나물.
- 소탕(素湯) : 고기붙이를 전혀 넣지 않은 국. 다시마를 마른 헝겊으로 깨끗하게 닦아서 물을 붓고 끓인다. 다시마를 건져내고 간장으로 국물의 간을 맞춘 다음 그 국물에 두부를 1센티 정도 되게 썰어 넣고 끓인다. 중간에 파를 넣고 끓이다가 건져 놓은 다시마를 위에 얹고 조금 더 끓여서 낸다.
- 속신(俗信) : 민간에서 행해지는 미신적인 신앙 관습.
- 속절(俗節) : 정월 초하루, 상원(上元 - 정월 대보름), 중삼(重三 - 3월 3일), 단오(端午 - 5월 5일), 유두(流頭 - 6월 15일), 칠석(七夕 - 7월 7일), 중양(重陽 - 9월 9일), 동지(冬至 - 12월 22,3일)에는 삭일참례(朔日參禮)와 같이 하되 다만 그 계절의 음식을 더 차린다.
- 손부조(孫祔祖) : 사당에 조상 신위를 배치 시 소목지서의 순서에 따라 손자를 할아버지 곁에 곁들여 모심.
- 쇄자(刷子) : 흔히 말하는 솔로서 먼지 등을 털어내는 도구.
- 쇄소정침(灑掃正寢) : 제사를 지내기 전 정침 주변을 깨끗이 청소하는 일.
- 수조(受胙) : 제사를 지낸 뒤 제관(祭官)이 번육을 나누어 받드는 일. 귀조(歸胙) 참조.
- 수조반(受胙盤) : 나눈 제사음식(음복)을 담는 쟁반.
- 수조석(受胙席) : 제사 음식을 나누는 돗자리.
- 수주정(壽酒亭) : 술그릇을 올려 놓는 탁자.
- 수직(壽職) : 해마다 정월(正月)에 80살이 넘은 관리와 90살이 넘은 백성에게 은전(恩典)으로 주던 벼슬.

• 숙냉(熟冷) : 제사 때 올리는 냉수.

• 숙사소경(肅俟少頃) : 제사 시 진숙수(進熟水) 후 잠간 동안 기다리는 것을 말한다.

• 숙서생동(熟西生東) : 익힌 나물은 서쪽에, 생나물은 동쪽에 진설.

• 숙수(熟水) : 찬물에 밥알을 약간 풀어 놓은 일종의 숭늉.

• 숙채(熟菜) : 고사리, 무나물, 콩나물, 숙주나물, 배추나물 등 익힌 채소로 3색(흰색, 갈색, 푸른색) 나물을 올린다. 추석 때는 배추, 박, 오이, 호박 등 푸른색 나물을 쓰는데, 고춧가루와 마늘 양념은 하지 않고 조리한다.

• 숙흥야처 애모불녕(夙興夜處 哀慕不寧) : 새벽부터 밤늦게까지 애모하는 마음으로 편치 않아서 라는 의미의 우제 축문 서식 문귀(文句).

• 시동(尸童) : 고대 중국의 풍습으로 어린아이에게 죽은 이의 옷을 입혀서 제사상(祭祀床) 앞에 앉혀서 신위(神位)로 삼는 것.

• 시무 : 저승사자.

• 시물창무(時物暢茂) : 계절이 바뀌어 '여러 식물들이 무성하게 번창하게 되었다.'는 의미의 단오에 쓰이는 축문 서식 문구.

• 시저(匙箸, 匙筯) : 숟가락과 젓가락.

• 시접(匙楪) : 수저를 올려놓는 제기로 대접과 모양이 비슷하다.

• 시접거중(匙楪居中) : 수저그릇은 중앙에 진설.

• 시제(時祭) : 시제는 사시(四時)의 중월(仲月)에 거행하는 것으로서, 대개 정일(丁日)이나 해일(亥日)에 지낸다. 춘분, 추분, 하지, 동지 또는 속절일(俗節日)을 택하여도 무방하다.

• 시조(始祖) : 한 족속의 맨 위의 조상.

• 시향(時享) : 시제(時祭), 사시제를 말한다.

- 식간(食間) : 제사 시 신위께서 음식을 드셨을 만큼의 시간.
- 식물(食物) : 음식. 즉 반찬을 말한다.
- 식음제례(食飮祭禮) : 보통 사가(私家)에서 불에 익힌 제물을 준비하여 지내는 제례. 생(生 - 날 것) 제물을 준비하여 지내는 왕가(王家)의 제례와 구별되는 제사.
- 식준조도(式遵祖道) : 삼가 길(道)의 신(神)에게 제사를 올림.
- 식해(食醢) : 젓갈. 해(醢) 참조.
- 식혜(食醯) : 단술.
- 신관례(晨祼禮) : 종묘대제 시 강신(降神)을 위해 행하는 의례. 순서는 삼상향(三上香 - 천혼[天魂]을 모심), 관창(祼鬯 - 울창주를 관지구[灌地口]에 부어 체백[體魄]을 모심), 전폐(奠幣 - 폐백을 드림), 모혈(毛血) 간료등(肝膋登) 등의 4단계로 구성된다. 종묘대제와 달리 사직대제는 자연신이기 때문에 신관(晨祼)의식이 없고, 전폐(奠幣)의식만 있다.
- 신기보우(神其保佑) 비무후간(俾無後艱) : 신령께서 보호하사 훗날 어려움이 없도록 해주십시오.
- 신물천지(新物薦之) : 새 음식물이 있으면 천신(薦新)함.
- 신알(晨謁) : 매일 이른 아침 동틀 무렵 주인이 의관을 갖추고 사당 대문 안에서 알현하는 예(禮).
- 신위봉안(神位奉安) : 병풍을 두르고 그 앞에 제상을 놓는다. 제상 위에는 흰 종이를 깔고 제수를 진설한 뒤, 신위(지방)를 봉안한다. 제주가 분향하고 모사에 술을 부은 뒤 제주와 참사자 일동이 함께 신위 앞에 재배한다.
- 신위판(神位板) : 제사 시 지방(紙榜)을 붙여 놓는 제구(祭具). 예전의 신주(神主)를 대신하는 것이므로 신주 형태의 목패(木牌)로 제작

하여, 의자나 제사상에 세워 놓거나 작은 사진 액자 모양의 목판(木板)으로 제작하여 기대어 놓아도 무방하다.

• 신주(神廚) : 사당의 제수를 마련하는 부엌.

• 신주미황(神主未遑) : 겨를이 없어 신주를 아직 만들지 못함.

• 신차세사(伸此歲事) : '이 세사(제사)를 올린다.'는 의미의 아랫사람에게 쓰는 축문 서식 문구이다. 윗사람에게는 '祗薦歲事(지천세사)'를 쓴다.

• 신차전의(伸此奠儀) : 마음을 다해 상(床)을 차림. 아랫사람의 경우에 이 글귀를 사용한다. 공신전헌(恭伸奠獻)과 같은 의미로 사용한다.

• 심훼비념(心毀悲念) : 슬픈 마음이 가슴을 다 태움.

• 아헌(亞獻) : 제사 지낼 때 두 번째로 잔을 올리는 일. 원래는 주부(主婦)가 올리는데, 주부가 올리기 어려운 경우에는 제주의 다음 가는 근친자가 올린다. 우리나라에서는 전통적으로 여자가 헌작(獻酌)하는 경우가 드물었으므로 이는 주로 형제들이 하였다. 그러나 "제사는 부부가 함께 한다(夫婦共祭)"는 정신에서 『주자가례』류의 예법서에서는 주부가 아헌을 드려야 한다고 규정하고 있다. 절차는 초헌 때와 같으나 독축은 하지 않는다. 주부는 4번 절한다.

• 아헌관(亞獻官) : 제사를 지낼 때 두 번째로 술잔을 올리는 제관.

• 알묘(謁廟) : 사당에 배알하는 것.

• 앙(盎) : 동이.

• 애성삼주(哀省三周) : 묘제를 지내거나 성묘 시 무덤 주위를 슬피 살피며 3 바퀴를 두루 돌음.

• 애천협사(哀薦祫事) : 슬픈 마음으로 합사(合祀)하는 제사를 올림.

• 어동육서(魚東肉西) : 생선은 동쪽에 육류는 서쪽에 진설.

• 어물(魚物) : 생선.

• 어우수(魚右首) : 고기는 머리를 오른쪽으로 함.

• 어적(魚炙) : 조기의 비늘을 긁어내고 아가미와 내장을 떼어내 깨끗하게 손질한 후 소금을 약간 뿌려두면 간이 배어들게 된다. 간이 들면 노릇노릇하게 되도록 굽는다.

• 어탕(魚湯) : 조기나 민어 등의 생선을 비늘과 내장을 제거하여 깨끗이 손질하고 4센티 정도의 크기로 토막을 친다. 다시마를 마른 헝겊으로 닦아 깨끗이 손질한 후 물을 붓고 5분 정도 끓이다가 다시마를 건져낸다. 그 국물에 간장으로 간을 한 다음 손질한 생선을 넣고 함께 끓인다. 10분 정도 함께 끓인 후 파를 넣고 끓이다가 건져놓은 다시마를 3센티 정도의 크기로 썰어 넣고 조금 더 끓인다. 탕기에 조기와 국물을 담고 그 위에 다시마를 곁들인다.

• 엄급초우(奄及初虞) : 어언 초우가 돌아옴.

• 여경소급(餘慶所及) : 조상님의 경사가 나에게까지 미침.

• 연(練), 연제(練祭) : 사후 1년 만에 지내는 제사. 소상제(小祥祭)라고도 한다.

• 연기(燕器) : 일상용 기물.

• 연복(練服) : 소상(小祥) 때 입는 옷. 누인 베로 새로 만들거나 입던 옷을 빨아 입는다. 추복(麤服 - 굵은 베옷)이라고도 한다.

• 연시제(年始祭) : 정월 초하룻날 아침에 드리는 제사. 봉사 대상이 되는 여러분을 한꺼번에 모신다. 지방은 합사(合祀)하는 경우 한 종이에 나란히 쓴다. 메는 떡국으로 대신한다. 오늘날 설날의 차례를 말한다.

• 염주(斂主) : 신주를 거두어들임.

• 영건택조(營建宅兆) : 무덤을 조성한다는 사후토의 축문 서식 문귀(文句).

• 영신(迎神) : 제사 때 신을 맞아들이는 것. 먼저 대문을 열어 놓는다. 제상의 뒤쪽에 병풍을 치고 제상 위에 제수를 진설한다, 지방을 써 붙이고 제사의 준비를 마친다. 옛날에는 출주(出主)라고 하여 사당에서 신주를 모셔오기도 하였다.

• 영이기가 왕즉유택(靈輀旣駕 往卽幽宅) : '상여가 이미 수레에 올라 이제 떠나면 곧 유택입니다.'라는 의미의 발인축문의 서식 문구(文句).

• 영천지례(永遷之禮) : 영원히 떠나는 예라는 의미의 조전(祖奠) 축문의 서식 문구(文句).

• 예불감망(禮不敢忘) : 예로서 감히 잊을 수가 없음.

• 예수재(豫修齋) : 생전(生前) 예수재(豫修齋)의 줄인 말. 생전에 미리 자신을 위하여 베푸는 재(齋)를 말한다. 말하자면 예수재(豫修齋)는 죽은 뒤에 행할 불사(佛事)를 미리 생전에 하는 재(齋)이다. 결국 예수재(豫修齋)는 죽음을 맞이하기 전에 참회의 공덕으로 업(業)을 소멸하고 지계(持戒)와 보시(報施)로써 스스로 내생(來生)의 안녕을 추구할 뿐만 아니라 경전을 독송하고 해탈과 열반의 길에 들어서고자 하는 것이다. 특히 살아 있는 이가 본인이 사후에 받을 인과를 살아 생전에 밀 닦는다는 의미에서 그 구성, 절차 등이 매우 특별한 의식이다. 보통 유년(윤달)이 드는 해에 재를 지내므로 49재 등 다른 재(齋)처럼 쉽게 볼 수 있는 의식은 아니다.

• 옥산통 : 통 속에 꽂거나 완전히 집어넣은 산가지를 구멍으로 집어내어 그 산가지에 새겨진 숫자로 점을 치는 통.

• 옹가(甕家) : 무덤 위에 치는 차일(遮日). 묘상각(墓上閣) 참조.

• 완(椀) : 사발.

- 요제(遙祭) : 멀리서 바라보며 제사함.
- 우간남(右肝南) : 좌간남(左肝南) 참조.
- 우로기강(雨露旣降) : 어느덧 비 내리고 이슬내림.
- 우로기유(雨露旣濡) : 봄이 되어 '비와 이슬이 내린다.'는 의미의 한 문식에 쓰이는 축문 서식 문구(文句).
- 우반좌갱(右飯左羹) : 메는 오른쪽에, 갱은 왼쪽에 진설.
- 우존작(右尊爵) : 오른쪽에서 잔을 받아 올리는 제관.
- 우집잔(右執盞) : 오른손으로 술잔을 잡음.
- 운감(殞感) : 제사 음식을 귀신이 맛보다.
- 위패함(位牌函) : 조상의 위패를 모시거나 붙이는 제구(祭具).
- 유과류 : 약과, 산자(흰색), 강정(검은깨).
- 유사즉고(有事則告) : 일이 있으면 사당의 신위에게 고함.
- 유세차(維歲次) : 이 해의 차례라는 뜻으로 축문의 첫머리에 오는 문구.
- 유시(柳匙) : 버드나무로 만든 숟가락.
- 유시보우(維時保佑) : 계속 보호하고 돌봐줌.
- 유식(侑食) : 종헌이 끝난 후 신위에게 음식을 권하는 절차. 첨작과 삽시 정저의 두 절차를 통틀어 유식이라 하는데, 이는 진지를 권하는(侑 - 권할 유) 의식이다. 넓게는 제사 때 삼헌작과 삽시한 후에 제관들이 문밖에 나와 문을 닫고 10분가량 기다리는 일을 모두 포괄할 수도 있다.
- 유학(幼學) : 자기를 낮추어 일컫는 것. 벼슬이 없을 때 쓰인다.
- 육물(肉物) : 간회 또는 천엽, 육회 등.

• 육적(肉炙) : 보통 쇠고기 1센티 정도 두께로 포를 뜬 다음 잔 칼집을 앞뒤로 넣어서 고기의 결을 끊어줌으로 부드럽게 만든다. 간장, 설탕, 파, 청주, 깨소금, 참기름 등을 넣어 1시간 정도 재었다가 불고기 판에 구워서 낸다.

• 육탕(肉湯) : 깨끗이 손질한 양지머리와 썰지 않은 통 무를 넣고 물을 부어 은근한 불에서 무가 부드럽게 익을 정도로 끓인다. 고기와 무는 건져내고 국물은 면 보자기를 이용하여 기름을 깨끗이 걸러낸다. 건져낸 고기와 무를 사방 3센티 정도의 크기에 1센티 정도의 두께로 썰어서 걸러놓은 국물을 붓고 간장으로 간을 하고 파를 썰어 넣은 후 다시 끓인다. 탕기에 담아서 내면 된다.

• 윤회봉사(輪回奉祀) : <돌림제사>라고도 하는데, 제사를 적장자(嫡長子) 위주로 지내는 것(長子奉祀)이 아니라 자녀가 서로 돌아가면서 평등하게 지내는 것을 말한다. 비슷한 말로는 외손봉사(外孫奉祀)라는 용어도 있다. 고려 시대에 일반적으로 행해졌던 우리의 전통 제사제도이다. 그런데 이러한 전통이 조선조에 들어오면서 유학의 종법(宗法) 위주의 풍습에 따라 적장자 위주로 바뀌게 된 것이다. 최근에 다시 시대의 변화에 따라 형제들이 번갈아 제사를 모시는 윤회봉사의 사례가 늘고 있다.

• 은제(殷祭) : 성대한 제사.

• 음복(飮福) : 제사를 지내고 난 후 그 음식을 나누어 먹는 것. 즉 참사자(參祀者)가 한자리에 앉아 제수를 나누어 먹는데 이를 음복이라 한다. 음복을 하면 조상들의 복을 받는다는 속신(俗信)이 있다. 음복이 끝나기 전에는 제복을 벗거나 담배를 피워서는 안 된다.

• 음양조화(陰陽調和) : 제수 진설 시 첫 줄과 셋째 줄에는 홀수로, 둘째 줄과 넷째 줄에는 짝수로 하여 음양을 구별한다.

• 음사(淫祠) : 음란하고 요사스러우며 난잡하여 예절을 무너뜨리고

풍속을 상하게 하는 제사. 특히 음사(淫祠)는 오신(娛神) 행위와 야제(野祭)를 통한 재화예방(災禍豫防)이 주류를 이루었는데, 오신(娛神) 행위는 장례 전일에 무격(巫覡)을 초청하여 밤낮으로 음주작락(飮酒作樂)하게 하였으니, 그것은 조상신을 위로하는 것으로 당시 세속에서는 그러한 행사를 하지 않으면 부모를 박대하는 불효로 간주하였다. 야제(野祭)는 질병으로 사망하면 앞으로 오는 재액을 방지하기 위하여 주식(酒食)을 성찬(盛饌)하고 무격(巫覡)이나 승려를 초청하여 가무와 범패를 행하고 남녀가 모여 환희함으로써 풍속을 퇴폐하게 하였다고 전해진다. 이러한 우리의 전통 무불식(巫佛式) 장례풍습을 정통 유가의 장례문화에서는 음사(淫祠)라 하여 엄하게 다스린 것이다.

- 이성(利成) : 제사를 잘 마쳤다고 고하는 말. 신위에게 음식 올리는 일이 끝났음을 알리는 것. 즉 흠향(歆饗)의 예(禮)를 다 마쳤음을 말한다. 이 경우 이(利)에는 '봉양하다.'의 뜻이 들어 있다.

- 인작(引爵) : 묘제(墓祭) 시 원래는 묘소 앞에서 제(祭)를 올려야 하나 사정이 여의치 못하여 사당이나 대청에서 지내게 되면, 제사를 모시기 전에 묘소 앞에 가서 헌작(獻爵)을 드린 후 술잔을 랩 등으로 포장해서 집으로 가지고 와 대청 제상(祭床)에 모셔 놓고 제사를 지내게 되는데, 이처럼 헌작(獻爵)한 술잔을 집으로 가지고 오는 것을 인작(引爵)이라고 한다.

- 일부일앙(一俯一仰) : 배교(점치는 도구)를 쟁반에 던지니 하나는 엎어지고 하나는 젖혀짐.

- 일월불거 엄급초우(日月不居 奄及初虞) : '세월이 머물러 있지 않고 흘러 어느덧 초우가 되었습니다.'라는 의미의 우제 축문 서식 문구(文句).

- 입것 : 제사를 다른 곳으로 모시고 갈 때 하는 의식 행위. 즉 제사를 다른 곳으로 모시고 갈 때는 제사 모실 분의 지방을 들고 가는

데, 지방을 들고 가기 전에 기제(忌祭)를 마친 후 마지막으로 "할아버지, 올해부터는 ○○집으로 모시고 갑니다."라고 말을 한다. 이를 '입것'이라고 하며, 이 '입것'을 한 후 지방을 모시고 간다. 모셔온 집에서는 지방을 모신 후, "할아버지, 여기가 [앞으로] 거주할 자리입니다."라고 말한다. 그리고 나서 후손들은 잔을 올리고 절을 한다.

- 입제일(入祭日) : 제사 봉행 하루 전날을 말한다. 제사 하루 전부터 목욕재계하고, 사당 주변을 깨끗이 청소한 다음, 조상신을 경건히 정성스럽게 맞을 준비를 철저히 해야 한다.
- 자이(玆以) : 이에 지금부터.
- 자향로(磁香爐) : 자기로 만든 향로.
- 작(爵) : 제사에 쓰이는 술잔.
- 작(勺) : 국자. 물(水)이나 술(酒), 탕(湯) 같은 것을 뜨는 데 쓴다.
- 작헌(爵獻) : 술잔을 올림.
- 잔반(盞盤) : 잔과 잔 받침
- 잔서초동(盞西醋東) : 진설 시 술잔은 서쪽에, 초접(醋楪)은 동쪽에 배치.
- 장자봉사(長子奉祀) : 제사를 적장자 위주로 지내는 것. 윤회봉사와 반대.
- 장찬자(掌饌者) : 제수(祭羞)를 마련하는 사람.
- 재(齋) : 재(齋)란 원래는 불교적 제사(祭祀) 용어이다. 수행하는 스님들이 정해진 시간에 공양(法供養 - 진리의 말씀)하는 것과 모든 불자들이 계(戒)를 지켜서 행업(行業)을 맑게 하여 마음의 안정을 찾고 지혜를 얻어 몸과 입과 뜻으로 지어 온 삼업(三業)을 깨끗하게 닦는 수행(修行)을 의미한다. 사십구재(四十九齋), 천도재(遷度齋) 등이 있다.

• 재계(齋戒) : 몸과 마음을 바르게 하고, 주변을 청결히 하며, 부정한 일에 관계하지 않으며, 단정히 앉아 세상 잡사에 대한 생각을 끊고 정신을 집중하여 돌아가신 이를 추념하는 일이며, 간절한 마음으로 예를 다하며 제사를 준비하는 단계를 말한다. 즉 제사를 지내기 전에 마음을 가다듬고 음식과 행동을 삼가며 부정을 피하는 것을 말하는 것이다. 재계(齋戒)의 방법에는 2가지가 있는데, 산재(散齋)와 치재(致齋)가 그것이다. 산재(散齋), 치재(致齋) 참조.

• 재궁(齋宮) : 종묘(宗廟)의 건물 중 왕이 목욕재계하고 의복을 정제하며 세자와 함께 제향 모실 준비를 하던 곳이다.

• 재진견례(載陳遣禮) : 영구를 상여에 싣고 가시는 예를 행함.

• 저접(筯楪) : 젓가락을 놓은 대접.

• 저채(菹菜) : 생김치.

• 적(炙) : 구운 고기. 제사상에서 가장 중요한 특별 음식이다. 양념한 어육(魚肉) 등을 대꼬챙이에 꿰어 불에 굽거나 지진 구이음식이다. 제사상의 가운데에 위치한다. 세 가지를 마련하여 직사각형 접시에 담는다. 술안주로서 가장 중요한 것이 적(炙)이며, 밥반찬으로서 가장 중요한 것이 좌간남(左肝南), 우간남(右肝南)이다. 어적(魚炙), 육적(肉炙), 계적(鷄炙 - 닭[꿩] 등을 구은 것) 등이 있다. 또한 간적(肝炙 - 소의 간[肝]을 구은 것), 소적(素炙 - 두부를 구은 것) 등을 사용하기도 하였다. 안동 권씨의 제사 기록인 『묘사의절(墓祀儀節)』에 보면 적(炙)을 "우(羽), 모(毛), 린(鱗) 3적의 첨합(添合)"이라고 기록한다. 깃털을 뜻하는 우(羽)는 닭이나 꿩고기로 만든 적(炙)이다. 모(毛)는 털을 의미하니 육지의 고기를 말한다. 원래는 소의 간(肝)을 구은 것이다. 린(鱗)은 비늘이니 물고길 만든 어적(魚炙)이다. 제사에서 술을 3번 올릴 때 초헌(初獻)에서는 술과 함께 간적(肝炙)을 올리고, 아헌(亞獻)에서는 어적(魚炙)을, 종헌(終獻)에서는 계적(鷄炙)을 올리는 것이 법도라고 한다. 이처럼 3번 술을 올릴 때마다 3번 번갈

아 올리고 물리고 하는 것이 맞지만, 경우에 따라서는 이를 쌓아 올려서 고임상으로 지내기도 하였다. 적(炙)을 고이는 순서는 밑에서부터 쇠고기, 생선, 닭(꿩)의 순서인데, 집안마다 다르기도 하였다. 적을 올릴 때에는 찍어 먹을 소금을 접시나 종지에 담아 한 그릇만 준비한다.

- 적대(炙坮) : 적을 올리는 제기. 나무로 만들고 발이 달려 있다.
- 적전중앙(炙奠中央), 적접거중(炙楪居中) : 적(炙)은 제상(祭床)의 4열 가운데에 놓는다. 옛날에는 술을 올릴 때마다 즉석에서 구워 올리던 제사의 중심음식이었으나 지금은 다른 제수(祭羞)와 마찬가지로 미리 구워 제상(祭床)의 한 가운데에 놓는다.
- 적철(炙鐵) : 적쇠.
- 전(煎) : 기름에 튀기거나 부친 것으로 부침개이다. 더러는 간납(肝納)이라고도 한다. 적(炙)과 함께 홀수 접시를 쓰는데 대개 육전(肉煎 - 고기를 다져서 두부와 섞어 동그랗게 만들고 계란 노른자를 묻혀서 기름에 부침)과 어전(魚煎 - 생선을 납작하게 저며서 노른자를 묻혀서 기름에 부침)을 쓰며, 여유가 있으면 육회(肉膾 - 소의 살코기 장[腸], 간[肝] 등을 썰어서 접시에 담음)와 어회(魚膾 - 생선살만 저미거나 썰어서 접시에 담음)를 보태 4가지를 쓰기도 한다. 초장(醋醬)을 준비하는데, 초장은 간장에 식초를 탄 것으로 한 종지 준비한다. 어회를 쓰면 겨자를 물에 개어 작은 접시 하나에 담가서 놓는다.
- 전귀애성(奠貴哀誠) 주식불필풍전야(酒食不必豊腆也) : 전(奠)을 올릴 때에는 슬픈 정성을 귀히 여기면 되고, 술과 음식을 반드시 풍성하게 차릴 필요는 없다.
- 전사청(典祀廳) : 종묘의 건물로서 제수를 장만하는 곳. 제수나 제기 등을 준비하는 곳이다.
- 전용향다(奠用香茶) : 전을 올릴 때에는 향(香)과 다(茶)를 사용.

- 전천지례(奠薦之禮) : 제사 올리는 예
- 절사(節祀) : 한식 혹은 청명과 추석에 성묘하여 간단히 지내는 제사로서 친진묘(親盡墓)에는 거행하지 않는다.
- 점촉(點燭) : 제사 시 촛불을 밝힘.
- 접동잔서(楪東盞西) : 접시는 동쪽에, 잔은 서쪽에 진설.
- 정과(正果) : 전과(煎果), 연근정과, 생강정과, 유자정과.
- 정시저(正匙箸) : 시접(匙楪)에 놓인 숟가락과 젓가락을 바르게 고쳐 올려놓음.
- 정제(正祭) : 정규 제사. 절사(節祀)에 대비되는 말이다.
- 정제일(正祭日) : 제사를 모시는 바로 당일을 말한다.
- 정종(正終) : 위독하여 천거정침(遷居正寢) 함으로써 정침(正寢)에서 마지막 임종을 하는 것을 말함.
- 정하가처(情何可處) : 정을 어찌할 바를 모름.
- 정하비통(情何悲痛) : 비통한 마음 어찌할 바를 모르겠음.
- 제기불가(祭器不假) : 사대부는 제기를 빌리지 않는 법임.
- 제기폐매(祭器敝埋) : 제기는 낡아지면 땅에다 묻을 것.
- 제관(祭官) : 제사를 맡는 소임.
- 제구(祭具) : 제사에 쓰이는 모든 기구.
- 제기(祭器) : 제사 때 제사음식을 담는 그릇. 우리나라에서는 전통적으로 나무로 만든 목기(木器)와 놋쇠로 만든 유기(鍮器)를 함께 사용하였다. 제기는 빌려 쓰지 않으며, 아무리 가난해도 팔지 않는 것이 예의(禮儀)이다.
- 제단(祭壇) : 제사를 지내는 단.

• 제답(祭畓) : 수확물을 조상의 제사에 쓰려고 마련한 논.

• 제례(祭禮) : 제사를 모실 때의 여러 가지 예절. 조상을 추모하고 보은(報恩)하며 돌아가신 후에도 효(孝)를 다하는 신성한 의례이다. 제사의 종류로는 시제(時祭), 기제(忌祭), 차례(茶禮), 묘제(墓祭), 녜제(禰祭) 등이 있다.

• 제례악(祭禮樂) : 문묘, 종묘의 봄, 가을 사대제(四大祭)에 쓰는 음악.

• 제병(祭屛) : 제사 때 치는 병풍.

• 제복(祭服) : 전통 제례 때 남자는 흰 도포나 두루마기에 유건(儒巾 - 검은 베로 만든 유생들의 관)을 썼으며, 여자는 흰색이나 옥색치마저고리를 입었다.

• 제복폐분(祭服敝焚) : 제복(祭服)은 낡아지면 불살라서 처리할 것.

• 제사(祭祀) : 신령에게 음식을 바쳐 정성을 표하는 의식.

• 제상(祭床) : 제수(제사음식)를 차리고 진열해 놓는 상. 옛날에는 다리를 높게 하여 특별 제작하였다. 기본 음식을 다 진설하려면 가로 120센티, 세로 80센티 정도는 되어야 한다. 오늘날에는 보통 일반 교자상을 사용하기도 한다.

• 제석(祭席) : 제사 때 까는 돗자리.

• 제수(祭羞) : 제사에 쓰이는 제물을 말하며 제찬(祭粲)이라고도 한다. 제찬에는 고춧가루나 마늘, 후추, 향신료 등은 사용하지 않는다.

• 제야자필부부친지(祭也者必夫婦親之) : 제사는 반드시 부부가 직접 지내야 함.

• 제의초(祭儀抄) : 율곡(栗谷) 이이(李珥)가 학문을 처음으로 시작하는 아이들을 효과적으로 가르치기 위한 도학입문서(道學入門書)로서 편찬한 책인 『격몽요결(擊蒙要訣)』 말미에 부록으로 설명해 놓은 제의(祭儀)에 관한 기본 핵심내용을 설명한 글이다. 중국과 다른 우리나

라의 제의(祭儀)의 특징 중의 하나인 제물(祭物) 진설 시의 탕(湯)의 진설에 관한 전거(典據)로서의 의의(意義)가 크다.

- 제장(祭場) : 제사지내는 장소.
- 제절(祭節) : 제사지내는 절차.
- 제주(祭酒) : 청주.
- 제주상(祭酒床) : 주전자, 숭늉, 퇴주 그릇을 올려놓는 작은 상(床)을 말한다.
- 제주어진애경지성(祭主於盡愛敬之誠) : 제사에는 애경지성을 다함에 주력해야 함.
- 제지모상(祭之茅上) : 모사 위에 좨주(祭酒)함.
- 제축문(祭祝文) : 제사를 지낼 때 신명에게 고하는 글.
- 제향(祭享) : 제사.
- 제향(祭香) : 제사에 쓰이는 향.
- 조(俎) : 고기를 담는 제기. 나무로 만들고 받침(발)이 있다. 위판은 직사각형.
- 조계(阼階), 서계(西階) : 사당 뜰에 있는 동쪽 계단(조계), 서쪽 계단(서계).
- 조과(造果) : 유과 또는 엽과(葉果).
- 조매(祧埋) : 4대 봉사 후 사당에 안치되었던 친진(親盡)을 다한 신주를 땅에 묻는 일을 말한다.
- 조석상식(朝夕上食) : 상가에서 아침저녁으로 궤연에 올리는 음식.
- 조율시이(棗栗柿梨) : 과일은 왼쪽에서부터 대추, 밤, 감(곶감), 배의 순으로 진설한다. 배와 감의 순서가 바뀌기도 한다(조율이시). 기타

철에 따라 사과, 수박, 포도 등도 놓으나, 복숭아는 놓지 않는 풍습이 있다.

- 조주(祧主) : 체천(遞遷)할 신주.
- 조천(祧遷) : 친진(親盡)을 다한 신주, 즉 원조(遠祖)를 합사(合祀)하기 위해 조묘(祧廟 - 사당)에로 옮기는 것.
- 조판(俎板) : 칼도마.
- 존자(尊慈) : 어르신. 귀하. 상대를 높여 부르는 말.
- 종묘대제(宗廟大祭) : 왕(王)이 선대의 왕께 드리는 국가의 제사(제향). 종묘는 조선왕조의 역대 왕과 왕비의 신주(위패)를 모시고 있는 사당(祠堂)으로서 신라시대에는 시조묘(始祖廟), 고려시대에는 태묘(太廟)라고 하였다. 정궁(正宮)인 경복궁의 동쪽에 위치해 있다. 국가의 근본을 상징하는 공간이다. 중요무형문화재 제 56호이다.
- 종자(宗子) : 종가(宗家)의 맏아들.
- 종헌(終獻) : 세 번째 술잔을 올리는 의식이다, 아헌자(亞獻者)의 다음가는 근친자가 아헌 때와 같이 한다. 잔은 7부쯤 부어서 올린다. 종헌 후에는 술을 퇴주그릇에 붓지 않고 그대로 둔다.
- 종헌관(終獻官) : 제사를 지낼 때 세 번째로 술잔을 올리는 제관.
- 좌간남(左肝南) : 1609년에 간행된 『영접도감의궤(迎接都監儀軌)』에 나오는 표현으로서, '간남(肝南)'이란 손님 상 남쪽에 차려지는 중요한 밥반찬을 말한다. 안동 권씨의 제사기록인 『묘사의절(墓祀儀節)』에 따르면 좌측에는 육남(肉南 - 갈비찜, 수육, 육탕 등)을 두었고, 우측에는 어남(魚南 - 조개전, 멸치전, 합탕 등)을 두었다. 결국 제사 상차림도 귀한 손님을 맞이할 때의 '좌간남(左肝南), 우간남(右肝南)'의 법식에 맞춘 데에서 기인한다고 말할 수 있다.
- 좌묘우사(左廟右祠) : 수도가 정해지면 궁궐을 중심으로 해서 왼쪽

(동)에 종묘(宗廟)를 배치하고 오른쪽(서)에 토지와 곡식의 신에 제사지내는 사직단을 배치함.

- 좌반(佐飯) : 미역, 콩잎, 어, 육 등.
- 좌욕(坐褥) : 교의 위에 놓은 신주 방석.
- 좌존작(左尊爵) : 왼쪽에서 잔을 받아 올리는 제관.
- 좌집반(左執盤) : 왼손으로 잔 받침을 잡음.
- 좌포우해(左脯右醢) : 포는 왼쪽에 젓갈은 오른쪽에 진설할 것을 형상화한 용어이다. 둘째 줄의 나물 줄에 놓는다. 사람이 제상을 향해 섰을 때 오른쪽을 동쪽, 왼쪽을 서쪽이라 한다.
- 좨주 쵀주(祭酒 啐酒) : 모사기에 술을 붓고, 남은 술을 맛 봄.
- 주고(廚庫) : 사당의 제기용품 보관소.
- 주(酒) : 술.
- 주과포혜(酒果脯醯) : 술, 과실, 포, 식혜로 간단히 차린 제물.
- 주가(酒架) : 주전자, 현주병, 퇴주기 등을 올려놓는 작은 상(床).
- 주배(酒杯) : 술잔. 잔 받침이 반드시 있어야 한다.
- 주사(主祀) : 제사의 주인.
- 주원(周垣) : 사당 주위를 둘러싼 4방형의 담장.
- 준(餕) : 남긴 음식. 음복연(飮福宴)을 함.
- 준작(撙杓) : 사기(砂器)나 구리로 만든 주전자. 소 모양의 희준과 코끼리 모양의 상준 등이 있다. 또한 작은 새부리 모양도 있다.
- 준항(罇缸) : 술을 담는 병.
- 중구(重九) : 음력 9월 9일. 또는 중양(重陽)이라고도 한다. 양수(陽數)인 9가 겹친 날이다. 중국 한(漢)나라 위(魏)나라 때에는 이날을

국화꽃을 감상하고 등산하는 명절로 삼았다고 한다. 우리나라에서는 고려 때부터 이날을 기려 국화전, 화채 등을 시식(時食)으로 하여 조상께 차례를 드렸다.

- 증(甑) : 시루.
- 지산음수(地産陰數) : 땅에서 나는 음식(과일)은 짝수 접시로 진설.
- 지천(祗薦) : 정성껏 올림.
- 지천세사(祗薦歲事) : 삼가 정성껏 세사를 올린다는 의미의 축문 서식 문구. 웃어른에게만 쓰고, 아랫사람에게는 '伸此歲事(신차세사)'를 쓴다.
- 지필묵함(紙筆墨函) : 축문을 쓰거나 지방을 쓰기 위한 한지(韓紙), 붓, 먹, 벼루 등을 담아두는 함(函).
- 진기구찬(陣器具饌) : 여러 가지 제기들을 늘어놓아 진설하고, 제물(음식)을 마련하여 준비함.
- 진다(進茶) : 숭늉 올리기.
- 진설(陳設) : 제수용품을 제상에 차리는 일. 앞에서 첫 줄에는 과일, 둘째 줄에는 나물과 포, 셋째 줄에는 탕, 넷째 줄에는 적(炙 - 불에 굽거나 찐 고기)과 전(煎 - 기름에 튀긴 것), 다섯째 줄에는 메(밥)와 국(갱), 잔을 놓는다.
- 진숙수(進熟水) : 계문 후 갱(羹)을 내리고 숭늉을 드림.
- 진차전의(陳此奠儀) : 여러 음식을 차려 전을 올림.
- 진찬(進饌) : 제사지낼 때 강신 다음에 어(魚), 육(肉) 등의 주식(主食)을 제상에 진설하는 일. 즉 식어서는 안 되는 메(밥)와 국(갱), 탕 등의 제수들을 윗대 조상의 신위부터 차례로 올린다.
- 짐주(斟酒) : 초헌, 아헌, 종헌 시 술을 따름.

• 집례(執禮) · 창홀(唱笏) : 제의절차(笏記)를 읽는 사람. 제향 때 예식을 집행하던 임시 소임.

• 차(茶) : 세속에서는 숭늉으로 대신하기도 한다.

• 차례(茶禮) : 음력으로 매월 초하루 날과 보름날 그리고 명절이나 조상의 생신날에 간단하게 지내는 제사이다. 절사(節祀), 다사(茶祀)라고도 한다. 원단(元旦, 1월 1일), 추석(秋夕, 음 8월 15일), 단오(端午, 음5월 5일), 동지(冬至, 24절기의 22번째로 보통 12월 22일 경. 작은설이라고도 함) 등의 아침에도 지낸다. 보통 4대조까지 한꺼번에 지낸다. 추석 대신 음 9월 9일(重陽節)에 지내는 수도 있고, 단오나 동지의 시제는 오늘날은 대부분 지내지 않는다. 제수와 절차는 기제를 따르지만, 축문이 없고 술을 한잔만 올린다.

• 차일(遮日) : 노천(露天) 제의례 때 햇볕을 가리기 위해 치는 포장. 집안 제사에는 천장(天障)을 가리는 앙장(仰帳)을 사용하였다.

• 차장방(次長房) : 최장방(最長房) 다음으로 항렬이 높은 자. 최장방 다음의 서열자.

• 찬(饌) : 반찬. 포, 식혜, 나물, 과일 따위.

• 찬자(贊者) : 제례 시 헌자(獻者)와 독축자를 인도하는 사람.

• 참신(參神) : 고인의 신위에 인사하는 절차로서 모든 참사자가 일제히 두 번 절한다. 신주인 경우 참신을 먼저 하고 지방인 경우는 강신을 먼저 한다. 옛날에는 절을 하는 횟수가 남자는 2번, 여자는 4번을 하였다. 이는 남녀차별의 뜻이 아니라 음양의 원리에 따른 것이다. 산 사람과 남자는 양(陽)의 도를 따르고, 죽은 사람과 여자는 음(陰)의 도를 따르기 때문에 산 사람에게는 1(양)번 절하고, 죽은 사람에게는 2(음)번 절하나 여자는 그 2배로 한다. 그러나 현대에서는 음양이론을 따르는 것이 만사가 아니니, 남자와 마찬가지로 재배만으로도 무방할 것이다. 미리 제찬을 진열하지 않고, 참신 뒤에 진

찬이라 하여 제찬을 올리기도 한다. 진찬 때에는 주인이 육(肉), 어(魚), 갱(羹)을 올리고, 주부가 면(麵), 편(篇), 메(밥)를 올린다.

• 창홀(唱笏) : 제사를 모실 때 제사의 순서(笏記)를 청아한 음석으로 고저장단(高低長短)에 맞추어 읊는 방식.

• 채반 : 사자밥 세 그릇과 짚신 세 켤레를 받쳐서 상가의 집 앞에 진열해 놓는 그릇.

• 채소(菜蔬) 및 숙채(熟菜) : 삼색나물(시금치, 고사리, 도라지).

• 척일(隻日) : 강일(剛日) 참조.

• 천산양수(天産陽數) : 하늘에서 나는 것(肉, 魚)은 홀수 접시로 진설.

• 천구(遷柩) : 영구를 옮김.

• 천신(薦新) : 계절의 새로운 음식을 올림. 속절(俗節)의 시식 이외에 새로운 물건이 나오면 이를 바치되 절차는 망일참례와 같다. 예를 들면 앵두, 참외, 수박, 조기, 뱅어, 은어, 대구, 청어, 동태 등이 새로 나오면 사당에 바쳤다가 내려서 먹는 것이다. 즉 새로운 음식을 만들거나 사왔을 때 빈소에 올려놓았다가 물리는 것이다. 율곡이 사당에 천신(薦新)하는 것에 관해 언급한 것이 있는데, '오곡 중에서 메를 지을 수 있는 것은 마땅히 반찬 두어 가지를 함께 마련하여 다달이 초하루의 사당참배와 같이 하고, 생선, 과일 따위 및 콩, 밀 등 메를 지을 수 없는 것은 새벽에 사당에 뵈올 때 신주독을 열고 한잔 술로 올린다.'고 말하였다. 이로 미루어 본다면, 천신하는 것 중 오곡으로 메를 지을 수 있는 것은 메를 지어서 상식에 쓰고, 그 나머지는 상식과 전을 드릴 때에 함께 차리면 마땅할 듯하다.

• 천지신명(天地神明) : 천지의 신

• 철(徹) : 제물을 물림.

- 철갱점다(徹羹點茶) : 갱(羹)을 물리고 다(茶)를 올림.
- 철상(撤床) : 제상의 제물을 치운다. 제상 위의 모든 제수를 집사가 뒤쪽에서부터 차례로 물린다.
- 철시복반(撤匙覆飯) : 신위께서 제물을 다 잡수셨으므로 숭늉 그릇에 놓인 수저를 거두어 세 번 고른 다음 제자리에 놓고 메 그릇의 뚜껑을 덮는다. 이 때 수조(受胙)리 하여 제주가 꿇어앉아 집사사가 물려주는 술잔을 받아 마시고 음식을 조금 받아먹는 예가 있었으나 지금은 대개 이 절차가 생략된다.
- 철적(撤炙) : 적(炙)을 아헌, 종헌 시 방밖으로 내가는 것을 말한다. 퇴적(退炙)은 적(炙)을 상에서 물리는 것이다.
- 철주(徹酒) : 술을 물림. 퇴주(退酒)와 같은 의미.
- 철주기(徹酒器) : 퇴주 그릇(사발). 초헌, 아헌 시 술을 물릴 때 사용한다.
- 첨례(瞻禮) : 사당 출입 시 사당의 조상들께 우러러 인사하는 예(禮). 우러러 보는 예(禮).
- 첨소봉영(瞻掃封塋) : '우러러 선조의 산소를 깨끗이 단장한다.'는 의미의 축문 서식 문구(文句).
- 첨작(添酌) : 종헌이 끝나고 조금 있다가, 제주가 다시 신위 앞으로 나아가 꿇어앉으면, 집사는 술 주전자를 들어 종헌 때 7부를 따라 올렸던 술잔에 세 번 첨작(잔에 더하여 따름)하여 술잔을 가득 채운다. 이는 술을 더 권하는 의식으로 첨잔(添盞)이라고도 한다. 유식(侑食)이라고도 한다.
- 청작서수(淸酌庶羞) : 맑은 술과 여러 음식.
- 청장(淸醬) : 간장. 맑은 장.
- 청천구우(請遷柩于) : 청하옵건대 영구를 옮기다.

• 초목기장(草木旣長) : 풀과 나무에 이미 잎이 무성하다는 의미의 축문 문구(文句).

• 초(醋) : 식초.

• 초(炒) : (고기, 생선 중) 볶은 것.

• 초접(醋楪) : 식초 접시.

• 초헌(初獻) : 제사 지낼 때 첫 번째의 술잔을 신위에 드리는 것. 즉 제주(祭主)가 첫 번째 술잔을 올리는 예식이다. 수헌(首獻)이라고도 하였다. 그 절차는 상주가 영좌 앞으로 나아가면, 집사가 영좌 앞에 있는 잔을 가져다가 상주에게 주고 술을 따른다. 상주는 받은 술을 모사(茅沙) 위에 3번 제(三除)한 다음 집사에게 건네주고 잠시 엎드렸다가 일어선다. 집사는 받은 잔을 영좌 앞에 놓고 밥그릇 뚜껑을 열어 놓는다(開飯蓋). 상주 이하가 모두 무릎을 꿇고 엎드리면, 축관이 축판을 가지고 상주 왼쪽(흉사 시에는 오른쪽)으로 나와 무릎을 꿇고 축문을 읽는다. 축관이 축문을 다 읽고 나면, 상주는 곡하고 두 번 절한 뒤에 제자리로 와서 곡한다.

• 초헌관(初獻官) : 제사 때 첫 번째로 술잔을 신위에 올리는 제관.

• 촉대(燭臺) : 촛대. 제상(祭床)에 촛불을 밝히기 위한 도구로 좌우 한 쌍을 준비한다.

• 최장방(最長房) : 고조(高祖) 아래로의 생존자 중 가장 항렬이 높은 자. 즉 제사지낼 대수(代數)가 끝나지 않고, 항렬이 높으면서 나이가 가장 많은 사람이다.

• 추석절사(秋夕節祀) : 음력 8월 보름에 지내는 제사이다. 차례를 지내는 봉사 대상은 직계 조상을 원칙으로 하며(때로는 자손이 없는 방계조상도 포함), 제수(祭羞)는 새로 익은 햇곡식과 햇과일로 한다.

• 추원감시(追遠感時) : 돌아가신 때를 맞아 진정 추모하는 마음을

느낀다는 의미의 축문의 문구(文句). 즉 '세월이 흐를수록 더욱 생각난다.'는 뜻이다.

• 축(祝) : 제사 등의 의례에서 의례의 목적과 의미를 적어 의례의 대상에게 고하는 글이다. 축문(祝文)이라고도 한다.

• 축관(祝官) : 축문을 읽는 사람을 축관이라고 하고, 축관은 제사의 끝남을 알리는 이성(利成)을 고하고, 축을 태우는 역할까지 두루 행하는 중요한 역할을 담당한다.

• 축판(祝板) : 축문을 올려놓는 판(板).

• 축판석(祝板石) : 무덤 앞에 축문을 올려놓기 위해 마련한 돌.

• 축주(祝酒) : 제사 때 세 번째 올리는 잔의 술을 모사(茅沙)에 조금 따름.

• 출주(出主) : 사당에서 신주를 모셔 내오는 일.

• 치재(致齋) : 재계(齋戒)의 2가지 방법(散齋, 致齋) 중 한 방법으로서 지극한 재계이다. 재(齋)란 가지런히 하는 것이다. 즉 산재는 느슨한 재계이고, 치재는 지극한 재계이다. 산재(散齋)를 먼저 한 다음 치재(致齋)를 하게 된다. 결국 치재(致齋)란 제사에 참여하는 모든 사람들이 한 곳에 모여서 합동으로 하는 재계(齋戒)이다. 3일 동안 행하였다. 즉 입제(入祭)하는 날부터 파제(罷祭) 다음 날까지의 3일 동안은 그 마음의 생각을 전일(專一)하게 하였다. 말하자면 치재 기간에는 남녀가 가까이 하지 않으며, 조문(弔問)을 가서도 안 되고, 풍류를 즐기거나 남을 흉보고 불길한 일 등에 관여해서도 안 된다. 집안에 잡인을 들이거나 부정(不淨)한 물건을 들여서도 안 된다. 그리하여 옛날에는 대문에 금줄을 치고 잡인이나 부정(不淨)한 물건이 들지 못하게 하였다. 즉 치재(致齋)기간 중에는 품행을 더욱 조심하고, 일체의 바깥출입을 삼가고, 언행을 삼가며, 오직 돌아가신 조상만 생각하도록 하였다. 산재(散齋) 참조.

• 친기(親忌) : 부모의 제사.

• 친진(親盡) : 친속 관계가 끝남. 제사를 지내는 대의 수가 다됨. 천자는 7묘(廟), 제후는 5묘, 민간인은 4묘를 모시는 것이 통례이다. 4묘는 아버지로부터 고조까지인데, 그 친족관계는 8촌까지 미친다. 효현손의 8촌이 생존하는 한 고조의 제사가 지내지고, 그 8촌이 모두 죽으면 친진이 되는 것이고, 고조의 신주를 사당에서 내어 모셔 무덤에 묻는다. 이 경우 이러한 사실을 고하는 축문을 해당 신주인 5대조께 읽어 올린다.

• 친행(親行) : 종묘대제나 사직대제 시, 왕(王)이 세자와 문무백관을 거느리고 친히 제사를 올리는 것.

• 침채(沈菜) : 동치미. 나박김치. 생나물로 희게 담근 나박김치를 보시기에 담아서 내놓는다.

• 탕(湯) : 예서 중 율곡 선생의 <제의초(祭儀鈔)>에만 보이고 다른 예서에는 없다. 탕은 홀수 그릇을 쓰는데, 대체로 3탕, 5탕의 양수(陽數)로 한다. 3탕일 경우에는 육탕, 어탕, 계탕(혹은 素湯)을 쓰는데 건더기만 탕기에 담고 뚜껑을 덮는다. 5탕일 경우에는 채소나 두부를 재료로 하며, 기타 적당한 재료를 추가하기도 한다.

• 탕기(湯器) : 탕과 국을 담는 제기로서 여러 모양이 있다.

• 탕병(湯甁) : 탕을 넣어 놓은 병이나 단지.

• 퇴적(退炙) : 적(炙)을 상에서 물리는 것이다. 철적(撤炙)은 적(炙)을 방 밖으로 내가는 것이다.

• 퇴주(退酒) : 초헌, 아헌 시 헌작한 술을 물려 철수함.

• 퇴주기(退酒器) : 헌작(獻爵)과 술을 올릴 때 술을 따라 붓는 그릇.

• 파제일(罷祭日) : 제사가 끝나는 날을 말한다. 즉 돌아가시기 전 날이 입제일이라면, 돌아가신 날은 파제일이 된다.

- 편(片) : 떡(설기는 안하고 백편으로 한다).
- 평량자(平凉子) : 패랭이. 남자들이 선조를 제사지낼 때 착용하는 것이다.
- 포(脯) : 북어, 건대구, 건문어, 건전복, 건상어, 육포, 오징어 등 말린 고기를 총칭하는 용어이다. 어포(魚脯)나 육포(肉脯)가 있다. 직사각형 접시에 담는다. 어포는 북어포를 가장 많이 쓰는데, 이는 귀신이 안주로 사용하기 위하여 가져가기 편하다고 생각하는 주술적인 의미가 있다.
- 포대(布帶) : 베 띠. 포직령(布直領 - 베 직령), 평량자(平凉子) 등과 함께 남자들이 선조를 제사지낼 때 착용하는 것들이다.
- 포즉좌반(脯卽佐飯) : 포란 바로 좌반을 말함.
- 포직령(布直領) : 베 직령.
- 하비저(下匕筯) : 숟가락과 젓가락을 내려 놈.
- 하시(下匙) : 숟가락을 내리다.
- 하시저(下匙箸) : 수저를 뽑아 제자리에 내려놓다.
- 하사(嘏辭) : 신이 주인에게 내리는 축복의 말. 대개 다음과 같다 : "조상께서 축관에게 명하여 많은 복을 너 효손에게 이어 이르게 하노라. 너 효손에게 주어, 너로 하여금 하늘에서 복을 받고, 밭에서 곡식을 잘 가꾸게 하고, 눈썹이 세도록 오래 살게 하리니, (제사를) 폐하지 말고 기리 하여라."
- 한식성묘 : 한식은 24절기 중에서 청명 다음날, 즉 동지로부터 105일째 되는 날로서 보통 4월 4~5일 경에 해당된다. 우선 조상에게 제사를 올리고 성묘를 간다. 집에서 제사를 모셨을 때는 묘제는 생략한다. 개자추의 전설이 전해지고 있다. 한식이라는 명칭은 비바람이 매우 심하여 불을 때지 못하고 찬밥을 먹었다는 데에서 유래된다.

• 합문(闔門) : 참사자 모두 방에서 나와 문을 닫는 것.

• 합반개(闔飯蓋) : 집사는 모든 음식(밥) 뚜껑을 닫음.

• 합사(合祀) : 둘 이상의 죽은 사람의 혼을 한 곳에 모아 제사지내는 것. 보통 부부는 합사한다. 그리하여 지방을 작성할 때도 부부는 합사하여 한 장에 작성한다.

• 향로(香爐) : 향(香)을 사르는 기구로, 향을 피우는 것은 강신 때 혼을 부르기 위한 의식이다.

• 향비(香匕) : 향 뜨는 숟가락.

• 향사(享祀) : 제사.

• 향안(香案) : 향로와 향합, 모사기를 올려놓는 작은 상(床).

• 향합(香盒) : 향을 담아 놓는 그릇.

• 해동(海東) : 발해(渤海)의 동쪽이라는 뜻. 옛날 우리나라를 이르던 이름.

• 해(醢) : 물고기를 절인 젓갈을 의미하는 것으로 좌포우해(左脯右醢)라는 말처럼 제사상에서 빠져서는 안 될 제물 중의 하나이다.

• 해과(鮭科) : 제물(祭物)로 사용하는 어채(魚采). 즉 복, 연어, 복어 등 생선을 조리한 어채의 총칭.

• 헌(軒) : (고기, 생선 중) 크게 저민 고기.

• 헌관(獻官) : 제사 때 임시로 임명하는 제관.

• 헌다(獻茶) : 갱을 내리고 숭늉을 올린 뒤 메를 조금 떠서 물에 말아 놓고 저를 고른다. 이때 참사자는 모두 머리를 숙이고 잠시 동안 읍(揖)하고 있다가 고개를 든다. 이는 첨작 때와 같이 식사를 조금 더 권하는 의식이다. 헌다 후 수조(受胙), 음복(飮福)이라 하여 집사가 제주에게 술과 음식을 조금 내려주면서, '복을 받으십시오'하고

축복하는 절차가 있다. 주인(제주)은 잔반을 받아 술을 조금 고시레 하고 나서 맛 본 뒤 음식도 조금 맛을 본다. 이것으로 제사의식은 끝난다. 그러나 조상의 기일에 자손이 복을 받는다는 것이 예의 정신에 맞지 않기 때문에 우리나라에서는 이 의식을 거행하지 않는다.

- 헌이시식(獻以時食) : 사당에 제철 음식을 바침.
- 헌작(獻酌) : 제사 때 술잔을 올리다.
- 헌현(獻賢) : 제물 중 좋은 것을 종자에게 바치는 일.
- 현고부군(顯考府君) : 신주나 지방을 작성할 때 돌아가신 아버지를 존칭하는 말.
- 현벽(顯辟) : 죽은 남편의 신주 첫머리에 쓰는 문구.
- 현비(顯妣) : 돌아가신 어머니의 신주 첫머리에 쓰는 문구.
- 현조고(懸祖考) : 돌아가신 할아버지의 신주 첫머리에 쓰는 문구.
- 현주(玄酒) : 제사 지낼 때 술 대신 쓰는 냉수. 정화수. 맹물. 흔히 졸곡 제사부터 현주(玄酒)를 사용한다.
- 현증조고(顯曾祖考) : 돌아가신 증조할아버지의 신주 첫머리에 쓰는 문구.
- 현형(顯兄) : 돌아가신 형님 신주의 첫머리에 쓰는 문구.
- 혈식군자(血食君子) : 혈식(血食)이란 익히지 않는 날고기를 일컫는데, 뜻을 풀이하면 '날고기를 제물로 받는 훌륭한 인물'이 된다. 구체적으로는 '날고기를 제물로 올리는 향교[文廟]나 서원에 배향되거나 불천위로 지정될 정도로 뛰어난 인물'을 말한다. 예기(禮記)에 보면 "순(舜)임금의 제사에서는 생기(生氣)가 있는 것을 숭상했는데 희생(犧牲)의 피, 날고기, 데친 고기 등이다."(『예기』, 「郊特牲」)라는 구절이 있는데, 이처럼 고례에서는 익히지 않고 생(生)으로 사용하는 것을 최고의 품격으로 여겼다. 고로

혈식군자(血食君子)야말로 군자로서 성취할 수 있는 최고의 지위였다.

- 협실(夾室) : 신주를 모신 사당의 좌우에 별도로 만든 방(옆방, 곁방).
- 형귀둔석 신반실당(形歸窀穸 神返室堂) : '형체는 광중 속으로 가셨지만 신령은 집안으로 돌아오십시오.'라는 의미의 제주(題主) 축문 서식 문구(文句).
- 혜(醯) : 식혜.
- 호준(壺樽) : 단지 모양의 술병으로 가을, 겨울 제사 때 흰빛술을 담았다.
- 호천망극(昊天罔極) : 하늘과 같이 높고 넓어 끝을 모르겠음. 넓은 하늘과 같이 부모의 은혜가 크다는 뜻이며, 부모의 기제축문에 사용한다. 즉 부모에게만 쓰이는 문구(文句)이다.
- 홀기(笏記) : 혼례나 제례의 의식 때 제사순서(祭祀順序)를 적은 판.
- 홍동백서(紅東白西) : 붉은 과일은 동쪽에, 흰 과일은 서쪽에, 제주가 제상을 바라보아 오른쪽을 동, 왼쪽을 서라 한다.
- 화로(火爐) : 제물을 데우는 데 쓰는 물건.
- 화저(火筯) : 제사음식 시 불을 관리하는 부젓가락.
- 환구대제 : 조선시대 왕(王)이 하늘에 제사를 지내는 국가적 제천의례(祭天儀禮)이다. 이 환구대제는 중국 명(明)나라의 압력으로 세조 이후 폐지되었다가, 고종 황제가 1897년 대한제국을 선포하면서 부활시켰는데, 일제 강점기 때 다시 폐지되었다. 2008년 전주이씨대종 종약원은 종묘대제(人), 사직대제(地)와 함께 천지인(天地人)을 상징하는 이 환구대제(天)를 매년 10월 14일(고종의 대한제국 황제 즉위일)에 거행하기로 결의하였다.
- 회(膾) : (고기, 생선 중) 회(膾).

• 회도살(回到殺) : 하관하는 순간을 보면 산 사람이 화를 당한다고 한다. 일부에서는 '호충'을 피하라고 하며, 하관하는 전후 3분 동안 보지 않는다.

• 효(殽) : (고기, 생선 중) 불고기 류.

• 효(絞) : 싸매는 끈.

• 효종신지행(孝終身之行) : 제사의 중요성을 가리키는 말이다. 즉 제사는 보본의식(報本意識)의 발로로서 효란 조상이 살아계실 때만 하는 것이 아니라 내가 죽을 때까지 종신토록 행하는 것이라는 말이다. 그 종신토록 행하는 효가 바로 조상을 정성스럽게 모시는 제사이다.

• 휘일부림(諱日復臨) : 돌아가신 날(忌日)이 다시 돌아오다. 처와 아우 이하에는 망일부지(亡日復至)라고 한다.

• 흉세지사(凶歲之事) : 나쁘고 더러운 일.

• 흠향제례(歆饗祭禮) : 종묘 등에서 생(生 - 날 것) 음식과 제물을 장만하여 지내는 왕실 등의 제사로서 식음(食飮)제례와 구별되는 제사.

• 희생(犧牲) : 우(牛), 양(羊), 시(豕)등 제사 시에 받쳤던 희생의 제물. 우(牛)의 경우 기를 때는 축(畜)이고, 제사 때는 생(牲)이 된다.

3 풍수지리 용어

• 간룡(幹龍) : 커다란 산줄기.

• 간룡법(看龍法) : 풍수지리에서 산을 용이라 부르기 때문에 산을 보는 것을 간용법이라고 한다. 용(龍)은 동양의 설화나 전설에서 지극히 귀한 존재로 표현되며, 귀(貴)의 상징이 된다. 용(龍)은 그 변화가 무궁무진하여 천태만상과 천변만화의 상징적 동물이다. 풍수지리에서 산의 능선을 용(龍)이라고 부르는 것은 산맥의 흐름이 마치 용과 같이 변화무쌍하기 때문이다.

간룡을 보는 법을 알기 위해서는 세, 형, 혈 / 태식, 잉, 육(勢形穴 / 胎息孕育)의 7글자만 제대로 이해하면 무난하다. 먼저 세(勢)란 세산(勢山 - 아주 큰 세력이 있는 산. 혈처에까지 이르게 되는 오직 한 줄기의 세력이 있는 산의 줄기)을 말한다. 형(形)이란 형산(形山 - 부드러운 산, 아담한 산, 단정한 산, 크기는 좀 작은 산)을 말한다. 혈(穴)이란 곧 자리를 하게 될 명당 터를 말한다. 이러한 세(勢)·형(形)·혈(穴)이 서로 자연스럽게 연결이 되어서 혈(穴)자리에서 머물러야 기세를 듬뿍 머금은 그러면서도 모양이 단정한 제대로 된 터가 되는 것이다.

이 때 주의할 것은, 혈(穴)자리에서 보아 세산(勢山 - 바위 등으로 뭉쳐진 강한 파워를 가진 세가 있는 기세등등한 산. 즉 산 기운의 발전소)이 보이지 않아야 좋다고 한다. 즉 뒤의 형산(形山 - 세산 대비 산 기운의 변압기)에 의해서 설사 멀리 있더라도 세산(勢山)이 보이지 않아야 좋다는 것이다.

다음 태식(胎息), 잉(孕), 육(育)이란, 형산(形山) 끝자리부터 혈(穴 -

育)자리까지의 산줄기의 모양을 말하는 용어이다. 태(胎)란 산줄기를 탯줄로 빗댄 말이요, 식(息)이란 형산(形山)에서 혈까지 내려오는 이 탯줄로서의 산줄기가 마치 호흡하는 것처럼 꿈틀거리며 왕성한 것을 말하는 것이요, 잉(孕)이란 혈처 바로 뒤에서 산기운이 잉태한 것처럼 뭉쳐 솟아난 언덕 같은 것(넓이 : 3~4미터에서 7~8미터 이상, 높이 : 2~30센티에서부터 몇 미터까지)을 말하는 것이요(고로 잉이란 곧 證穴이 됨), 육(育)이란 곧 혈(穴)을 일컬음이다.

• 간산(看山) : 기가 응취된 혈을 찾기 위해서 맥을 따라 산(山)에 오르는 것.

• 감여(堪輿) : 풍수의 또 다른 말.

• 강원(岡原) : 산언덕.

• 개장(改葬), 이장(移葬) : 산소를 다른 곳으로 옮겨 장사지냄.

• 개혈(開穴) : '혈을 연다'는 뜻으로 보통은 시신을 안장하기 위해 땅을 파는 행위를 말한다. 개혈하면 땅 속으로 바람이 들어가 생기가 흩어진다.

• 격룡(格龍) : 내룡(來龍)의 오는 방위를 패철을 이용하여 알아보는 행위.

• 겸혈(鉗穴) : 형기론에서 형장의 모양을 가리키는 용어로서 와혈(窩穴)처럼 전체적인 생김새가 가운데 쪽으로 오목하게 들어간 음혈이다. 일명 '개각혈(開脚穴)'이라 하며 두 개의 지각(地脚)이 다리를 벌리고 다리 사이에 혈장을 받쳐 든 형상이다.

• 계간수(溪澗水) : 산골짜기 물.

• 계체석(階砌石) : 묘의 명당과 봉분을 구분하는 경계를 만든 돌로 묘 바로 앞에는 혼유석과 석상, 장명등 등을 놓고 그 다음에 계체석(階砌石)으로 경계를 한 다음 망주석을 세운다.

• 곡장(曲墻) : 왕릉의 앞쪽을 제외한 동, 서, 북 3면에 바람을 막기 위해 둘러막은 담장. 봉분을 보호하기 위함이다. 담장이 굽었다 하여 곡장(曲墻)이라고 한다.

• 구곡수(九曲水) : 묘 앞에 구불구불 옆으로 흐르는 물. 즉 갈지자(之) 형으로 흐르는 물을 말하고 풍수에서는 아주 길복이 많아 의식이 풍족하며 오는 물이나 가는 물이나 모두 길(吉)로 여기는 물이다.

• 구산(求山) : 묏자리를 구함.

• 구혈수(溝血水) : 평지에 흐르는 봇도랑 물.

• 국(局) : 양택이든 음택이든 하나의 취합 형태를 이룬 것. 즉 혈(穴)과 사(砂, 沙)가 합하여 이룬 자리를 말한다.

• 궁궐풍수 : 양택풍수의 하나로 궁궐 건축에 있어서 풍수의 이론을 접목한 것. 2천년 이상의 오랜 역사를 가지고 있는데, 고조선의 왕검성, 고구려의 국내성 평양성, 백제의 하남위례성, 공주산성, 부여산성, 신라의 서라벌, 고려의 개성, 조선의 한양성 등의 성들이 있다. 이들 성들의 건축에 있어 항상 풍수의 이론이 그 기초가 되어 운용이 되었던 것이다.

현존하는 대표적인 궁궐로는 경복궁을 들 수가 있는데, 경복궁은 남산(전주작), 백악산(후현무), 낙산(좌청룡), 인왕산(후현무)로 사신사를 삼고, 청계천이 우에서 좌로 흘러 한강으로 들어가는 형태로서 좌향을 잡아 조성된 궁궐이다. 좌청룡 쪽으로는 창덕궁, 창경궁이 이어서 붙어있고, 우백호 쪽으로는 경희궁, 그 앞으로는 덕수궁이 붙어있다. 이것이 대표적인 5대궁궐이다. 경복궁을 중심으로 창덕궁 창경궁을 동궐(東闕)이라고 하고, 경희궁을 서궐(西闕)이라고 하며, 이에 대해 경복궁을 북궐(北闕)이라고도 한다.

경복궁은 태조에 의해서 시작되고, 정종 때에는 다시 개성으로 갔다가, 태종에 의해서 마무리가 된다. 처음에는 무학대사와 정도전이 서로 풍수적 견해를 가지고 팽팽히 맞섰으나, 결국은 정도전을 중심으로 한 유학자들의 입장이 주류를 이루게 된다. 그 후 임진왜란(선조) 때 불타버리고, 이후 중창을 하지 않고 창덕궁에서 왕이 기거하며 정사를 행하게 되다가, 고종 때 대원군에 의해서 경복궁이 다시 만들어지게 된다. 고로 현존건물은 고종 때 복원된 것들이다. 궁궐을 볼 때는 항상 왕의 입장에서 접근하는 것이 바람직하다.

경복궁의 정문은 광화문(光化門, 南門)이고, 광화문 앞에는 해태 동상이 있다. 해태는 사람의 선악을 구별한다는 의미를 가지고 있으며, 고로 이 문으로 출입하는 공직자들의 선악을 지켜보고 있는 형상이다. 또 하마비(下馬碑) 하라는 의미도 내포하고 있다. 광화문(南門)에는 3문이 있는데, 가운데 문(천장 - 전주작[공작] 그림)으로는 왕(王)만 출입할 수 있고, 나머지 신하들은 옆문으로만 출입할 수 있다. 좌측옆문의 천장에는 후현무의 그림이 그려 있고(경복궁 뒤로는 진산의 정기를 받기 위해 문을 내지 않았음), 우측옆문 천장에는 말그림(午門 - 정남방향이라는 의미)이 그려 있다.

광화문(光化門)의 광(光)은, 먼 앞쪽에서 보이는 관악산이 너무 살기(殺氣)를 띠고 있으므로, 이 살기가 도성 안으로는 들어오지 못하게 이 살기를 억제하기 위해서 불꽃모양의 광(光)자를 써서 비보(裨補) 개념으로 쓴 글자이다. 그 때문에 남대문의 현판도 숭례문이라고 쓰고, 불꽃모양의 이 숭(崇)자를 통해 맞불작전을 쓴 것이다. 경복궁의 동쪽 문은 건춘문(建春門)인데, 그 천장에는 청룡그림이 그려 있고, 서쪽 문은 영추문(迎秋門)인데, 그 천장에는 백호의 그림이 그려 있다.

광화문을 지나 더 들어가면, 흥례문(興禮門 - 禮는 남쪽을 상징)이 있고, 더 들어가면 근정문이 있으며(근정문 뒤가 곧 근정전임), 이 흥례문과 근정문 사이에는 물줄기(錦川, 禁川)가 하나 있어서 땅의 기운을 근정전 쪽으로 모이게 하고 있다. 즉 바깥쪽의 청계천을 통해 기를 모으고, 다시 안쪽의 이 물줄기를 통하여 기를 다시 모으게 된다는 풍수이론이다.

경복궁은 외전(外殿)과 내전(內殿)으로 나뉘는데, 외전(外殿)이란 곧 임금이 정치를 하는 곳으로서, 근정전(勤政殿 - 가장 큰 건물. 즉위식, 법령 반포 등 행사를 하고 정식 조회를 하는 곳)과 사정전(思政殿 - 근정전 뒤의 건물. 집무실. 신료들과 국정을 토의하고 정사를 논하는 곳)으로 나뉜다. 내전(內殿)은 임금과 왕비가 쉬는 곳으로서 강녕전(康寧殿 - 임금이 자는 곳)과 교태전(交泰殿 - 왕비가 자는 곳)으로 나뉜다.

근정전을 오르내릴 때에는 동입서출(東入西出 - 동쪽 상승 서쪽 하강)의 논리에 따라, 동쪽으로 오르고 서쪽으로 내려온다. 임금은 가마꾼들에 의해 답도(踏道 - 구름 위에 있는 봉황 무늬 석판으로 구성)라 하여 중앙의 계단 위로 가마를 타고 오르내린다. 그리고 나서 용상에 앉게 된다. 용상 뒤에는 일월오봉병(日月五峰屛 - 음양5행의 모든 자연의 이치를 상징)이 있고, 좌우에는 좌청룡 우백호의 나무산들이 있고, 사이에 계곡이 흐르는 배산임수의 명당혈처에 임금이 앉아 있는 것이다. 근정전 천장에는 용의 그림(왕의 상징)이 있고, 근정전 주변의 월대들(두 단의 월대)에는 조각물들이 있는데, 북쪽에는 후현무(거북)의 조각물이 있고, 남쪽에는 전주작(봉황)의 조각물이 있다. 동쪽에는 좌청룡의 조각물이 있고, 서쪽에는 우백호의 조각물이 있다. 또 나머지 조각물들도 12지의 원리에 따라 빙 둘러서 조각되어 있다. 한편 사정전(思政殿)에도 용상 뒤에 일월오봉병과 왕을 상징하는 쌍룡 그림이 있어서 명당혈처임을 나타내고 있다.

내전은 휴식공간으로서 강녕전과 교태전이 있다. 내전(內殿 - 강녕전, 교태전)의 건물 기둥은 외전(外殿)이 원주(圓柱) 기둥임에 비해 각기둥으로 되어 있다. 이유는 천원지방(天圓地方)의 원리에 따른 것인데, 내전은 왕이 곤룡포를 벗고 왕자(아이)들의 아버지와 지아비로서 편하게 생활하는 생활공간이므로, 왕이 아닌 인간의 원리에 따라, 즉 정신(天圓)이 아닌 육체(地方)의 원리에 따라, 각기둥을 쓰고 있는 것이다. 내전 건물의 또 다른 특징은 지붕에 용마루가 없다는 것이다. 왜냐하면 내전은 왕과 왕비가 잠자는 곳이므로 용마루가 있으면 잠자는데 눌리는 느낌이 들게도 되고, 또 왕과 왕비 자체가 용이므로 용마루가 따로 있을 필요가 없는 것이다. 이런 형태의 지붕을 <무량갓지붕>이라고 한다. 강년전 서쪽 옆으로는 또 왕의 휴식공간인 경회루가 있다. 우백호의 강한 살기(殺氣)가 강년전으로 직접 들어오는 것을 비보하기 위한 역할도 한다. 또 경회루에 연못을 만들어서 우백호의 살기(殺氣)를 막고자(不見처리) 시도하기도 하였다.

교태전은 경복궁(北闕) 전체에서 가장 센터에 있다고 하여, 중궁전(中宮殿)이라고도 한다. 또 구중궁궐(九重宮闕)이라고도 한다. 교태전 뒤에는 자그마한 동산(蛾眉山)이 있는데, 이것이 풍수적으로 잉(孕)에 해당된다. 이 잉(孕)은 원래 강년전(태종 때 건축. 교태전은 후에 세종 때 건축)을 위해서 만들어진 것이다. 교태전 북쪽 뒤로도 백악산으로부터 오는 산줄기를 피하여 향원정(정자)과 연못을 파서 북악의 살기를 조금이나마 막으려고 하였다.

경복궁(태조) 동쪽에 있는 창덕궁과 창경궁은 동궐(東闕)이라고도 하는데, 창덕궁은 태종 때 처음 건축되었고, 9대 성종 이후에는 직접 창덕궁으로 이어하셔서 경복궁이 아닌 창덕궁에서 주로 정사를 돌보아서, 고종 때까지 약 200여 년 동안은 창덕궁 정치가 이어지게 된다. 다만 중간에 임진왜란 때(선조) 창덕궁이 불타게 되자, 선조는 월산대군 사저(현 덕수궁 자리)에서 잠시 정사를 하게 되고, 선조 사후(死後) 광해군 때 창덕궁을 다시 복원하게 된다. 그러다 고종 때 흥선대원군이 경복궁을 다시 복원하게 되는 것이다.

성종이 창덕궁으로 이어하게 되는 데에도 풍수의 영향이 많았다고 한다(세종 이후 문종, 단종, 세조, 예종 등이 단명하거나 왕자가 귀함). 경복궁에 비해 창덕궁은 주변 산세가 포근하고 안온한 느낌이 들며, 어쨌거나 이어 이후 성종은 많은 왕자들을 생산하게 된다. 멀리 뒤의 북한산이 세산(勢山)이 되고 이어 보현봉을 거쳐서, 바로 뒤의 응봉이 형산(形山) 겸 주산(主山)이 되어 창덕궁으로 산 기운이 들어오게 된다. 다만 태조 때 이미 만들어져 있던 백악으로부터 내려오는 종묘의 산기운은 건드리지 않고 피하여 창덕궁의 자리를 잡게 된다. 창경궁의 출입구는 돈화문(敦化門)인데, 우백호(인왕산)의 기운이 너무 세어서 서쪽으로 출입문을 내지 못하고(金虎門이라는 小門만 있음), 남쪽으로 꺾어서 문을 낸 것이다. 주 건물인 인정전의 앞마당이 반듯하지 않고 쭈그러든 이유도 창덕궁 앞에 있는 종묘의 지맥(地脈 - 땅기운)을 건드리지 않기 위해서이다. 인정전의 산기운이 달아나지 않고 뭉쳐 있게 하기 위해서, 인정전과 돈화문 사이에 또한 도랑(금천교)을 만들기도 하였다.

창덕궁의 외선(外殿)은 인정전(仁政殿)과 선정전(宣政殿)이다. 인정전의 동북쪽 약간 뒤쪽으로 선정전이 있다. 내전(內殿)은 창덕궁의 왼쪽 옆 약간 뒤편으로 마련되어 있다. 경복궁의 교태전 건물을 그대로 이전하여 창덕궁 내전의 대조전(大遭殿)을 만들었다.

창경궁(昌慶宮)은 원래는 수강궁(세종이 아버지 태종을 위해서 만들었던 궁)자리이다. 성종 때 수강궁을 확장공사를 하고, 창경궁으로 개명을 하게 된 것이다. 확장공사를 하게 된 이유는 대비들(세조비 정희왕후, 예종비 안순왕후, 생모인 의경세자비 소혜왕후 등)을 따로 모시기 위해서이다. 창경궁은 임진왜란 때 1차 소실(광해군 복구), 이괄의 난 때 2차 소실(복구), 순조 때 3차 소실(복구), 일제 때는 창경원으로 격하되기도 하였다. 경복궁(남향), 창덕궁(남향)과는 달리 창경궁은 동향(東向)이다. 이유는 물줄기 때문이다. 대문은 홍화문이 처음 있고, 다음 명정문이 있고, 이어 명정전이 있는데, 명정문과 첫 대문인 홍화문 사이에 북에서 남으로 개천(玉泉)이 흐르고 있는 것이다. 고로 동향을 하게 된 것이다.

외전(外殿)은 명정전(明政殿 - 동향)과 문정전(文政殿 - 남향)이 있다. 경복궁의 근정전과 창덕궁의 인정전은 왕의 정전(政殿)인 관계로 2층 누각인데 반해, 창경궁의 정전(政殿)인 명정전은 대비(大妃)들이 기거하는 곳인 관계로 단층(單層)이다. 단층 천장의 문양(紋樣)도 용의 그림이 아닌, 봉황의 그림을 그려 놓고 있다. 또 명정전은 둥근 기둥을 쓰고, 문정전은 각기둥을 씀으로써, 음양의 논리를 이용하여, 두 건물들(명전전과 문정전)이 서로 등을 돌리고 있는 형상을 풍수적으로 조화롭게 극복하고 있다. 내전

(內殿)은 경춘전(景春殿)과 환경전이 있다.

• 귀성(鬼星) : 입수룡의 반대측면에 붙어 있는 작은 지각으로 용과 혈을 지탱하고 기운을 밀어준다.

• 규봉(窺峰) : 숨어서 혈(穴)을 엿보는 듯한 작은 봉우리의 산을 말한다. 즉 좌청룡 우백호 전주작의 뒷산들이 좌청룡 우백호 전주작 등에 가려서 도둑처럼 조그맣게 들여다(엿)보는 산들이다. 동그랗게 들여다보면 재물이 손상된다고 하고, 뾰쪽하고 날카롭게 들여다보면 다친다는 설도 있다. 어느 정도 크기이면 규봉이라 할 수 있는가? 마루에 앉으면 안 보이고, 일어서면 보이는 정도의 작은 크기이다. 즉 빨리 간산(看山)하면 안 보이고, 찬찬히 뜯어보면 보이는 정도의 크기이다.

• 길사(吉砂) : 혈(穴)부근의 아름답고 청명하며 순하게 보이는 산(山)이나 암석(巖石) 등을 말한다.

• 나경(羅經) : 묘의 좌향을 보는데 이용되는 도구. 원반의 360° 를 24개 방위로 구분하여 측정하는 귀중한 방향측정기로서 풍수에서 나경을 모르면 한치 앞을 측정할 수 없다. 원래 나경은 '우주의 삼라만상의 이치가 담겨있다'는 뜻으로서 '포라만상 경륜천지(包羅萬象經綸天地 ; 包羅-묶음, 萬象-모든 것[60갑자], 經綸-경영, 天地-세상)'의 羅자와 經자에서 따와 붙여진 이름으로, 허리에 쇠(鐵)를 차고(佩) 다닌다 하여 패철(佩鐵)이라고도 한다.

보통 나경은 황천살(밖에서 우리 집까지 어느 방향에서 나쁜 기운이 들어오는 가를 보는 경우 이 나쁜 기운이 들어오는 방향이 황천살임 - 보통 9층 패찰이 적당)을 찾을 때 사용된다. 또 좌향(坐向)을 볼 때도 사용된다. 사실 나경이란 동서남북의 방위를 따지는 방위학의 도구이다. 나경을 사용할 경우는, 항상 자석 방향이 '자(子)' 자와 일치하도록 하여 사용하면 된다. 그런 연후에 동서남북을 가름하면 되는 것이다. 또한 나경을 사용할 때는 반지나, 핸드폰, 시계, 목걸이, 쇠붙이 등은 빨리 몸에서 다 떼어 내고 사용해야 한다.

나경의 1층은 황천살을 찾는 데 사용되고, 2층도 황천살, 3층은 3합 5행 층, 4층은 기준 층(좌향 층 - 24 방위), 5층은 무덤에서 사용되는 층(72칸 - 형세론의 세형혈/태식잉육 중 잉자리에 올라서 태식을 올려 보거나 또는 혈자리를 내려 보고 나침반을 계산하여 좀 더 좋은 기운을 받아 보려고 할 때 사용하는 층), 6층은 황천살과 관계되어서 풀게 되는 층, 7층은 무덤에서 사용되는 층(60칸 - 역시 형세론의 세형혈/태식잉육 중 잉자리에 올라서 태식을 올려 보거나 혈자리를 내려 보고 나침반을 계산하여 좀 더 좋은 기운을 받아 보려고 할 때 사용하는 층), 8층은 황천살과 연관되어서 사용하게 되는 층, 9층은 무덤에서 사용하게 되는 층(분금 - 무덤에서 하관할 때 무덤의 방향을 조금씩 틀 때 사용함. 보통 관을 틀 때 트는 각도는 약 3도 정도씩임)이다. 결국 황천살을 살필 때는 1층, 2층, 6층, 8층을 사용하여 살피면 된다. 어떤 것은 양택과 음택에서 모두 사용하고, 또 어떤 것은 음택(무덤)에서만 사용하게 된다. 황천살은 양택과 음택 모두에서 사용하는 것이다.

• 낙산(樂山) : 행룡입수하는데 용의 뒤를 멀리에서 받쳐주면서 서 있는 산. 즉 행룡(行龍)하는데 혈의 뒤가 허함을 막아주는 산을 말하며 낙산은 가까우면 발복이 빠르고, 낙산의 물이 돌아 혈전으로 흐르면 귀한 것으로 판정한다.

• 난간석(欄干石) : 왕릉의 주위를 두른 둘레석(병풍석) 주위를 다시 난간처럼 두른 돌. 곡장(曲墻)과 함께 이중으로 무덤 울타리 역할을 한다.

• 내룡(來龍), 용맥(龍脈) : 묘 뒤의 산세. 즉 혈 뒤의 산세를 말한다. 용이 처음 출발하는 곳의 높고 큰 산을 태조산(太祖山)이라 하며, 이는 산맥의 처음 출발지이며, 일개 광역을 대표하는 산이 된다. 또한 태조산을 출발한 내룡이 중간 중간 거치는 산을 중조산, 소조산이라 하며 이는 마치 조상의 족보를 따지는 것과 같다. 또한 단정하고 수

려한 봉우리로 동네를 대표하는 산을 주산이라 하며, 집이나 묘 뒤에 있는 작고 단아한 봉우리를 현무봉이라 한다.

• 도시혈(逃屍穴) : 시신이 없어지는 혈(穴).

• 도읍풍수 : 도읍을 정함에 있어서 풍수의 이론을 활용하여 도읍을 정하는 것. 한양을 도읍으로 정함에 있어서도 여러 풍수이론들이 동원되었다. 이성계 스스로 고려 말엽 공민왕 등에 의해 이루어진 한양으로의 천도, 이어 개경의 기득권층에 의한 개경 복구 등을 직접 목격하였으며(한양이 도읍지의 가치가 있음을 자각), 그리하여 위화도 회군 후 개경 수창궁에서 즉위(7월 17일)하자 곧바로(8월 13일) 한양으로의 천도를 굳히게 된다.
한양의 산줄기의 경우 백두대간 중 이북지역 추가령지역에서 뻗어나간 산줄기(漢北正脈)에 북한산(삼각산)이 있다. 세산(勢山)은 북한산이 되고, 형산(形山)은 백악이 되고, 경복궁이 혈처가 된다. 좌청룡은 낙산이 되고, 우백호는 인왕산이 되며, 전주작은 남산이 되고, 안산은 황토마루라는 현 교보생명 옆의 얕으막한 곳이 된다.

• 동강(同岡) : 같은 산줄기.

• 동기감응(同氣感應) : 친자감응(親子感應)이라고도 하며 음택의 경우 응결된 생기(生氣)는 체백(體魄)과 영혼(靈魂)을 편안하게 하고 본해(本骸)에 축적되어 거기서 파장된 에너지는 유체(遺體)인 자손에게 감응되어 자손의 인정흥왕(人丁興旺) 및 부귀빈천(富貴貧賤)을 주관하게 되는데 이를 동기감응(同氣感應)이라 한다.

• 동영이실(同塋異室) : 같은 무덤에 광중을 달리함.

• 두뇌(頭腦) : 일명 만두(灣頭) 혹은 승금(乘金)이라 하며, 무덤의 뒤쪽 중앙을 가리킨다. 보통은 무덤을 감싼 성벽의 중심이며 위치가 가장 높다. 혈 바로 뒤 두골(頭骨) 모양의 솟은 것.

• 드므 : 경복궁, 창덕궁, 수원 화성 등 목조건물 옆에 부수적으로 마

련되어 있는 일종의 화귀(火鬼)를 쫓기 위한 항아리 비슷한 풍수 도구. 그 도구 속에 물을 담아 놓았는데, 그 물 자체가 곧 소방용 물이기도 하다. 불이 나지 않게 하기 위해 만들어 놓았던 풍수 도구이다.

- 득수(得水) : 풍수 이론에서 형세론(形勢論)에는 간룡법, 장풍법, 득수법, 정혈법 등의 이론이 있는데, 그 이론 중 3번째 이론이 곧 득수법이다. 기계수즉지(氣界水則止)의 원리에 따라 물이란 기(氣)의 흐름을 멈추게 하는 역할을 한다. 즉 기(氣)란 물을 만나면 곧 멈추게 된다는 것이다. 물의 흐름의 모양도 혈처를 향해서 막아주고 감싸고 있는 듯한(環包) 것이 좋다. 또 직류수(直流水)와 곡류수(曲流水)가 있는데, 직류수는 풍수상으로는 좋지 않은 것이고, 곡류수(예, 안동 하회마을 앞을 굽이굽이 흘러가는 물줄기)가 풍수상으로는 좋은 흐름이 된다.

양(陽)이 남성적인 것(태양), 밝은 것, 팽창하는 것, 능동적인 것, 움직이는 것(활동성)이라면, 음(陰)은 여성적인 것(달), 어두운 것, 수축되는 것, 수동적인 것, 정적인 것(비활동성)인데, 이 음양의 개념을 풍수에 적용해보면, 산(山)은 음기(陰氣)에 해당하게 되고, 물(水)은 양기(陽氣)에 해당하는 것이 된다. 고로 산(山)은 양(陽)의 기운을 받으면 조화롭게 될 것이고, 따라서 산은 양(陽)의 모양을 가져서 꿈틀꿈틀하게 움직이는 모양(之자 모양 ; 玄자 모양 ; 生龍)이 좋다. 즉 산은 정(靜)함으로 음(陰)이고, 음(陰)이므로 움직여야 한다. 반면 수(水)는 음(陰)의 기운을 받으면 조화롭게 될 것이고, 따라서 수(水)는 음(陰)의 모양을 가져서 부드러워야 좋다. 즉 수(水)는 동(動)함으로 양(陽)이고, 양(陽)이므로 부드러워야 한다. 다시 말하면 물은 굽이굽이 돌고 돌아 부드럽게 흘러가야 좋다(曲流水). 왜냐하면 자연에는 직선이 없기 때문이다. 고로 건축물끼리도 일직선은 피했다. 직선을 살기(殺氣)를 띠므로 이를 피해야 좋다.

또 혈처 멀리 있는 물줄기(外水, 客水) 보다 혈처(穴處) 가까이에 있는 물줄기(內水)가 더 중요하고 혈처에 직접적인 영향을 미친다고 보는 것이 좋다.

• 득수구(得水口) : 혈에서 보아 처음 물이 들어오는 곳. 득수구(得水口)보다는 파구(破口)가 더 중요하다. 즉 파구는 산 기운을 붙잡아 주는 역할도 한다.

• 릉(陵) 원(園) 묘(墓) : 릉(陵)이란 곧 임금이나 왕비의 무덤으로서, 어느 임금이 묻혀 있는 지 알 수 있을 경우에 릉(陵)이라고 칭한다. 임금이지만 누구의 무덤인지 잘 모를 경우는 총(塚 - 천마총 등)이라고 칭한다. 원(園)이란 왕세자(비) 또는 왕의 아주 가까운 사친(私親)이 묻혀 있는 경우이다. 묘(墓)란 왕이 되었다가 폐위된 왕과 왕비(연산군, 광해군, 장희빈)의 무덤이나, 왕족 중 나머지 사람들에 대한 무덤이다.

• 마을풍수 : 어느 한 사람의 혈자리가 아닌 마을 전체와 공동적으로 연관된 공동체 풍수로서, 우리나라의 경우 좋은 자리가 너무나 많아서 풍수적으로 마을이 입지되어 드러난 경우만 하더라도 약 2,000여 개가 넘는다고 한다. 예를 들어 하회(河回, 河洄)마을은 형국론으로 보면 연화부수형(蓮花浮水形) 혹은 산태극수태극형(山太極水太極形)이고, 경주 양동마을은 형국론으로 구유랑형(狗乳囊形) 또는 물자형(勿字形)이다.

반면 중국의 경우는 비록 땅은 넓지만, 우리처럼 좋은 길지가 많지는 않다고 한다. 일본의 경우도 화산지대가 되다 보니까, 무덤의 경우도 묻을 때가 그리 많지 않고, 그러다 보니 자연스럽게 화장문화가 발달하게 되었다고 말할 수도 있다. 그리고 음택보다는 양택풍수가 발달하게도 되었다. 홍콩이나 대만은 땅 자체가 협소해서 명당여부를 가릴 상황 자체가 아니다.

• 만포(灣抱) : 둥글게 감싸 안은 것을 말한다.

• 망주석(望柱石) : 봉분 앞 양 옆에 세우는 한 쌍의 돌. 이름으로도 알 수 있듯이 멀리서 바라보아 쉽게 알아 볼 수 있도록 한 일종의 묘표(墓表)이다. 흔히 망주석을 보고서 신령이 찾아온다고 한다. 무

덤에 문인석, 장명등 같은 석물은 세우지 않더라도, 망주석 만은 빼놓지 않고 세우는 것은 바로 이 때문이다. 또한 곡장(曲墻)에 의해 잘 저장된 땅기운이, 무덤 앞이 확 트임에 따라 흩어질 수도 있으므로, 다시 한 번 땅기운을 가두어 두도록 하는 비보(裨補)의 역할을 하는 것이기도 하다.

- 묘(墓) : 죽은 사람을 매장하는 장소. 장(葬), 고(庫)라고도 하며, 12포태법 상에서 모든 활동이 중지되고 다시 자연으로 돌아간 상태이다.

- 명당(明堂) : 혈(穴)을 포함하여 지기(地氣)가 응결되어 있는 혈 주변. 즉 혈(穴)의 앞뜰 마당을 말하며 혈을 포함하여 기가 응혈된 혈 주변까지 포함한다. 혈 바로 앞의 평평한 곳을 내명당(內明堂)이라 하고, 그 보다 멀찍이 위치하며 비교적 광대한 평지를 외명당(外明堂)이라 한다.

- 문화재풍수 : 풍수를 문화재에 접목한 이론. 풍수란 무덤만이 아니다. 즉 풍수이론은 문화재에서도 검증될 수 있다. 건물구조, 공간배치 등에서 풍수의 이론을 확인할 수 있다. 사실 테마 풍수는 다각도로 살펴 볼 수 있는데, 한반도 국토 풍수, 도읍 풍수, 궁궐 풍수, 마을 풍수, 사찰, 서원, 전통 가옥 등의 풍수가 있다. 또 무덤에서도 왕릉, 묘 등의 풍수가 있다. 조선조 후기에 들어와서야 무덤 풍수 쪽에 관심을 가지게 된 것이다.

- 반궁(反弓) : 만포(灣抱)의 반대되는 현상을 말하며 흉(凶)으로 단정한다.

- 배산임수(背山臨水) : 풍수의 논리 중의 하나로서 뒤에는 산이 뒤를 받쳐주고 앞에는 물이 휘돌아 혈(穴)을 감싸주는 명당에 대한 설명 논리이다.

- 봉침분금(縫針分金) : 나경 9층을 말하며, 시신이 생기(生氣)를 받을

수 있도록 마지막으로 시신의 좌향(坐向)을 잡는데 사용한다.

- 분금(分金) : 나경 맨 바깥선(9층)에 배당된 것으로 망인과 산운의 상생 상극을 맞추어 상생을 취하는 것이다.

- 붕(崩) 훙(薨) 졸(卒) 불록(不祿) 사(死) : 붕(崩)은 천자의 죽음을 일컫는 말이다. 그리고 훙(薨 - 승하)은 제후나 왕의 죽음을 일컫는 말이며, 졸(卒)은 대부(높은 관직)의 죽음을 일컫는 말이며, 불록(不祿)은 선비(士)의 죽음을 일컫는 말이며, 사(死)는 일반 백성들의 죽음을 일컫는 말이다.

- 비보(裨補) : 자연형태를 기적(氣的) 측면에서 판단하여 강(强)한 것은 누르고 부족(不足)한 것은 보태준다는 의미이다. 즉 명당이라 하여도 완전한 명당은 만나기 어렵기 때문에 주의의 사각이나 물의 흐름을 인위적으로 고쳐서 흉(凶)함을 길(吉)로 만드는 행위이다(도와서 부족함을 채우거나 상서로움을 더함). 양택이나 음택 모두에 해당되는데, 균형(均衡)으로 안정을 찾고, 유정(有情)으로 사랑을 간직하고, 온습(溫習)으로 생기를 찾는 것으로서, 기울어지는 경(傾)과 배반하는 배(背)와 차가운 냉(冷)을 금기로 하였다.

- 비석비토(非石非土) : 풍수에서 좋은 혈처의 흙을 평할 때 비석비토라고 한다. 즉 돌도 아니고 진흙도 아닌 콩가루 비슷한 양질의 흙을 말한다.

- 사(死) : 12포태법 상에서 기운이 다하여 죽음에 이른 상태.

- 사(砂) : 혈 주위의 산의 형세를 말한다.

- 사격(砂格) : 사격이란 혈의 전후좌우에 있는 모든 산과 바위의 품격을 살펴보는 것. 예를 들면 혈의 뒤에는 주산과 현무가, 앞에는 안산과 조산, 좌우에는 청룡과 백호가 있으며, 물이 나가는 수구(水口)에는 화표(華表), 라성(羅星), 북진(北辰) 등이 있다. 사격이 반듯하면 귀격(貴格), 풍만하면 부격(富格), 깨지고 무정하면 흉격(凶格)

을 뜻하는 등 사격은 바르고 유정한 것을 길격(吉格)으로 한다.

- 사대국포태법(四大局胞胎法) : 좌향론(터를 잡는 이론)의 십수종의 다양한 이론 중의 하나. 즉 조선시대 왕릉 조성 시 인증되어 사용되었던 대표적인 이론 중의 하나이다. 구사세택팔용법(求四勢擇八龍法 - 도선국사 이후에 등장한 이론. 도선은 통일신라 말엽 왕건을 도와 건국을 도와 준 스님인데, 사찰풍수나 왕릉풍수에 이 구사세택팔용법을 많이 활용. 산줄기 중심으로 좌향을 정하는 방법), 지리신법(地理新法 - 송나라 때 호신순이 만들어낸 좌향론으로 려말선초 왕릉 조성 시에 많이 활용. 이성계가 한양천도 직전에 계룡산에 10개월간 궁궐을 조성한 적이 있는데, 당시 경기도 관찰사 하륜이 이 지리신법 좌향이론에 의거해서 계룡산은 좌향이 좋지 않고 좋은 기운이 머물러 있어야 되는데 좋은 기운 쪽으로 물이 빠져 나가서 나쁘다고 하여, 즉 패철좌향론을 사용하여 중지한 적도 있음. 산줄기와 물줄기를 모두 계산해서 좌향을 정하는 방법)도 왕릉 조성 시 많이 사용된 이론이다.

사대국포태법(四大局胞胎法)은 오직 물줄기 기운만을 가지고 이야기하는 것인데, 왕릉에서는 조선 세조 때부터 나타나기 시작한다. 그 이후에는 자주 왕릉에 등장하는 이론으로서, 물줄기를 가지고 어떻게 좌향을 정하면 좋겠다고 결정하는 이론이다. 원래 득수법에 의하면 ① 혈자리 앞의 곡류수는 좋은 것이고 직류수는 좋지 않은 것이며, 또 ② 물줄기는 먼 것 보다는 혈자리에서 가까이 흘러가는 물줄기를 선택해야 하는 것이며, 또 ③ 득수법에서는 물의 끝나는 지점(파구)과 시작되는 지점(득수)을 매우 중요시하였다.

사대국포태법(四大局胞胎法)은 패철의 4층을 가지고 논하게 되는데, 우선 4대국은 물줄기 나가는 방향(360도)을 크게 4개의 권역으로 나누어서, 12개의 좌향 방향을 정하는 이론이다. 다만 배산임수라는 원칙은 지켜야 된다. 또 사대국포태법(四大局胞胎法)에서는 먼저 동궁, 역행, 사대국, 포태법이라는 용어를 숙지해야 된다. 동궁(同宮 -

같은 집을 지음)이란 패철 4층의 24개 방향을 2글자씩 한 조가 되어 12개의 팀으로 나누는 것이다. 그리고 같은 조인 이 동궁에서는 같은 효력을 가지는 것으로 보는 것이다. 역행(逆行 - 거꾸로 감)은 24개 방향을 거꾸로 도는 것이다. 사대국은 360도를 크게 4개의 권역으로 나눈다는 의미이다. 예컨대 진파구(辰破口) 구역, 미(未)파구 구역, 술(戌)파구 구역, 축(丑)파구 구역 등이다. 포태법은 자연만물이 변해가는 모습을 12개의 모습으로 분석한 것으로 12성운법이라고도 한다. 즉 포태양생욕대관왕쇠병사묘(胞胎養生浴大官旺衰病死墓)라는 12글자이다. 이 12글자를 가지고 이야기하는 방법이다. 이 중 생대관(生大官)의 방향으로 좌향이 정해지면 좋다는 뜻이다.

• 사룡(死龍) : 기(氣)가 없이 죽어 있는 산줄기. 즉 뒤에서 내려오는 산줄기가 힘이 없고 축 늘어져 있으면 이 터는 명당이 아니라 흉터가 되는 것이다. 보통 산줄기가 지(之)나 현(玄)자 모양으로 꿈틀대지 않고 기세 없이 일자로 쭉 뻗어 나오면 사룡(死龍)이라고 말한다. 이 사룡(死龍)의 반대는 생룡(生龍)이다. 생룡(生龍 - 順龍, 强龍, 進龍, 福龍 등)과 사룡(死龍 - 逆龍, 病龍, 退龍, 殺龍, 劫龍 등)을 구별하는 법으로서 보통 용세(龍勢) 12격(格)이라는 것이 있다.

• 사모사(紗帽砂) : 산의 모양이 토성(土星)으로 관운이 있다고 본다.

• 사상(四象) : 풍수에서 와(窩), 겸(鉗), 유(乳), 돌(突)을 말함.

• 사신(四神) : 혈을 감싸고 있는 혈 주위의 산이나 물을 말한다. 즉 좌측에는 청룡(靑龍), 우측에는 백호(白虎)라 하고, 전면의 산이나 물을 주작(朱雀)이라고 하며, 후면의 뒷산을 현무(玄武)라 한다.

• 사찰풍수 : 사찰 건립에 풍수의 이론을 도입하여 사찰 경관을 이룸고자 함. 통일 신라 시대(668년)에 의상대사에 의해 화엄종(教宗 - 一卽多 多卽一 思想. 萬法歸一 思想. 낙산사<671년>, 봉정사<672년>, 부석사<676년> 등 의상대사가 직접 창설. 기타 불국사, 桐華寺, 갑사, 화엄사, 범어사, 옥천사, 해인사 등도 창건됨 - 화엄십찰 : 약

120년 정도)이 주류를 이루면서 왕즉불(王卽佛)의 정신으로 불교가 전개되어 나감. 그러나 모든 것은 고이면 썩게 됨. 점점 정교일치가 되면서 권력화 되어 귀족불교, 왕실불교로 전락하고 타락. 대중과 백성, 지방 호족들은 점점 소외됨. 따라서 통일신라 후반부에 이에 대한 대안으로 입당승들로부터 선종(禪宗 - 1대 달마, 2대 혜가, … 6대 혜능대사)이 유입되면서(풍수이론 중 형세론도 동시에 공부하여 유입), 심즉불(心卽佛)의 정신을 강조하는 서민불교, 민중불교가 등장. 이에 9산선문의 사찰들이 창설됨(實相寺[남원 - 828년 홍척국사가 건립], 寶林寺[전남 장흥 - 759년 원표스님 건립<화엄사찰 - 대웅전> - 860년 보조국사 재건<선종사찰 : 대적광전>], 雙峰寺[맹호수유형 - 도윤선사 부도, 맹호출림형 - 3층 대웅전], 泰安寺[전남 곡성 桐裏山], 봉암사, 법흥사[영월] 등 - 약 130년 정도). 그러면서 고려시대로 넘어가게 됨.

화엄사찰의 풍수적 스타일은 왕즉불의 정신에 따라 왕권을 강조. 통일 후의 강력한 중앙집권과 부합. 왕과 귀족의 권위 강조. 대웅전의 불상이 매우 중요. 통일 후 방대해진 국가를 통치하기 위해서는 필요한 이념일 수 있음. 사찰규모도 매우 크고 웅장. 따라서 혈처에 대웅전 건립. 일주문에서 대웅전까지의 거리가 매우 김. 대웅전 뒤에 매우 커다란 후현무(背山)가 위치하여 대웅전의 뒤를 틈실히 받침.

반면 선종사찰은 심즉불의 정신에 따라 누구라도 깨달으면 부처가 될 수 있음. 지방의 호족들이 중앙집권에 반발하여 이에 호응. 깨달은 큰 스님들이 매우 중요. 따라서 혈처에 스님들의 부도 건립. 또 권위보다는 민중들과의 친밀함이 중요함으로, 일주문에서 대웅전까지의 거리가 매우 짧음. 실상사 대웅전 앞에서 일주문을 바라보면 지리산 천황봉 봉우리가 배산이 아닌 오히려 전주작으로서 웅장히 보임. 누구나 깨달으면 부처가 될 수 있다는 상징적 표현.

원래 사찰에서의 중요한 혈자리는 처음에는 탑(塔)이었음. 탑에다 부처님 진신사리를 모시어 두고 이곳을 기도하면서 돌음(탑돌이). 다음 부도(스님들의 사리나 유해를 모신 곳)도 혈자리에 모실 수 있고,

불상(佛像)도 혈자리에 모실 수 있음. 적멸보궁(금강계단)은 부처님 진신사리를 모신 곳임. 법당의 명칭도 여러 가지가 있는데, 우선 대웅전(대웅보전)은 석가모니부처님을 모신 곳임. 비로전(대적광전, 대광명전, 화엄전)은 비로자나불을 모신 곳임. 극락전(무량수전, 아미타전)은 무량수불, 아미타불을 모신 곳임. 미륵전은 미륵불을 모신 곳임. 약사전은 약사여래불을 모신 곳임. 명부전은 지장보살이나 시방을 모신 곳임.

우리의 토속신앙과 관계된 삼성각은 삼신각, 독성각(나반존자), 칠성각(칠여래)을 합하여 이르는 말이다. 삼장법사(三藏法師)에서 삼장이란 經師(말씀), 律師(계율), 論師(주석)를 일컫는 말이다.

범종각(梵鐘閣)에 보면, 종(鐘)은 지하에 사는 생물들과 지옥에 있는 중생들에게 법문을 들려서 모두 극락정토로 보내겠다는 것이고, 북(法鼓)은 지상에 뛰어 다니는 생물들과 중생들에게 법문을 들려서 모두 극락정토로 보내겠다는 것이고, 운판(雲板)은 날아다니는 생물들과 구천을 떠도는 영혼들에게 법문을 들려서 모두 극락정토로 보내겠다는 것이고, 목어(木魚)는 물속에 사는 모든 생물들에게 법문을 들려서 모두 극락정토로 보내겠다는 것이다. 사천왕문에는 4분이 있는데, 동쪽을 지키시는 분은 지국천왕(비파)이고, 남쪽을 지키시는 분은 증장천왕(칼)이고, 서쪽을 지키시는 분은 광목천왕(용, 여의주)이고, 북쪽을 지키시는 분은 다문천왕(깃발, 탑)이다.

• 사초지(沙草地) : 왕릉 조성 시 왕릉이 터를 잡게 되는 언덕 위의 장소. 땅기운의 저장 탱크라 할 수 있으며, 생기를 올라타는(乘生氣) 형상으로서 이 언덕(沙草地) 위에 왕릉을 조성하게 된다.

• 산안(山眼) : 묏자리를 알아보는 눈.

• 산운(山運) : 묏자리가 좋고 나쁨에 따라 생긴다는 운수.

• 산(山)의 오성(五星) : 산의 외형의 모양을 보고 오행에 따라서 5가지로 구별하는 것이다. 곧고 높이 솟은 산은 목성이고, 불꽃처럼 뾰

족한 산은 화성이며, 금성은 둥근 바가지를 엎은 것처럼 부드럽고 둥근 산의 모습이며, 물결처럼 잔잔하면서도 작은 파도처럼 보이는 산은 수성으로 분류하고, 중앙의 평평한 모습으로 보이는 산은 토성으로 분류한다.

- 산자산 서자서(山自山 書自書) : 풍수 공부를 많이 하고서 산에 올라가 보니, 책과 산이 각각 따로 있어서 도무지 알 수 없음을 비유한 말.

- 산맥(山脈) : 산과 산이 능선으로 이어져 길게 연결된 산줄기. 1910년 일본인 <고또분지로>라는 사람이 우리나라의 지질구조, 암석, 지하자원에 대해서 분석한 논문에서 만들어 진 용어가 흔히 말하는 태백산맥, 소백산맥, 차령산맥 하는 것들이다. 그러나 우리 조상들은 이처럼 지하자원으로는 산을 보지 않았다. 즉 우리 조상들은, 산은 물을 건널 수 없고 물은 산을 넘을 수 없다고 하는 지극히 당연한 원리로서 산을 보았던 것이다. 그리고 이러한 원리에 따라서 산맥을 구분하였다. 또한 1980년도에는 산경표(山經表 - 산을 표로서 만들어 놓은 산의 족보책[조선후기 실학자 신경준이 처음 만들었음. 백두대간과 13정맥을 족보형식으로 만듬 - 1대 백두산, 99대 속리산, 123대 지리산… 등])라는 것이 만들어지면서 이제 산악인들은 물을 한 번도 건너지 않고서도 백두산에서 지리산까지 산을 능선으로만 이어서 갈 수 있는 상황이 되게 되었다.
우리 조상들은 산맥과 관련하여, 보통 ① 1[백두]대간(大幹 - 백두에서 지리까지), ② 1[장백]정간(正幹 - 백두에서 러시아쪽으로 뻗은 줄기), ③ 13정맥(正脈 - 청북정맥, 청남정맥, 漢北정맥, 漢南정맥, 낙東정맥, 낙南정맥, 호남정맥 등) 이라는 용어를 사용하였다. 동국여지지도, 대동여지도 등에 이러한 산맥의 정황들이 잘 나타나 있다. 우리 조상들은 조선시대나 고려시대 때부터 벌써 이러한 백두대간의 산줄기를 숙지하고 있었으며, 이러한 시각에서 터를 이해하고 풍수를 이해하였던 것이다.

수근목간(水根木幹)이란 백두산 천지를 뿌리로 하여 백두대간으로 이어져 내려오는 줄기라는 뜻으로서 이 줄기에서 뻗어나가는 가는 가지들에 마치 나무 가지 끝에 꽃이 만발하듯이 한국의 도시들은 생성 발달하게 된다.

- 산재(散齋) : 제사 전에 목욕재계(沐浴齋戒) 하는 일.
- 삼구부동총(三九不動塚) : 음력 3월과 9월에 무덤을 건드리면 재앙이 있다 하여 무덤 옮기기를 꺼리는 일.
- 삼합수(三合水) : 2개의 물줄기가 합쳐져서 만나서 다른 곳으로 흘러가는 것으로서 양수(兩水)라고도 한다. 이 2개의 물줄기가 합쳐져서 만나는 곳을 파구(破口)로 보는 이론도 있다.
- 삼합오행(三合五行) : 이기론의 포태법에서 각국의 생(生), 왕(旺), 묘(墓)가 서로 조화를 이룬 상태를 말한다.
- 상극(相剋) : 자연이 수-화-금-목-토로 역행하여 모든 생명체는 멸망하는 것이다. 문명의 산물들은 모두 상극의 원리에 따라 발명되어 사람의 삶에 도움을 준다. 즉 물로 불을 끄고, 불로 쇠를 녹여 철물을 만들고, 쇠로 나무를 자르고, 나무로 흙을 파내어 사람에게 이롭게 이용한다.
- 상당수(上堂水) : 명당 앞을 지나는 물(향 앞을 지나는 물).
- 상묘(相墓) : 지관(地官)이 묘지를 가려잡거나 또는 쓴 묘를 감정하는 일.
- 상문(喪門) : 극히 흉한 방위.
- 상문살(喪門煞) : 사람의 죽은 방위로부터 퍼진다는 살(煞).
- 쌍산오행(雙山五行) : 나경에 나타난 24개 방위를 천간(天干)과 지지(地支)로 묶어서 오행 상 각각 한조씩 묶어 배열한 것이다.
- 상생(相生) : 자연이 봄 · 여름 · 가을 · 겨울로 순환하듯이 오행도 목-

화-토-금-수로 순행하는 것을 말한다. 상생의 원리는 나무로 불을 만들고, 불이 타면 흙(재)이 되고, 흙에서 쇠를 캐고, 쇠가 녹으면 물이 되는 이치이다.

- 생룡(生龍) : 사룡(死龍)의 반대. 즉 산줄기가 살아서 꿈틀거리는 형세의 산줄기. 사룡(死龍) 참조.

- 서원풍수 : 서원 선립에 풍수의 이론을 섭목하여 서원경관을 이루게 된다. 서원은 중종 이후에 등장하는데 이전에는 교육기관으로서 향교(鄕校)와 성균관(成均館)이 주류를 이루었다. 그런데 세조에 의해 집현전이 해체되고, 또 연산군에 의해 홍문관(성종에 의해 집현전 대신 만들어진 기관)이 철폐됨과 동시에 성균관이 연회장으로 전락되면서, 관학(官學)은 빛을 잃고 이제 사림파(士林派) 유학자들에 의해서 사학(私學)이 등장하게 되는데, 이것이 바로 서원(書院)인 것이다.

향교는 관학(官學)인 관계로 주로 관아(마을) 근처에 터를 잡았다. 공자와 4대성현 등을 모셨으며, 공간배치는 보통 평지(平地)에서는 제향공간(祭享空間 - 대성전)이 가운데 중심을 잡고, 좌우로 동재(東齋)와 서재(西齋)가 배치되고, 뒤에 강학공간(講學空間 - 명륜당)이 배치되었다. 산지(山地 - 예, 강릉 향교)일 경우에는 제향공간(대성전)이 산의 맨 위쪽에 자리 잡고, 그 밑에 강학공간(명륜당)이 자리 잡게 되었다.

서원은 사학(私學)인 관계로 좀 자유스럽게 산수경치가 좋은 곳에 터를 잡았다. 그리고 그 마을의 유명한 성리학자들을 모시었다. 공간배치는 평지와 산지에서 향교와 같은 관점에서 배치되었다. 백운동서원(중종 때 풍기군수 주세붕 건립 - 후에 명종 때 퇴계의 주청에 의해 소수서[紹修書院]으로 사액[賜額]을 받았다. [旣廢之學 紹而修之 - 성리학이 이미 낡은 학문이 되었으므로 이것을 다시 이어서 일으켜 세우라는 의미])이 최초의 서원이 되었다. 후에 서원은 1기(중종 - 백운동[소수]서원), 2기(講堂 중심), 3기(현종, 숙종, 경종 때 -

祠堂 중심), 4기(영조 이후 탕평 시도)로 전개되어 나가다가(약 600여 개의 서원), 고종 때 대원군에 의해 서원철폐령(20개 書院 27개 祠堂만 잔존)이 내려지게 되었다.

서원은 건축배치에 따라 강당중심 서원과 사당중심 서원으로 분류 가능하다. 강당중심 서원은 강당(공부하는 곳. 원장이 기거하는 곳)이 혈자리에 들어가게 되고, 그리고 양 옆에 동재(東齋)와 서재(西齋)가 배치되고, 앞에 누각이 배치된다. 사당(祠堂)은 강당의 뒤에 배치된다. 2기 때 만들어진 서원은 주로 강당중심 서원들이 많았다.

사당중심 서원은 사당(祠堂)이 혈자리에 들어가게 되고, 그리고 양 옆에 동재(東齋)와 서재(西齋)가 배치되고, 앞에는 강당이 배치된다. 또 그 앞에는 누각이 배치되었다. 3기 때 만들어진 서원들은 사당중심 서원들이 많았다.

• **성(城)[고을] 풍수** : 마을과 같은 공동체 풍수의 한 종류이다. 조선 초까지만 하더라도 성의 숫자는 약 759개 정도가 있었다. 또 마을과 같이 만들어진 읍성(邑城)도 약 179개 정도로 많았다. 임진왜란과 병자호란을 겪으면서 방어를 하고 살아야겠다는 필요의식을 느끼게 된 것이다. 그런데 일제시대를 거치면서 민족을 분열시키고 모이는 것을 없애기 위하여 성을 많이 헐어버리게 된다. 고로 지금 남아있는 성은 그리 많지가 않다.

현재 남아있는 대표적인 계획된 성(城)은 정조에 의해 만들어진 수원 화성(華城)을 들 수가 있다. 1794~1796년에 만들어졌으며, 유네스코에 등록된 대표적인 풍수를 기초로 한 건축물이다. 6·25 때 많이 파괴되었는데, 복원을 거의 완벽하게 한 덕분이다(화성성역의궤를 참조하여 복원 성공).

성(城)의 종류로는 도성(都城), 읍성(邑城), 산성(山城) 등이 있다. 도성(都城)은 도읍이 있는 곳에 쌓은 성으로서 궁궐지킴 내지 행정중심의 성이다. 산성(山城 - 남한산성, 북한산성, 동래산성 등. 주로 산지에 조성)은 전투를 위한 목적으로 만들어진 성이다. 읍성(邑城 -

동래읍성, 낙안읍성, 해미읍성, 고창읍성 등. 주로 평지에 조성)은 행정(현감, 관아, 향교 등)도 있고 유사시 전투도 같이 하는 성이다. 성의 재료로는 나무(木柵), 흙(土城), 돌(石城), 벽돌(磚城) 등이 있다.

- 소주길흉(所主吉凶) : 양택(陽宅)의 경우, 거주자가 거주하는 곳에서 받은 생기(生氣)로 말미암아 무병장수하고 부귀영화하는데, 이처럼 거주자가 직접 받는 길흉(吉凶)이라 하여 소주길흉(所主吉凶)이라 한다.

- 수구(水口) : 파구(破口)라고도 하는데 혈에서 보아 마지막 물이 나가는 곳.

- 수구사(水口砂) : 물이 흘러나가는 수구를 막고 있는 작은 산으로, 물이 급격히 빠져나가는 것을 막아준다. 수구사의 종류로는 한문(捍門 - 수구의 양쪽에 서 있는 바위나 산), 화표(華表 - 수구의 물 가운데 박혀 있는 바위), 북진(北辰 - 화표 중 거북, 잉어 등 특이한 형상의 바위), 나성(羅星 - 수구처에 돌이나 흙 등이 퇴적하여 생긴 작은 섬) 등이 있다.

- 수근목간(水根木幹) : 백두산 천지를 뿌리로 하여 백두대간으로 이어져 내려오는 줄기라는 뜻으로서 이 줄기에서 뻗어나가는 가는 가지들에 마치 나무 가지에서 꽃이 피듯이 한국의 도시들은 생성 발달하게 된다는 풍수적 용어이다.

- 수묘인(守墓人) : 묘지기.

- 수라간 : 왕릉 등에 있는 제사 음식을 준비하던 곳이다.

- 수복방 : 왕릉 등에 있는 능지기(능참봉)가 지내던 건축물이다.

- 수세론(水勢論) : 풍수에서는 산(山)은 움직이지 않고 정하기 때문에 음(陰)으로 보고, 물(水)은 움직여 동하므로 양(陽)으로 본다. 물은 생기를 인도할 뿐만 아니라 기를 멈추게 하기 때문에 물은 혈을 결지하는데 산과 더불어 필수조건이다. 용맥 양쪽을 따라 흐르던 물이 합쳐지면 그 사이로 흐르던 생기는 더 이상 나아가지 못하고 멈추

게 된다. 이곳에 혈이 맺힌다. 즉 생기가 멈추어 모이는 곳이 혈이다. 지가서(地家書에)서는 '혈을 찾고자 할 때에는 산을 보지 말고 물을 봐야 한다. 물은 재록을 관장한다.'라는 등의 물의 중요성을 강조한 구절이 많이 있다.

- 12포태법(12胞胎法) : 혈장을 중심으로 각 방위에 배당된 12개의 좌향별 길흉 판단기준으로서 국면과 물의 방향을 측정하는데 있어 매우 중요시한다.

- 신로(神路) : 종묘(宗廟)나 왕릉 등에서 홍살문을 지나 정자각까지 이어지는 길인데, 신께 올릴 향(香)이나 축(祝)을 모시는 길을 말한다. 향로(香路)라 하기도 한다. 오른쪽 약간 낮은 길은 임금이 다니는 길이라 하여 어로(御路)라고 한다.

- 심혈법(尋穴法) : 주변의 산세(山勢)와 수세(水勢)를 살펴 혈(穴)이 있을 만한 곳을 예측하는 것.

- 아미사(蛾眉砂) : 주위의 사각이 나비의 눈썹처럼 생긴 모양을 말하며 이러한 사각이 보이면 왕비가 나오고 미인이 탄생한다고 한다.

- 안대(案對) : 무덤 방향을 잡을 때 안산이나 조산의 봉우리와 무덤의 방향을 일치시키는 좌향법이다.

- 안산(案山) : 혈(穴)과 전주작(前朱雀) 사이에 있는 작은 동산이나 언덕. 즉 묘의 정면에 있는 동산. 혈 앞에 있는 사(砂)의 하나. 혈 앞에 엎드려 있는 낮고 작은 산. 주인과 손님(전주작) 사이에 놓는 손님을 맞는 책상. 사실 책상은 귀한 사람들에게나 있는 귀한 물건인 바, 혈처가 귀(貴)한 곳임을 형성해 준다. 단아(단정하고 아름다움)하여야 한다. 단 모양이 동그란 것도 있고, 네모난 것도 있을 수 있다. 호수나 큰 강물은 안산을 대신하여 혈의 생기를 보호할 수 있다. 이처럼 안산개념은 형세론(形勢論)이나 형국론(形局論) 모두에서 매우 중요하게 사용되는 개념이다.

• 암장(暗葬) : 남의 산에 몰래 장사지내거나 남의 묘에 몰래 자기의 조상을 모시는 경우를 말한다. 평장(平葬) 투장(偸葬)이라고도 한다.

• 앙고혈(仰高穴) : 정상 부근의 높은 위치에 맺은 혈(穴)을 말한다. 이보다 조금 낮게 맺은 혈을 빙고혈(凭高穴)이라 한다.

• 앙두(仰頭) : 쳐다 볼 정도의 높은 산봉우리.

• 양기(陽氣) : 자연을 변화시키는 주체로 물과 바람을 가리킨다. 풍수에서는 물과 바람을 같은 개념으로 본다.

• 양기(陽基) 풍수 : 산 사람들이 공동으로 사용하는 마을, 또는 도성에 관한 풍수를 말한다. 즉 주인이 따로 있는 것이 아니라 공동체 자체로서의 공간 풍수를 말하는 것이다. 예를 들면 국토 풍수, 도읍 풍수, 마을 풍수 등이 있다.

• 양택(陽宅) 풍수 : 양택이란 살아있는 사람들이 각각 개인적 주인으로서 거주하는 곳을 말한다. 주택 공간뿐만 아니라 공장 사무실 등 활동하는 공간까지도 포함한다. 예를 들면 궁궐 풍수, 사찰 풍수, 향교 풍수, 서원 풍수, 전통 가옥풍수 등이 있다.

• 역장(逆葬) : 할아버지의 산소 위에 아버지의 산소를 쓰는 등의 장법. 일반적으로는 역장(逆葬)을 쓰지 않는다.

• 예감(瘞坎), 소전대 또는 망료위 : 왕릉구조물로 제향이 끝난 뒤 축문을 태우는 곳이다.

• 옥인(玉印) : 묘 주위에 있는 암반(큰 바위), 건물 등을 말한다.

• 용(龍) : 산맥 내지 산줄기의 모양이 용(龍)처럼 보인다 하여 산맥 내지 산줄기를 용(龍)이라 한다.

• 와혈(窩穴) : 혈자리의 형태 중의 하나. 혈자리와 관련 흔히 와겸유돌(窩鉗乳突)의 4글자가 있는데, 그 중의 하나로서, 와혈(窩穴)은 좋은 혈자리로서 말하자면 혈자리 주변을 둥그렇게 둘러싼 산모양새

를 말하고, 겸혈(鉗穴)은 산 모양새가 두 다리 모양으로 쭉 앞으로 뻗어나간 것을 말한다.

• **왕릉(王陵)** : 임금의 무덤. 조선 왕릉은 중국 일본에서는 찾아볼 수 없는 독특한 형식과 구조를 가지고 있다. 이에 따라 2009년 6월 27일 유네스코 세계 문화유산으로 등재되기에 이르렀다. 조선 왕릉은 크게 ① 제례를 준비하는 재실에서 왕릉 입구인 홍살문(紅箭門[홍전문] - 나쁜 기운을 좇아내기 위한 문)에 이르는 진입 공간(홍살문 앞으로 수로[水路]를 만들어 물을 흐르게 하여 수로로 산기운을 가두어 놓게 하는데, 이 수로 위의 다리를 금천교라고 함)과, ② 홍살문에서 제례를 올리는 정자각까지의 제향 공간, ③ 정자각에서 봉분에 이르는 능침 공간으로 나눌 수 있다. 진입 공간은 <속(俗)의 세계>이다. 그리고 산 자와 죽은 자가 만나는 제향 공간에는 <성(聖)과 속(俗)이 공존>한다. 끝으로 능침 공간은 평소에는 산 자의 출입이 금지되는 <성(聖)의 세계>이다.

왕릉의 구조는 ① 판위(板位, 拜位 - 돌을 깔아 놓아 참배자가 절을 하는 곳), ② 참도(參道 - 신[神]이 다니는 신도[神道 - 가운데 넓고 높은 부분]와 임금이 다니는 어도[御道 - 동쪽 좁고 낮은 부분]로 구분), ③ 수복방(능지기[능참봉]가 지내던 건축물), ④ 수라간(제사음식을 준비하던 곳), ⑤ 소전대(예감, 망료위 - 제향이 끝난 뒤 축문을 태우던 곳), ⑥ 비각(碑閣 - 왕릉에 묻힌 왕과 왕비의 비석이나 神道碑를 안치한 곳), ⑦ 산신석(山神石 - 왕릉이 있는 산의 신에게 제사를 올리던 돌), ⑧ 무인석(왕을 호위하는 무관을 형상화한 돌. 문인석에 비해 왕릉에서 더 떨어져 양쪽에 배치. 일반 백성은 사용 불가하고 오직 왕릉에서만 사용 가능. 병권을 상징하기 때문), ⑨ 문인석(왕명에 복종한다는 의미로 홀[임금을 만날 때 지니는 관직을 적은 패]을 지니고 있음. 문치주의에 따라 무인석보다 더 왕릉 가까이 양쪽에 배치. 일반 백성도 사용 가능), ⑩ 석마(石馬 - 문인석과 무인석 뒤에 대동한 말의 조각), ⑪ 장명등(사찰의 석등과 비슷한 형식), ⑫ 혼유석(魂遊石 - 혼령이 노니는 곳이라는 뜻의 석상), ⑬ 망주석(望柱石 - 봉분의 앞면 좌우에 1개씩 세운 기둥. 곡장에 의해 잘 뭉쳐있는 땅기운이 앞면으로 흘러나가지 않도록 브레이크 역할을 하는 비보 도구. 망주석의 細虎 - 땅기운이 흘러나가는 것을 방지하기 위한 싸이드 브레이크 역할을 하는 상상의 동물. 이 세호[細虎]는 망주석 양쪽 다 머리가 하늘을 향하게 배치되어 있는 것이 바람직), ⑭ 석양(石羊 - 명복을 빌며 사악한 것을 물리치는 양 모양의 수호신. 봉분 바깥의 방향으로 배치), ⑮석호(石虎 - 능침을 지키는 호랑이 모양의 수호신. 봉분 바깥의 방향으로 배치), ⑯ 곡장(曲墻 - 봉분을 보호하기 위해 3면으로 둘러싼 담장), ⑰ 병풍석(봉분을 병풍처럼 두른 돌), ⑱ 난간석(평풍석 바깥 둘레에 난간을 이루도록 둘러쳐진 돌) 등으로 이루어져 있다.

왕릉의 종류로는 단릉(單陵), 합장릉(合葬陵), 쌍릉(雙陵 - 영조릉, 숙종릉), 3연릉(三連陵), 동역이강릉(同域異岡陵 - 세조릉), 동원상하릉(同原上下陵[封] - 효종릉, 경종릉) 등이 있다.

신라의 능은 풍수가 아직 정착되지 않았을 때로서 주로 평지(平地)에 있으며, 고려시대 때는 풍수가 정착된 때로 주로 산지(山地)에 능이 있고, 조선시대에는 풍수가 완전 정착되었고 주로 비산비야(非山非野)의 나지막한 언덕[강(岡) ; 사초지(沙草地 - 땅기운의 저장 탱크. 乘生氣)]에 능을 조성하였다. 한양에서 80리 안에 왕릉을 주로 조성하였다. 태조릉은 구리시(東九陵)에 있고, 2대 정종은 개성에 있고, 3대 태종릉은 강남 대모산에 있고, 4대 세종은 대모산에 묻혀 있다가 여주로 천장(遷葬, 英陵)을 했고, 5대 문종은 구리시 동구릉에 있게 된다. 서쪽 고양시에는 서오릉(西五陵)이 있고, 그 옆에 서삼릉(西三陵)이 있게 된다.

왕릉 풍수에 사용된 이론은 배산임수 원칙과 형세론, 형국론, 좌향론 등이며, 특히 형세론과 좌향론이 주로 사용되었다. 즉 형세론 중의 장풍법과 좌향론 중의 좋은(生) 방향 쪽으로는 물줄기가 흘러 나가지 않도록 하는 것은 잘 지켜지고 있었고, 또 간룡법 중의 세형혈

/태식잉육의 이론이 늘 사용되었다. 또 사초지(沙草地 - 언덕. 生氣의 저장 탱크)의 이론이 항상 사용되었다.

한편 옛날에는 평소 제사에는 소고기를 사용하지 못하고, 왕릉에서 제사를 모실 경우에만 소(牛)고기를 사용하였는데, 예를 들어 영조가 사도세자를 제사지내고 사용한 소고기를 수원 주변의 백성들에게 나누어 주게 되는데, 이에 따라 수원에서는 오래 전부터 소고기 요리법이 발달하게 되어, 이것이 오늘날 수원갈비, 수원화성갈비, 태릉갈비 등으로 유래되어 내려오게 되는 것이다.

태조 이성계의 건원릉(建元陵)을 조성하는 데에는 약 6,000명(충청도 3,500명, 황해도 2,500명, 강원도 500명 등)의 인원이 동원되었다고 한다. 또 세종의 무덤을 강남 대모산에서 여주 영릉으로 천장할 때, 그 주변의 눈에 보이는 무덤들(약 500기 정도)은 모두 다른 곳으로 강제 이장되었다고 한다. 후현무 쪽에 있던 모든 무덤들도 몇 십리까지 모두 옮겨졌다고 한다.

- 왕릉풍수 : 풍수의 이론에 의한 건축물 중 가장 적합하고 보존이 잘 된 건축물이 왕릉인 바, 따라서 풍수의 이론으로 왕릉을 설명한 것을 테마풍수 중에서 왕릉풍수라 한다.

- 우백호(右白虎) : 묘지의 오른쪽 능선의 산세.

- 우선수(右旋水) : 혈을 중심을 오른 쪽에서 왼쪽으로 흐르는 물.

- 원진수(元辰水) : 묘 앞에서 똑바로 빠져나가는 물(凶).

- 음택(陰宅) 풍수 : 음택이란 죽은 사람의 집이란 말로 묘소를 뜻한다. 즉 시신이 묻힌 자리이다. 묘나 능이 여기에 해당된다. 예를 들면 왕릉 풍수, 문중 풍수, 선산 묘 등이 있다.

- 음택론(陰宅論) : 죽은 사람의 기(氣)가 후손의 기와 감응(感應)하여 복이나 화를 미친다는 풍수설로서 보통은 묘 터를 잡거나 장사를 지낼 경우 활용되는 풍수를 가리킨다.

• 음풍(陰風) : 산세가 험준할 경우 깊은 골짜기에서 자연적으로 생기는 바람이다. 음풍은 혈 주변의 산들이나 입수, 묘 앞쪽의 전순까지 손상시키거나 허약하게 만든다.

• 이기론(理氣論) : 풍수 이론 중 나경(羅經)의 법수(法數)로 이루어지는 이론.

• 24좌(24坐) : 원의 360° 를 24개 방위로 나눈 것이며, 쌍산 5행에 따라 천간과 지지로 짝지어져 있는 것을 말한다.

• 인정(人丁) : 풍수에서 후손 특히 대를 이을 남자 후손을 가리킨다.

• 입수(入首) : 혈을 만들기 위해 내밀고 있는 산머리를 말한다. 내룡(來龍)이 혈속으로 들어가려는 곳.

• 장대석(長臺石) : 봉분, 특히 왕릉 앞 제전에 옆으로 길게 일직선으로 층을 지어 횡으로 구별해 놓은 돌. 이 돌은 이승과 지하 세계를 나누는 경계석이다. 이를 경계로 왕과 왕비가 영원히 잠들어 있는 봉분이 조성되었고, 그 주위를 문관석, 무인석, 석호, 석마 등이 마치 살아 있는 군왕을 모시듯 호위하고 있다.

• 장막(帳幕) : 산세의 흐름이 마치 병풍(장막)을 펼쳐 놓은 듯이 좌우 겹겹으로 가지를 친 모양세의 산세를 말한다.

• 장명등(長明燈) : 무덤을 밝혀 신들이 놀 수 있도록 불을 밝히고 잡귀와 부정을 막기 위해 무덤 앞에 설치한 석물. 장생(長生) 발복(發福) 기원. 귀신이 가장 무서워하는 것이 불이기 때문에 무덤 앞에 설치한다. 장명등은 조선 초기에는 지붕을 8각으로 하였다가 조선 후기로 내려오면서 4각 지붕으로 양식이 바뀌었다. 사찰의 석등과 비슷한 형식으로 불교사상의 영향을 나타내고 있다. 왕릉 앞의 장명등은 지붕을 여의주 모양으로 하고 있다(예, 태조 건원릉).

• 장택법(葬擇法) : 시신에게 영향을 미치는 천문의 이기(理氣)에 따른 매장의 일시, 하관시(下棺時), 망자와 후손들의 사주(四柱) 등 천문,

지리, 인사가 서로 완벽한 조화를 이루도록 장사를 지내는 절차나 과정이다.

- 장풍(藏風) : 풍수이론 형세론(形勢論) 중의 두 번째 이론(첫째 이론 - 간룡법[看龍法])으로서, 뒤에서 들어오는 산줄기 이외에 주변 산들을 관찰하는 방법이다. 바깥의 거센 바람은 바로 들어와서는 안 되고, 주변 산들에 의해 막혀서 부드럽게 들어와 부드럽게 나가야 된다는 것이다. 생기(生氣)는 어떻게 하면 모이는가. 『금낭경』에 보면 기승풍즉산(氣乘風則散 - 기는 바람을 만나면 흩어짐)하고 기계수즉지(氣界水則止 - 기는 물을 만나면 즉 멈춤)라는 구절이 있다. 고로 기(氣)를 흩어지지 않게 하려면 거센 바람을 막아주어야 한다(藏風)는 것이다.

장풍법에는 2가지 내용이 있는데, 사신사(四神砂 - 혈자리를 주변에서 4개의 수호신이 감싸주어야 좋다는 것을 의미, 후현무[後玄武, 전주작[前朱雀], 좌청룡[左青龍], 우백호[右白虎])와 조신사(朝臣砂 - 사신사 이외에 멀리 주변에 있는 산들을 의미, 아침에 신하가 혈자리(임금)를 향해 인사를 드리는 것을 의미)가 바로 그것이다. 현무(玄武, 거북)은 수두(垂頭)해야 좋고, 주작(朱雀)은 상무(翔舞)해야 좋고, 청룡(青龍)은 완연(蜿蜒)해야 좋고, 백호(白虎)는 준거(蹲踞)해야 좋다. 청룡과 백호의 끝자리가 혈자리를 잘 감싸고 있으면 유정(有情)한 것이 되고, 혈자리를 외면하여 머리를 밖으로 확 돌리고 있으면 무정(無情)한 것이 된다. 좌청룡과 우백호는 혈자리의 모양을 단정하고 부드럽게 만들어주는 역할을 하며, 전주작과 후현무는 직접적으로 혈(穴)을 만들어주는 역할을 하게 된다. 후현무와 전주작을 어떻게 관찰하느냐 하는 것을 결혈(結穴)조건이라고 하며, 좌청룡과 우백호가 어떻게 혈(穴)을 잘 품어 주느냐 하는 것을 성국(成局) 조건이라고 한다.

결혈(結穴)조건으로서는 우선 후현무(主)는 전주작(客)보다 덩치가 커야 한다. 즉 뒷산이 더 크고 웅장해야 한다. 주객이 전도되어서는 안

된다는 이치이다. 성국(成局)조건으로서는 좌청룡과 우백호가 서로 혈처를 품어주어야 하고, 또 서로 비슷하게 크기나 균형이 맞아야 한다. 너무 크기나 덩치가 차이가 나면 안 된다는 것이다. 좌청룡 산은 양(陽), 남자 자손, 귀(貴), 장자(長子)를 상징하기도 하고, 우백호 산은 음(陰), 여자 자손, 재(財), 차자(次子)를 상징하기도 한다.

- **전미지지(全美之地)** : 풍수에서 조금도 미흡한 것이 없는 완전무결한 땅을 말하는데, 사실은 이러한 땅은 없다는 것이다. 고로 미흡한 부분을 보충하는 비보(裨補)사상이 풍수에 등장하는 것이다.

- **전순(氈脣)** : 혈장의 바로 앞에 맞닿아 있으면서 혈장의 생기를 보호하고 지탱해주는 역할을 담당한다. 보통 암석으로 이루어져 있다.

- **정자각(丁字閣)** : 왕이 왕릉 앞에서 제사를 모시는 곳.

- **정혈법(定穴法)** : 생기를 잘 받을 수 있는 곳 즉 혈(穴)을 정하는 것. 즉 심혈법(尋穴法)에 의하여 개략적인 위치를 파악한 후 정확한 혈(穴) 자리를 찾는 것. 수십 종의 정혈법의 이론 중에 중요한 것으로서, 우선 ① 조안(朝案 - 사신사, 안산 등을 고려하여 혈처를 정함)정혈법이 있다. 후현무와 전주작, 안산 등의 크기나 위치 등을 따져서 혈자리가 위에 있는가 아래에 있는가를 정하는 이론이다. 다음에 ② 명당(穴자리가 아닌 혈자리 앞의 마당과 같은 곳)정혈법이 있다. 명당에는 소명당(혈자리 앞의 마당 즉 작은 명당. 평평해야 됨. 기울지 않아야 됨. 경사가 져서는 안 됨), 중명당(사신사 범위 안의 터가 얼마나 평평하고 바람직하고 기울지 않았는가를 따지는 것), 대명당(좌청룡 우백호를 벗어난 보이는 모든 범위)이 있다. 다음에 ③ 용호(龍虎)정혈법이 있다. 그야말로 좌청룡 우백호를 기준해서 정혈하는 방법이다. 즉 좌청룡의 산이 좋으면 먼저 좌청룡 쪽으로 가서 혈자리를 찾아보고, 우백호의 산이 좋으면 먼저 우백호 쪽으로 가서 혈자리를 찾아보라는 것이다. 간룡(看龍)법에서 나오는 세형혈/태식잉육(勢形穴/胎息孕育)의 이론과 현무수두(玄武垂頭)의 의미, 그

리고 앞에서의 3가지 정혈법을 알면 충분히 정혈하는 법을 알 수 있다.

• 제살법(除殺法) : 초상이 나서 발인하려 함에 중상일(重喪日)이나 복일(复日)이 걸려서 곤란할 때 이 중상일(重喪日)이나 복일(复日)의 액운(厄運)을 피하는 비법을 제살법(除殺法) 또는 살제법(殺除法)이라고 한다. 탄허 대종사에 의하면, 중상일(重喪日)이나 복일(复日)의 액운(厄運)을 피하기 위해서는, 청결한 한지나 백지에 고급 경면주사(鏡面朱砂)로 다음의 월별로 표시된 한자 4자를 정성스럽게 2장씩 써서, 하관할 때 1장은 시신이나 유골의 가슴 우측 부위에 얹고, 다른 1장은 광중의 밑바닥 즉 시신을 놓으면 가슴 좌측 등 뒤에 닿도록 놓고 매장하면, 아무 탈이 없다는 것이다. 이 때 쓰여지는 한자는 다음과 같다 :

1, 2, 6, 9, 12월 : 육경천형(六庚天形)

3월 : 육신천연(六辛天延)

4월 : 육임천로(六任天로)

5월 : 육계천옥(六癸天獄)

7월 : 육갑천복(六甲天福)

8월 : 육을천덕(六乙天德)

10월 : 육병천양(六丙天陽)

11월 : 육정천음(六丁天陰)

• 조대산(朝對山) : 안산(案山) 너머로 멀리 보이는 크고 높은 산. 즉 안산 뒤의 큰 산으로 외부로부터의 바람을 막아준다. 조산은 혈의 길흉화복을 가늠하는 것으로 문필봉과 귀인봉 등이 있으면 길하다.

• 조산, 종산(祖山, 宗山]) : 혈(穴) 뒤의 멀고 높은 산. 넓은 의미의 내룡 중에서 그 혈에서 가장 멀고 높은 산을 조산(祖山)이라 하고, 가까우면서도 높은 산을 종산(宗山)이라 한다.

• 족장(族葬) : 한 내룡(來龍)에 여러 명의 조상을 위에서부터 아래쪽

으로 나란히 모시는 장법(葬法)으로 조선시대에 와서 생긴 풍습이다.

• **종묘(宗廟) 사직(社稷)** : 종묘란 역대 임금의 신위를 모시어 놓은 곳이고 사직이란 땅의 신과 곡식의 신에게 제사를 지내는 곳이다. 이성계는 경복궁을 지으면서 종묘사직을 동시에 건축한다. 좌묘우사(左廟右社)의 논리에 따라 좌측에는 종묘(존엄성 의미)를 놓고, 우측에는 사직(재물과 부유성을 의미)을 놓게 배치한다. 종묘의 경우 보현봉을 세산으로 하고, 응봉을 형산으로 하여 종묘의 혈자리가 잡히게 된다. 종묘가 이씨왕조를 위한 것이라면, 사직은 한반도와 백성을 위한 것이다. 고로 사직단에는 단군성전도 모셔져 있다.

• **좌선수(左旋水)** : 혈을 중심으로 왼쪽에서 오른 쪽으로 흐르는 물.

• **좌청룡(左靑龍)** : 묘지의 왼쪽 능선의 산세.

• **좌향(坐向)** : 좌(坐)는 시신의 머리 방향이고, 향(向)은 시신의 발 방향을 가리킨다. 즉 혈의 중심이 되는 한 지점(坐, 穴)을 말하며, 24개 방위 중 좌(坐)가 먼저 결정되면 향(向)도 자연스럽게 결정이 된다. 향(向)이란 혈의 중심이 되는 한 지점의 앞쪽(前面)에 해당하는 방향을 말한다.

• **좌향론(坐向論)** : 풍수의 이론 중 형세론과 형국론으로 혈터를 정한 후에 방향을 정하는 이론. 종류에는 안대(眼對) 좌향론 내지 산수(山水 - 명산 쪽으로 대문을 내고 마당을 만들고 건축물을 놓음, 見처리, 不見처리) 좌향론과 패철(佩鐵 - 나경을 가지고 방향을 잡음, 음양, 오행, 천간, 지지, 황천살 개념 등 숙지 필요) 좌향론 등이 있다. 형세론이 바둑의 포석과 중반전이라면, 형국론은 바둑의 정석이라 말할 수 있고, 좌향론은 바둑의 끝내기라고 비유하여 말할 수 있겠다.

• **주산(主山) 후산(後山)** : 개인이나 개인 묘의 뒤의 높은 산(後玄武). 진산(鎭山) 참조.

• **중상일(重喪日) 복일(复日)** : 초상이 나서 발인 날짜를 택일할 때

<줄초상난다>고 하여 흉일로 치고 금기시하는 날. 매월 중상일(重喪日)과 복일(复日)은 음력기준으로 다음과 같이 확인할 수 있다.

1월 : 갑, 경, 사, 해일. 2월 : 을, 신, 사, 해일.
3월 : 무, 기, 사, 해일 4월 : 병, 임, 사, 해일.
5월 : 정, 계, 사, 해일. 6월 : 무, 기, 사, 해일
7월 : 갑, 경, 사, 해일. 8월 : 을, 신, 사, 해일.
9월 : 무, 기, 사, 해일 10월 : 병, 임, 사, 해일.
11월 : 정, 계, 사, 해일. 12월 : 무, 기, 사, 해일

- 증혈(證穴) : 혈을 찾은 후 이 혈이 진혈(眞穴)인가 가혈인가를 확인하는 증거.
- 지관(地官) : 지사(地師) 또는 풍수쟁이라고도 하며, 음양과를 합격한 풍수가(風水家)중에서 왕족의 묘 터를 잡기 위해 선별된 사람. 말하자면 땅의 이치와 땅의 기운이 사람의 생활에 미치는 영향을 잘 알고 터 잡는 일을 전문으로 하는 사람을 일컫는 말이다. 원래는 국상 때만 임명되는 임시직이었으나, 한 번 지관으로 임명되면 당대 최고의 풍수가로 인정받아, 퇴임 후에도 그대로 그 벼슬 명을 붙여서 불렀다.
- 직룡(直龍) : 기복이나 좌우의 굴곡이 없이 곧게 뻗어 내려오는 곧은 산을 말한다.
- 진산(鎭山) 후산(後山) : 마을이나 공동체의 뒤의 높은 산(後玄武). 주산(主山) 참조.
- 진응수(眞應水) : 묘 좌우에서 감싸주는 물.
- 참도(參道) : 왕릉에 있는 길. 신(神)이 다니는 신도(神道)와 임금이 다니는 어도(御道)로 나뉜다.
- 천심(穿心) : 개장의 중심을 뚫고 흐르는 산줄기이다.
- 천장(遷葬) : 임금의 무덤을 이개장하는 것을 천장(遷葬)이라고 한다.

- 천장지비(天藏地秘) : 명당은 적선자(積善者)와 적덕자(積德者)에게 주어야 하기 때문에 하늘이 감추고 땅이 숨긴다는 말이다.

- 천지(天池) : 나경의 정 중앙에 있는 지남철. 뜬쇠라고도 하였는데, 왜냐하면 자석은 가만히 놔두면 늘 한쪽은 북쪽을, 한쪽은 남쪽을 가리키도록 들떠서 움직이기 때문이다.

- 총(塚) : 왕릉인 듯한데, 무덤의 주인공이 누구인지 잘 모를 경우 총(塚)이라 칭한다.

- 태극(太極) 음양(陰陽) 오행(五行) 상생(相生) 상극(相剋) 천간(天干) 지지(地支) : 태극(太極)이란 자연이 돌아가는 이치 즉 자연의 이치를 말한다. 도(道)라고 말할 수도 있다. 그런데 세상 돌아가는 자연의 이치를 분석해보니, 크게 2개의 천지간에 널려 있으며, 이 2개의 기운의 융합으로 천지조화는 이루어지는데, 음(陰, 山)과 양(陽, 水)이 바로 그 2개의 기운다. 말하자면 모든 만물의 이치는 성장(陽)하고 시들(수축, 陰)고 또 성장하고 시들(수축)고 하는 무궁한 변화의 과정으로 엮어지고 이루어진다는 것이다. 이 음(수축)과 양(성장)의 기운을 다시 세분하여, 양(성장)의 기운을 목(木, 약한 양 - 성장의 초반부) - 화(火, 강한 양 - 성장의 후반부)로 나누고, 음(수축)의 기운을 금(金, 약한 음 - 수축의 초반부) - 수(水, 강한 음 - 수축의 후반부)로 나누고, 음(수축)과 양(성장)의 중간에 윤활유(매개체) 역할을 하는 또 다른 기운으로 토(土)의 기운을 첨가하니, 이것이 곧 5행이 된다.

  목형(木形 - 아침, 봄, 초년, 새싹, 青色, 青龍, 3-8, 仁, 東 : 貴) 산은 부드럽게 솟은 산이요, 화형(火形 - 낮, 여름, 청년, 잎 무성, 赤色, 朱雀, 2-7, 禮, 南 : 氣勢) 산은 뾰쪽하고 급격하게 치솟은 산이요, 토형(土形 - 오후, 盛夏, 성년, 黃色, 狗, 5-0, 信, 中央)의 산은 음양의 어느 편도 들지 않고 균등하게 음양을 매개하는 일자문성(一字文星 - 책상과 뒤주 모양 : 官이나 財)의 산이요, 금형(金形 - 저녁, 가을, 중년, 열매, 수확, 白色, 白虎, 4-9, 義, 西)의 산은 둥그러운 산(둥그러운 열매 - 노적가리를 쌓아 놓음 : 財)이요, 수형(水形 - 밤, 겨울, 노년, 수축, 黑色, 玄武[龜], 1-6, 智, 北 : 氣勢) 산은 물의 흐름처럼 출렁출렁 물결치는 산이다.

『금낭경』에 의하면, 음양의 기운(陰陽之氣)은 원래 일체인데, 그것이 내뿜으면 바람 운해가 되고, 하늘로 올라가면 구름이 되고, 그 음양의 기운이 내려오면 비가 되고, 그 음양기운이 땅 속으로 다니면 그것이 곧 생기(生氣)가 되니, 이 생기의 기운을 잘 올라타는 것이 곧 풍수의 목적이 되는 것이다.

한편 상생(相生)과 상극(相剋)이란 오행(五行)의 기운이 변화되어 가는 모양과 상태를 일컫는 말이라고 말할 수 있다. 자연스럽게 변화되어 가면 상생(相生 : 봄[木] - 여름[火] - 盛夏[土] - 가을[金] - 겨울[水])이 되고, 부자연스럽게 변화되어 가면 곧 상극(相剋 : 木 - 土 - 水 - 火 - 金)이 되는 것이다.

오행(五行)을 상생(相生) 순에 따라 다시 각각 둘로 나누어 본 것이 천간(天干)이 된다. 즉 목(木)을 나누어 갑(甲) - 을(乙)로, 화(火)를 나누어 병(丙) - 정(丁)으로, 토(土)를 나누어 무(戊) - 기(己)로, 금(金)을 나누어 경(庚) - 신(辛)으로, 수(水)를 나누어 임(壬) - 계(癸)로 한 것이 곧 천간(天干)인 것이다.

지지(地支)란 4계절과 음력 12달로 이해하면 쉽게 이해가 간다. 즉 춘(春 - 東 - 木) : 인(寅) - 1월, 묘(卯) - 2월, 진(辰) - 3월/ 하(夏 - 南 - 火) : 사(巳) - 4월, 오(午) - 5월, 미(未) - 6월/ 추(秋 - 西 - 金) : 신(申) - 7월, 유(酉) - 8월, 술(戌) - 9월/ 동(冬 - 北 - 水) : 해(亥) - 10월, 자(子) - 11월, 축(丑) - 12월/ 순으로 이해하면 쉽게 이해가 갈 것이다. 여기에다 오행(五行)을 적용해 보면, 인(寅-木) 묘(卯-木) 진(辰-土)/ 사(巳-火) 오(午-火) 미(未-土)/ 신(申-金) 유(酉-金) 술(戌-土)/ 해(亥-水) 자(子-水) 축(丑-土)/이 된다.

• 태조산(太祖山) : 용(龍)이 처음 발원한 곳으로 시조와 같은 것이며 그 다음에 조종산, 조산 등으로 내려온다.

• 파구(破口) : 혈처에서 보아 물이 빠져 나가는 곳. 득수구(得水口)의 반대. 득수구(得水口)보다는 파구(破口)가 더 중요하다. 즉 파구(破口)는 산 기운을 붙잡아 주는 역할도 한다. 파구의 모양새는 물줄기가 좁아져서 살며시 없어지는 모양새가 좋다. 물줄기가 크게 펑 뚫여서 크게 흘러 나가고 있는 모양새는 좋지 않다. 또 나경을 사용하여 파구가 어느 방향에 위치하느냐, 물줄기가 어느 방향으로 빠져 나가느냐에 따라서, 혈처의 명당 여부를 살피기도 한다.

• 파묘(破墓) : 개장을 위해 무덤을 파는 것. 이장 시 전통의 방법에서는 묘 앞에 술과 음식 등 주과포혜(酒果脯醯)를 차리고 향을 피운 다음 분향하고 재배하면 축관이 북쪽으로 꿇어앉아서 고한다. 축관이 고사를 마치고 제사가 끝나면 그 때부터 묘를 파기 시작하는데, 묘의 서쪽부터 괭이로 한 번 찍고 '파묘', 이어 또 한 번 찍고 '파묘'하고 외치면서 사방을 찍은 다음 흙을 파낸다. 관을 들어낼 때는 흙이 흩어지지 않게 조심하고 준비한 칠성판에 올려놓는다. 대개의 경우 관은 삭아서 없어지고 형체만 남은 유골은 칠성판에 놓게 되는데, 이것을 긴 베로 칠성판과 함께 머리에서부터 차례로 감아 내려온다. 이때의 베 포를 감포라 하며 칠성판에는 붓으로 북두칠성을 그려 놓는다. 발인에서 하관까지의 의식은 처음 장사 때와 같고 새로 묘지를 고친다는 부분인 신개유택(新改幽宅)만 다를 뿐이다. 개장이 끝나고 집을 돌아와서 주인은 시마복을 입고 주인 이하는 개장할 때 입었던 옷을 입고 사당에 나가서 고하고 신주를 정침으로 내온다.

• 패철(佩鐵) : 나경 참조.

• 팔요풍(八曜風) : 무덤 속으로 침입하는 바람을 말하며, 패철 2층에 8방위가 표시되어 있다.

• 풍수(風水) : 지기(地氣)를 중심으로 하여 사자 공간(무덤)과 생자 생활공간의 호불호(好不好)를 설명하는 이론. 즉 장풍(藏風) 득수(得水)

의 줄인 말로서 바람을 갈무리하고 물을 얻는 다는 것이다. 기(氣)는 바람을 만나면 흩어져버리고 물을 만나면 머문다고 한다. 그래서 풍수를 이용하여 땅의 기운을 얻으려 한 것이다. 감여(堪輿), 지리(地理), 지술(地術)이라고도 한다. 감여란 원래 천지(天地)라는 뜻으로, 천지가 만상(萬象)을 잘 유지하고 있는 것을 의미한다. 승생기(乘生氣) 즉 좋은 땅 기운 위에 올라타는 것이다.

종류로는 양기 풍수(陽基[공동체]風水 - 국토, 도읍, 마을), 양택 풍수(陽宅風水 - 궁궐, 사찰[도선국사, 원효대사, 의상대사가 주로 건축], 서원, 향교, 전통 가옥), 음택 풍수(陰宅風水 - 왕릉, 문중, 선산, 묘) 등이 있다.

인간의 운명을 좌우하는 것으로서 천기(天氣), 지기(地氣), 인기(人氣)가 있는데, 잉태되고 태어나는 순간에 천기(天氣)는 이미 결정되는 것이고, 조상들의 선악으로 인기(人氣)도 이미 결정되는 것이기에, 이 두 가지는 거의 숙명적이다. 따라서 천기(天氣)와 인기(人氣)에서 부족한 부분을 지기(地氣)로 보충해보려는 노력이 풍수설의 출발이라고 할 수 있다. 그런데 중국의 풍수에서는 물이 중요시되었던데 비해서 우리의 풍수에서는 산의 흐름이 중요시되어 대비가 된다. 중국 북부에 강수량이 적었던 원인도 있고, 중원의 너른 평원에 산이 없는 이유도 있다.

• 하수사(下水砂) : 혈 아래에 붙어있는 작은 능선으로 혈장을 지탱하여 주는 역할을 한다. 용이 혈을 결지하고 남은 여기(餘氣)가 하수사를 만들기 때문에, 혈의 좋고 나쁨은 먼저 하수사를 보고 판단한다. 하수사는 혈 앞에 있는 물과 반대방향으로 감겨 있어야 물을 역수시킬 수 있다.

• 합금(合襟) : 혈 앞에서 물이나 용이 합하는 것을 말한다.

• 현궁(玄宮) : 현궁(玄宮)이란 임금님의 관을 일컫는 말이다. 왜냐하면 임금은 평소 궁(宮)에서 계신 분이기 때문이다. 따라서 임금의 관을 하관하는 경우에는 하관(下官)이라 칭하지 않고, 하현

궁(下玄宮)이라고 칭하였다.

- 혈(穴) : 혈이란 혈지, 혈판, 당판이라고도 하며 시신이 매장되는 장소 혹은 건물이 들어서는 곳으로 풍수지리의 택지에서 가장 중요한 요소 중의 하나이다. 가장 중요한 곳. 가장 파워가 있는 곳(虎口穴). 즉 산 기운이 응집되어 있는 곳이다. 여기에 시신을 매장해야 이 기운에 감응하여 발복한다고 한다. 다시 말하면 기(氣)가 한 곳에 응집된 작은 공간(구멍)으로 핵심이 되는 지점이며 모양에 따라서 와혈(窩穴 - 오목하게 들어간 형태의 혈), 돌혈(突穴 -가마솥을 엎어 놓은 것처럼 볼록하게 생긴 혈), 유혈(乳穴 - 유방처럼 혈장이 약간 볼록한 형태의 혈), 겸혈(鉗穴 - 양 선익이 직선으로 길게 뻗은 형태의 혈)로 구분한다.

- 협산(峽山) : 산야(山野)를 말한다.

- 형국(形局) : 우주만물이 생겨날 때에는 형상이 있게 마련인데, 그 형상에 상응하는 기상과 기운이 그 형상 속에 있다고 보는 관념을 원리로 삼은 것. 형국이란 산의 모양을 사람들이 평소에 생활하면서 가까이 하는 물체의 형상에 비교하여 이름을 붙인 것이다. 이를 물형론(物形論)이라고도 하며, 금계포란형(金鷄抱卵型,) 장군대좌형(將軍臺座型) 등이 대표적인 명칭들이다.

- 형국론(形局論), 형기론(形氣論) : 풍수의 이론 중 산의 형국(形局)을 중심으로 연구하는 터를 잡는 이론으로서 우리나라에서 만들어진 순수 자생(自生)풍수이론이라고 말할 수 있다. 종류로는 200여 가지가 있는데, 중요한 것으로서 약간을 추릴 수가 있다. 예를 들면 와우형(臥牛形), 용두형(龍頭形), 금계포란형 등등이다. 종류의 기준은 크게 사람 모양(옥녀[부드럽게 솟아오른 산의 모양 : 玉女擊鼓形, 玉女開花形, 玉女丹粧形], 장군[남성 : 거칠고 위풍당당하게 솟아 오른 모양 : 將軍出陣形], 신선[남성 : 仙人乘鶴形], 선비[남성 : 高士讀書形] 등), 동물 모양(호랑이[頭大 : 산 모양새가 氣勢 有 : 伏虎形-虎

口穴, 臥虎形-乳穴=猛虎授乳形], 용[雙龍交媾形, 回龍顧祖形], 소[산 모양새가 푸근하고 느릿함], 개[頭小], 말, 거북, 자라, 쥐 등), 조류 모양(독수리, 닭[金鷄抱卵形], 봉황[飛鳳歸巢形, 鳳巢形, 丹鳳含書形], 학(舞鶴形, 仙人乘鶴形], 기러기, 제비, 꿩 등 - 입 앞 또는 날개 품 안에 혈처 형성), 꽃 모양(연꽃, 매화, 모란, 도화, 이화 등 - 花心形), 사물 모양(舟, 쟁반, 비녀, 금가락지 등), 글자 모양(也, 日, 月, 勿, 用 등) 등으로 분류된다.

형국론이 우리나라에서 만들어지게 된 이유로는 우선 우리나라에 산이 많기 때문이라고 말할 수 있다. 보이는 것이 모두 산이므로 산에 대항하기 보다는 산과 조화롭게 살며 산정기를 받을 수 있는 방법을 찾게 되고 이를 이론적으로 정립하게 된 것이다. 애국가나 학교의 교가를 보면 모두 산정기를 의미하는 가사가 들어가 있음이 이를 증명한다.

산의 모양에 따라 와우(臥牛)산이 있게 되면 소의 위장(胃腸) 부분에 혈처가 형성되게 되고, 꽃 모양의 산이 있게 되면 씨방 안에 혈처가 형성되게 되며, 봉황산이 있게 되면 주둥이 부분이나 날개 부분에 혈처가 형성되며 또 오동나무나 대나무 등을 심거나 상징하는 것들을 만들게 되는 것이다. 그런데 이러한 형국론의 정서가 이해는 되지만, 사실 과학적으로 증명할 수는 없다. 이것이 곧 형국론의 한계 내지 단점이라고 말할 수가 있다.

형세(形勢)론이 지기(地氣)에 대한 문제라면, 형국(形局)론 지령(地靈)에 대한 문제라고 비교해서 말할 수도 있다. 이처럼 형국론은 우리의 문화의 특징이다. 삼국시대, 고려시대, 조선시대, 일제시대 등 우리의 문화에는 이 형국론의 이론이 다 들어가 있는 것이다. 고로 이 형국론을 알아야 우리 문화재의 의미가 풀릴 수가 있는 것이다. 전원주택 터나 일반적 터를 정할 때는 형세론(形勢論)과 좌향론(坐向論)만 가지고도 무난하나, 우리의 문화재나 고건축 등을 풀겠다고 한다면 형국론(形局論)의 이론이 없어서는 안 된다.

형국론에는 말을 붙이는 방법들이 있다. 봉황이면 봉서포란형(鳳棲

抱卵形)이 되고, 옥녀면 옥녀단장형(玉女丹粧形), 호랑이면 복호형(伏虎形), 신선이면 선인승학형(仙人乘鶴形), 갈용음수형(渴龍飮水形) 하는 식(式)이다. ○○형, ○○○형, ○○○○형 등이 있는데, 종류로는 약 200여 가지나 되며, 형국에 걸린 마을만 하더라도 드러난 것만 2,146가지나 된다고 한다.

• 형세론(形勢論) : 풍수의 이론 중 형국론(形局論)과 마찬가지로 터를 잡는 이론. 중국 당나라 때 만들어진 이론. 그 이전에는 지기(地氣)를 감(感)으로 느끼는 사람들이 있었으나(氣感地) 아직 이를 이론적으로는 정리하지 못하였다. 후에 당나라 때 풍수에 대한 이론적 체계화작업이 이루어지게 된다. 역사를 살펴보면 통일 신라 말엽 입당승(入唐僧)들이 유학 후 귀국을 할 때 풍수의 이론까지 함께 공부하고 돌아와서 절터를 잡을 때 이 형세론을 적극 활용하였다. 형세론의 내용으로는 ① 간용법(看龍法 - 혈처 뒷산의 산줄기를 따라 산 기운이 혈처에 까지 오는 길목을 보는 방법), ② 장풍법(藏風法 - 혈처 주변[옆산, 앞산, 뒷산 등 - 좌청룡, 우백호, 전주작, 후현무]의 여러 산줄기들이 바람을 막고 안온하게 혈처를 보존하는 것을 보는 방법), ③ 득수법(得水法 - 혈처 주변 산들에 있는 계곡의 물줄기들이 들어오는 방향과 나가는 방향을 살펴보는 방법), ④ 정혈법(定血法 - 산 기운은 물을 건널 수 없는 바 이처럼 내룡[來龍]으로 흘러오던 산 기운이 물에 막혀서 혈 자리로서 맺혀 있는 곳을 정하는 방법) 등이 있다. 우리나라 풍수의 원조로는 보통 도선국사를 들기도 한다.

• 호석(護石) : 봉분의 흙이 흘러내리지 않도록 봉분 둘레를 보호하기 위하여 조성한 돌. 무덤 주위를 병풍처럼 둘렀다 하여 둘레돌 또는 병풍석이라고도 한다.

• 호충법(呼冲法) : 호충법이란 장지에서 마지막 하관 시 하관을 보지 말아야 하는 사람을 알려 주는 것을 말한다.

• 홍황자윤(紅黃滋潤) : 혈의 흙 색깔이 붉고 노랗고 빛이 밝게 보

여야 혈토라 한다.

- 황천살(黃泉殺) : 흉성이 있는 방위. 나경 1, 2층에 배당. 6, 8층에서도 활용. 즉 밖에서 우리 집까지 어느 방향에서 나쁜 기운이 들어오는 가를 보는 경우, 이 나쁜 기운이 들어오는 방향이 곧 황천살이다. 규봉(窺峰)은 좌향이 안 정해져도 알 수 있지만, 황천살을 알려면 좌향을 먼저 정해져야 한다. 황천살은 1층 황천살과, 2층 황천살로 둘로 나누어진다.
  1층 황천살이란, 먼저 혈처의 좌향(坐向)을 제대로 관측을 한 후(例, 壬坐丙向), 좌(坐)를 기준으로 먼저 1층까지 올라가서 어느 방향에서 황천살이 들어오는가를 찾아보고(例, 辰), 그것을 다시 6층(例, 辰)에 가서 바람(風殺)이 어떻게 들어오는가를 찾아보고(산과 산의 골짜기가 6층 辰 방향에서 보이면 곧 風殺이 됨 - 風殺이 보이면 곧 이곳을 막고 살아야 됨), 또 8층(例, 辰)에 가서 물기운(水殺)이 어떻게 들어오는가를 찾아보는 것이다(혈처에서 보아서 막 물줄기가 보이기 시작하는 지점[得水]이면 곧 水殺이 됨. 그리되면 이곳으로 황천살이 들어오므로 이곳을 막고 살아야 됨).
  2층 황천살이란, 먼저 혈처의 좌향(坐向)을 제대로 관측을 한 후(例, 壬坐丙向), 향(向) 기준으로 먼저 2층으로 내려가서 어느 방향에서 황천살이 들어오는가를 찾아보고(例, 巽), 그것을 다시 8층(例, 巽)에 가서 수살(水殺)이 들어오는가를 찾아보는 것이다(得水가 있거나 破口가 생기면 곧 水殺이 됨).
- 횡수국(橫水局) : 묘 앞의 물이 옆으로 흐르는 것.
- 후록(後麓) : 뒷산.
- 흉사(凶砂) : 혈 주위에서 흉하게 보이며 충(沖)하는 산(山)이나 바위 등을 말한다.

4 기타 의례 관련 용어

• 가례(嘉禮) : 국조 오례(五禮) 중의 하나. 왕의 즉위나 혼인, 왕세자 왕세손의 탄생이나 책봉 또는 성혼 등의 의식으로서 관혼의 의미로도 널리 쓰인다. 길례(吉禮)가 신인화합(神人和合)을 통해 신의 대리자인 왕의 권위를 높인다면, 가례(嘉禮)는 왕실 이하 백성에 이르기까지의 화합을 나타내는 것이다. 이 가례는 왕실 내부의 의식(儀式), 왕과 신하간의 조하의(朝賀儀), 왕과 백성간의 관계인 친만민(親萬民)의 의식 등 세 가지로 나눌 수 있다.

왕실내부의 의식으로 중요한 것 가운데 하나는 책봉의식(冊封儀式)이다. 이 장엄한 의식을 통해 왕실의 위엄을 높이고 있다. 여기에는 대비(大妃)의 책복의식과 세자빈의 책봉 후 연향(宴享)의식, 유모(乳母)의 봉작(封爵) 등이 있다. 왕과 신하간의 만남은 조회(朝會)의식에서 잘 나타나고 있다. 왕과 신하간의 화합은 더욱 확대되어 친만민親萬民)의 단계에까지 이른다. 예를 들면 왕이 직접 연로한 대신들에게 궤장(几杖)과 의자를 하사하고, 또 백성들에게 기로연(耆老宴) 등을 베풀어 주는 것들이다.

• 가정의례준칙(家庭儀禮準則) : 가정의례에 관한 법률에 의하여 가정의례 의식 절차의 기준을 정한 규칙이다. 원래 가정의례는 관혼상제에 연원을 둔 미풍양속의 전승이며, 오늘을 살아가는 현대인의 생활양식이다.

그런데 박정희 대통령 집권기 당시의 급속한 산업화에 따른 의례의 상업화 및 과시 소비적 의례문화의 확산을 억제하기 위해 정부는 가정의례에 있어 허례허식의 일소(一掃)와 의식절차의 합리화를 통해 건전한 사회기풍을 조성하고자 '가정의례준칙'을 마련하게 되었다. 최초로 제정된 1969년 '가정의례준칙'은 '혼례, 상례, 제례'에 대한 규정 및 의식 절차에 대한 기준과 양식들을 총 4장 71조로 상세히 규정하고 있는데, '약혼식 폐지, 혼인 당일 혼인신고, 장례는 5일 이내, 노제 폐지, 부고. 축문은 한글 전용' 등 기존의 의례절차를 간소화시켰고 전통적 가정의례를 서양식으로 표준화. 근대화 하고자 하였다.

그 후 개정된 1973년 '가정의례준칙'은 기존 의례(혼례. 상례. 제례)의 범위에 회갑연을 추가하여 가정의례의 간소화 범위를 더 강화하고 기존의 4장 71조에서 5장 24조로 대폭 단순하게 규정하여, '장례는 3일장으로, 청첩장 발송 금지, 함 잽이 금지, 단체명의의 신문 부고 금지' 등 기존의 의식절차를 더 생략하고 간소화하였다.

이러한 '가정의례준칙'의 역사를 간단히 일별해 보자면, '의례준칙'(조선총독부, 1934, 11. 10), '표준의례'(재건운동본부, 1956). '표준의례공포'(보건사회부, 1961), '가정의 준칙, 가정의례준칙에관한법률시행령공포'(보건사회부, 1969), '가정의례에관한법률'(보건사회부, 1973, 5, 17), '가정의례에관한법률'(보건복지부, 1993, 12, 27), '가정의례에관한법률시행령'(보건복지부, 1994, 7, 7), '건전가정의례의정착및지원에관한법률'(보건복지부, 1999, 2, 8), '장사등에관한법률'(2008, 3, 28) 등으로 변천되어 오고 있다.

• 경국대전(經國大典) : 조선왕조의 근본을 이루는 법전이다. 세조 때 최항(崔恒)을 중심으로 노사신(盧思愼), 강희맹(姜希孟) 등이 만들기 시작하여 성종 때 완성하였다. 그 뒤로도 여러 차례 보완되었으나 기본 골격은 유지한 채 왕조 말까지 계속 적용되었다.

• 경례(敬禮) : 경례란 서양의 절인데 개화기 이후 양복을 입으면서 우리나라에 들어와 절 대신 공경의 표시가 되었다.

• 계례(笄禮) : 옛날에 여자가 성년에 이르러 머리를 올리고 비녀를 꽂던 성년례의 의식. 이때부터 정식으로 사회로부터 성인으로

서의 대우를 받았다.

- 계수배(稽首拜), 숙배(肅拜) : 남자의 큰절. 자기가 절을 해도 답배를 하지 않아도 되는 높은 어른에게와 의식 행사에서 하는 절. 여자의 큰절은 숙배(肅拜)이다.

- 고두배(叩頭拜) : 신하가 임금에게 절할 때 공수한 손을 풀어서 두 손을 벌리고 이마를 바닥에 대며 하는 절.

- 고명(誥命) : 중국의 황제가 제후국들의 세자 책봉이나 제후의 즉위 등에 대해 내리는 인증 명령서.

- 공수배(拱手拜), 반배(半拜) : 남자의 반절. 웃어른이 아랫사람의 절에 대하여 답배할 때 하는 절. 반배(半拜)란 여자의 반절이다.

- 공수법(拱手法) : 의전에서 손 처리하는 방법. 즉 의식행사에 참석했을 때 공손한 자세로 두 손을 앞으로 모아 잡은 것을 말한다. 차수(叉手)라고도 한다. 평상시에는 남자는 왼손이 위로 가게 포개 잡으며(즉 음양의 논리에 따라 왼쪽은 동이며 양을 뜻하는데, 남자는 양으로서 동을 나타내기 때문), 여자는 오른손이 위로 가게 포개 잡는다(男左女右). 흉사(凶事) 시에는 그 반대이다. 흉사란 임종 때부터 우제가 끝날 때까지이다. 영결식장 등 문상(問喪) 시에는 흉사 시의 공수를 해야 한다. 상중제의 시 조우, 재우, 삼우는 흉사시의 공수를 해야 하고, 졸곡부터는 길사 시의 공수를 해야 한다.

- 관례(冠禮) : 옛날에 남자가 성년에 이르면 상투를 틀고 관을 쓰게 하던 의식. 오늘날의 성년식에 해당된다. 15세가 넘으면 남자는 댕기머리를 자르고 상투를 틀어 올린 후 갓을 씌우는 의식을 거행하였다. 이때부터 정식으로 성인으로서의 대우를 받았다.

- 교배례(交拜禮) : 신랑과 신부가 처음으로 만나 맞절로서 인사하는 의식.

• 구사(九思) : 율곡의 『격몽요결(擊蒙要訣)』에 제시되고 있는 9가지의 올바른 마음가짐을 일컫는데, 내용은 다음과 같다. ① 시사명(視思明) - 볼 때는 밝게 보기를 생각하라. ② 청사총(聽思聰) - 들을 때는 총명하게 듣기를 생각하라. ③ 색사온(色思溫) - 얼굴색은 온화하게 가지기를 생각하라. ④ 모사공(貌思恭) - 태도는 공손하게 하기를 생각하라. ⑤ 언사충(言思忠) - 말은 참되기를 생각하라. ⑥ 사사경(事思敬) - 일을 할 때는 경건하기를 생각하라. ⑦ 의사문(疑思問) - 의심스러울 때는 묻기를 생각하라. ⑧ 분사난(忿思難) - 분할 때는 어려웠을 때를 생각하라. ⑨ 견득사의(見得思義) - 이득이 생기면 의리를 생각하라.

• 구용(九容) : 9가지의 올바른 몸가짐(용태)을 일컫는데, 내용은 다음과 같다. ① 두용직(頭容直) - 머리 모습(용태)은 곧아야 한다. ② 목용단(目容端) - 눈의 모습은 단정해야 한다. ③ 기용숙(氣容肅) - 어깨 모습은 엄숙해야 한다. ④ 구용지(口容止) - 입 모습은 다물어야 한다. ⑤ 성용정(聲容靜) - 목소리 모습은 조용해야 한다. ⑥ 색용장(色容莊) - 얼굴색은 장엄해야 한다. ⑦ 수용공(手容恭) - 손은 공손해야 한다. ⑧ 족용중(足容重) - 발은 장중해야 한다. ⑨ 입용덕(立容德) - 서있는 모습은 의젓해야 한다.

• 국구(國舅) : 왕비의 친정아버지.

• 국궁(鞠躬) : 읍하는 자세로 허리를 굽히다.

• 국새(國璽) : 나라의 도장. 과거 왕조시대에 제왕의 인장은 크게 옥으로 만든 옥새(玉璽)와 금으로 만든 금보(金寶, 金印)로 나누어지는데, 일반적으로 이를 합쳐서 국새(國璽)라고 한다.

• 국조오례의(國朝五禮儀) : 조선조 초기 신숙주(申叔舟,) 정척(鄭陟) 등이 오례(五禮 - 吉禮, 凶禮, 軍禮, 賓禮, 嘉禮)의 예법과 절차 등을 그림을 곁들여 편찬한 책. 8권 6책이다. 왕실을 중심으로 한 기본 예식을 설명한 것이다.

• 국경일(國慶日) : 우리나라는 <3 · 1절>, <제헌절>, <광복절>, <개천절>, <한글날> 등 모두 5개의 국경일을 가지고 있다. 이 중 <3 · 1절>과 <광복절>은 현대사에 있어서 거국적인 독립투쟁을 기념하거나 광복과 함께 대한민국정부의 출범을 경축하는 날이다. 또 <제헌절>은 우리나라가 자유민주주의체제를 근간으로 하는 민주공화국으로서의 새 출발을 경축하는 날이며, <개천절>은 우리 한민족의 근원을 정한 개국(開國)을 기리는 날이다. 또한 <한글날>은 세종대왕의 한글 반포를 기념하고 한글의 우수성을 선양하는 날이다.

국경일 제도는1948년 8월 15일 정부가 수립된 이후 나라의 근본체계를 하나하나 마련해 나가는 과정에서 만들어졌다. 1949년 9월 21일 제5회 임시국회에서 국경일에 관한 법률안 심의가 시작되었는데, 논의과정에서 국경일 명칭에 '절(節)'을 사용하는 것에 대해 일본의 국경일 천장절(天長節) 의 모방이 아니냐는 의견이 제기되었으나, 과거 우리나라에도 임금의 탄신일에 <천춘절(千春節)>이라는 말을 사용한 사실이 있어, 결국 국경일 이름에 <절(節)>을 사용하기로 결정하였다. <한글날>은 오랫동안 법정기념일로 지정되어 오다가 2005년 12월부터 국경일로 승격되었다.

세계 각국의 국경일을 살펴보면 대개가 건국 또는 독립기념일(미국, 벨기에, 브라질 및 2차 대전 전후 독립된 신생국들), 혁명 기념일(프랑스, 이집트, 아르헨티나 등), 국왕 탄신일(영국, 일본, 태국, 덴마크 등)이 주류를 이루고 있다. 예외적으로 우리나라와 일본은 개천절 또는 건국 기원절(紀元節) 같은 개국일을 국경일로 정하고 있다.

• 국빈(國賓) 방문(訪問) : 국가 정상급이 일반적으로 다른 우방국의 초청을 받아 공식적으로 행하는 방문. 국빈방문은 그 예우 수준에 따라 대략 5단계로 나누는데, 가장 격이 높은 State Visit(국빈 방문)를 시작으로 Official Visit(공식 방문), Official Working Visit(공식 실무방문), Working Visit(실무방문) 및 Private Visit(사적 방문)으로 나눌 수 있다. 이 가운데 State Visit(국빈 방문)는 가장 엄숙한 의전행

사로서 환영 및 환송식의 예우를 받으며, 국립묘지 참배, 국가원수와의 정상회담 및 공식만찬 등이 필수적으로 포함된다. 또 방문자의 관심도에 따라 국회본회의 연설, 저명인사와의 면담, 첨단산업단지와 유명 사적지(史蹟址) 관람 등이 일정에 포함되는 경우가 있다.

• 군례(軍禮) : 국조 오례 중의 하나. 군례(軍禮)는 국왕에게 군(軍)의 최고통수권(最高統帥權)이 있음을 나타내는 의례이다. 군례에서 가장 중요한 의식은 강무의(講武儀)와 대열의(大閱義)이다. 강무의(講武儀)는 일정한 지역에서 사냥하는 의식으로서 즉 효과적인 군사훈련의 일종이 되었으며, 대열의(大閱義)는 한가할 때 무비(武備)를 정돈하여 변고에 대비하는 의식으로서 왕의 병권(兵權) 장악을 상징한다.

• 근배례(巹杯禮) : 근배례란 표주박을 합치는 것으로, 박은 원래 하나였는데 둘로 나뉘었다가 이제 다시 합친다는 의미로 남자와 여자가 원래 하나였는데 따로 태어났다가 오늘 부부로 합친다는 것을 의미하는 혼례의식.

• 길례(吉禮) : 국조 오례 중의 하나. 신과 인간이 교접을 통해 화합을 한다는 원시적 예(禮)의 원형에 가까운 항목으로서 이것은 국왕이 정권의 안정과 왕실의 보존을 신에게 의탁하고 있음을 상징하고 있다. 길례의 기본의식은 '신(神)은 예(禮)가 아니면 흠향(歆饗)하지 않는다.'는 것이다. 즉 길례는 일정한 분수(分數)가 있어서 서자(庶子)는 선조(先祖)에게, 제후(諸侯)는 하늘에 제사를 지낼 수 없다. 하늘에 제사는 오직 천자(天子)만이 지낼 수 있는 것이다. 만약 이를 어길 경우 귀신은 흠향하지 않는다는 것이다.

이 길례에 포함되는 대상은 천신(天神), 지기(地祇), 인귀(人鬼) 등으로 구별된다. 사직(社稷)은 지기(地祇)의 최고 최고신으로 국가를 '종묘사직(宗廟社稷)'이라 칭하듯이 국가를 세울 때는 반드시 이를 먼저 세우며, 특히 농업과 밀접한 관계를 가져 중요시되었음을 나타내 주고 있다. 사직은 '사(社 - 토지의 神)'와 '직(稷 - 곡식의 神)'으로 구별되는데, '사(社 - 토지의 神)'에는 신주가 있으나

'직(稷 - 곡식의 神)'에는 없다.

사직이 비록 길례에서 최고의 신으로 국상(國喪) 중에도 제사를 지내지만, 실제로 중시된 것은 종묘(宗廟)이다. 그것은 종묘가 왕실의 선조를 모신 관계로 천신, 지기보다 실제로는 왕실의 위엄을 더 보여주기 때문이다.

• **난삼(襴衫)** : 선비들이 입는 도포 내지 예복을 말한다. 관례(冠禮) 시 삼가(三加) 때 유건(儒巾)과 함께 입는 옷이다.

• **납채(納采)** : 사주(四柱) 보내기. 의혼 단계에서 서로의 의사가 확인되면 결정적인 혼인의사를 밝히면서 혼인 날짜를 청하는 절차이다. 이 때 남자의 사주(四柱)와 정중한 납채서(納采書)를 보낸다.

• **납폐(納幣)** : 폐백(함, 函) 보내기. 여자 측에서 사주를 보낸 남자와 길조가 나와 혼인한 날짜를 보내왔으므로 혼인이 완전히 정해진 것이다. 남자 측에서 그 여자를 맞이하기 위해 성의를 다해 예물(채단[綵緞])을 보내는 것이 납폐이다. 기본적으로 청단과 홍단을 넣은 함과 납폐서(혼서지)를 보낸다. 이 혼서지는 고이 간직하였다가 죽으면 관 속에 넣어 가져간다고 한다.

• **내초례(乃醮禮)** : 내초(乃醮)란 제사지낸다는 뜻으로서, 관자에게 술 마시는 예법을 가르치는 절차이다.

• **단령(團領)** : 공복(公服, 관복)으로서 깃이 둥근 포(布)의 하나이다.

• **답소(答疏)** : 답장. 혼담 시 청혼서에 허혼하는 답장을 보냄.

• **대례(大禮)** : 혼인례를 말한다.

• **대수장군(大袖長裙)** : 소매가 길고 치마가 긴 옷.

• **도감(都監)** : 국가나 왕실에 중요한 행사가 있을 때 이를 추진하기 위하여 조정에 임시로 설치되는 임시기구를 말한다. 이 도감(都監)은 행사의 성격에 따라 그 이름이 각각 달랐다. 즉 왕실의 혼례 시에는

가례도감(嘉禮都監), 왕이나 왕세자의 책봉의식에는 책례도감(冊禮都監), 왕실의 장례에는 국장도감(國葬都監), 외국 사신을 맞이하는 행사에는 영접도감(迎接都監), 궁궐의 건축과 같은 일을 행할 때는 영건도감(營建都監) 등을 설치하였다가 그 행사나 일이 모두 끝나면 해체되었다.

- 돈수배(頓首拜), 평배(平拜) : 남자의 평절. 자기가 절을 하면 답배 또는 평절로 맞절을 해야 되는 웃어른이나 같은 또래 사이에 하는 절. 여자의 평절은 평배(平拜)이다.

- 동심결(同心結) : 두 고를 내고 맞죄어서 매는 매듭.

- 면복(冕服) : 왕의 즉위식, 국가의 큰 제사 등 중요한 행사가 있을 때 임금이 입던 의례복으로 곤룡퐁 면류관을 갖추어 쓴다. 면복은 12면류 12장복으로 면류관의 유(旒 - 관의 앞뒤에 늘어뜨리는 채옥[彩玉]의 줄)가 12개이고 곤복에 수놓은 장문(章文)이 12가지이다. 그래서 곤룡포에 수놓은 12가지의 문양을 12장문이라 한다.

- 목례 : 눈길을 주고받으며 고개를 약간 숙여 예를 표현하는 것.

- 묘호(廟號) : 왕에 대한 호칭 중 하나로서 사후 종묘(宗廟)에 안치되면서 중신회의를 통해 정해진 호칭이다. 즉 돌아가신 왕의 신주(神主)를 종묘에 모실 때 그 묘실(廟室)을 가리키기 위하여 조정에서 왕이 돌아가신 후 그 왕의 치적 등을 고려하여 중신회의에서 정하였다고 한다. 이외에 왕에 대한 호칭으로는 왕의 사후 중국 황제가 지어 보내주는 시호(諡號)와 신하들이 왕의 덕을 기리기 위해 지어 올리는 존호(尊號) 등이 있다. 예를 들면 조선을 개국한 태조 이성계의 정식호칭은 '태조강헌지인계운문신무대왕(太祖康憲至仁啓運文神武大王)'이라고 하는데, 이 중 '태조(太祖)'는 묘호(廟號)이고, '강헌대왕(康憲大王)'은 시호(諡號)이며, 그 나머지는 존호(尊號)이다. 그는 1899년(광무 3년) 12월 11일에는 태고조황제(太高祖皇帝)로 추존(追尊)되었다.

왕은 생시에는 '주상', '전하', '주상전하' 라 호칭하였고, 사후에는 존칭으로 묘호(廟號)나 능호(陵號)로 부르게 된다. 예를 들어 세종을 '영릉(英陵)'이나 '영묘(英廟)'라고 부르는 것이다. 고종은 1897년 8월 12일 <대한제국>을 선포하고 '황제(皇帝)'의 칭호를 사용한다. 이때부터 신하나 백성들은 왕을 '폐하(陛下)'라고 높여서 부르게 되었다.

• 무궁화(無窮花) : 무궁화(無窮花)는 우리나라를 상징하는 꽃으로서 '영원히 피고 또 피어서 지지 않는 꽃'이라는 뜻을 지니고 있다. 옛 기록을 보면 우리 민족은 고조선 이전부터 하늘 나라의 꽃으로 귀하게 여겼고, 신라(新羅)는 스스로를 '근화향(槿花鄕 - 무궁화 나라)'이라고 부르기도 하였다. 조선 말 개화기를 거치면서 '무궁화 삼천리 화려강산'이라는 노랫말이 애국가에 삽입된 이후 더욱 국민들의 사랑을 받아왔다.

우리나라에는 1백여 종의 무궁화가 자라고 있는데, 꽃 색깔에 따라 단심계, 배달계, 아사달계 등으로 크게 분류된다. 정부는 이들 가운데 꽃잎 중앙에 붉은 꽃심이 있는 단심계 홑꽃을 보급 품종으로 지정하였다.

• 물목기(物目記) : 물건의 목록을 적은 기록 서식.

• 배례법(拜禮法) : 절하는 의례절차. 절이란 상대에게 공경을 나타내는 기초적인 행동예절이다.

• 봉행(奉行) : 웃어른이 시키는 대로 좇아 행하다.

• 빈례(賓禮) : 국조 오례 중의 하나로서, 빈례(賓禮)는 당시 조선을 둘러싼 국제외교정치에서 사대교린(事大交隣)의 외교정책을 나타내는 의식이다. 빈례는 중국의 명(明)나라와 기타 인접한 나라의 사신을 맞이하는 의식으로 나눌 수 있는데, 예를 들면 명나라 사신을 맞이하는 영사신의(迎使臣儀), 명나라 황제의 고명(誥命)을 맞이하는 영고명의(迎誥命儀), 인접한 나라의 사신을 맞이하는 일본국사선위의주(日本國使宣慰儀注), 숙배의(肅拜儀) 등이다. 축어적으로 해석하여

손님을 대접하는 예절이라고도 할 수 있다.

• 사고(史庫) : 의궤(儀軌)와 함께 조선왕조실록, 왕실의 족보인 선원보(璿源譜)를 비롯해 국가적으로 중요한 문서들을 보관하던 곳이다. 사고(史庫)는 크게 왕실 관련 자료를 보존한 선원보각(璿源譜閣)과 실록 등을 보존한 사각(史閣)으로 구성되어 있다.

• 삼가례(三加禮) : 관례의 세 번째 절차로서, 어른의 예복(난삼[襴衫] - 녹색이나 검은 빛깔의 단령에 과거에 합격될 때 입던 의복)을 입으며 혁대를 두르고 신을 신고 홀을 잡음을 익히고 복두 또는 유건(儒巾)을 씌우는 절차.

• 삼서(三誓)정신 : 전통 혼인례 속에 들어 있는 3가지 맹서의 정신으로 내용은 다음과 같다. ① 서부모(誓父母) - 자기를 있게 하신 조상과 부모에게 맹세하는 것. ② 서천지(誓天地) - 음양(陰陽)의 상징이며 경천애지(敬天愛地) 사상과도 직결되는 초능력자인 하늘과 땅에 맹세하는 것. ③ 서배우(誓配偶) - 서로가 배우자에게 맹세하는 것.

• 삼자(衫子) : 속칭 당의(唐衣)이다. 길이는 무릎까지 닿고, 소매는 좁다. 여자들의 일상복이다. 조선시대에는 예복으로서 저고리 위에 입었다. 임하필기(林下筆記)에는 양반 부인들과 상궁들이 입는 예복이라 하였다.

• 상동하서(上東下西) : 좌석배치 시 윗사람은 동쪽에, 아랫사람은 서쪽에 배치한다는 의미이다.

• 소격서(昭格署) : 조선시대에 조정에 설치하여 둔 관청의 하나로서, 여기에서 주관하여 일월성신(日月星辰)에 제사지내는 초제(醮祭)를 참성단에서 행하였다.

• 소족(疎族) : 촌수가 먼 일가.

• 수(嫂) : 형제의 아내(형수님, 제수씨 등).

• 수양자(收養子) : 남의 아이를 자기 성으로 입양시킨 아들.

• 숙(叔) : 남편의 형제.

• 시가례(始加禮) : 관례의 첫 번째 절차로서, 어른의 평상복(심의[深衣]나 사규삼을 입고 대대[大帶 - 심의에 두르는 큰 띠]를 두르고 신을 신음)을 입혀주고, 치관(緇冠 - 두꺼운 종이를 발라서 만든 검은 관. 먼저 상투를 틀고 망건과 탕건을 씌우고 치관을 씌움) 씌우는 절차.

• 시호(諡號) : 죽은 자의 생전 행적에 의거하여 사후 임금이 내려주는 이름. 또는 황제가 제후들에게 내려주는 사후의 이름.

• 식사(式辭), 치사(致辭), 격려사(激勵辭) : 식사(式辭)는 일반적으로 각종 의식행사를 주최하는 기관의 장(長)이 해하는 말이다. 치사(致辭)는 주로 주관 기관보다 그 상위 기관의 장(長)인 귀빈 또는 외빈(外賓)이 한다. 격려사(激勵辭)는 주로 내부만의 행사시는 기관장이 하고, 외부인사가 참석할 경우 식사(式辭) 또는 대회사(大會辭)는 기관장이, 격려사(激勵辭)는 초청 귀빈(貴賓)이 하는 것으로 역할을 나누기도 한다. 격려사(激勵辭) 역시 치사(致辭)와 마찬가지로 상하(上下) 관계의 개념으로 많이 쓰이고 있다. 이와 반대로 축사(祝辭) 등은 수평적인 또는 대등한 관계에서 행해지는 식사(式辭)라고 말할 수 있다.

• 실로(室老) : 집안의 노인.

• 애국가(愛國歌) : 애국가(愛國歌)는 말 그대로 '나라를 사랑하는 노래'를 뜻한다. 애국가라는 이름으로 노래 말과 곡조가 붙여져 나타난 것은 조선 말 개화기 이후부터이다. 1896년 '독립신문' 창간을 계기로 여러 가지의 애국가 가사가 신문에 게재되기 시작하였다. 오늘날 불리고 있는 애국가의 노래 말은 외세의 침략으로 나라가 위기에 처해 있던 1907년을 전후하여 조국애와 충성심 그리고 자주 의

식을 북돋우기 위하여 만든 것으로 보인다. 처음에는 스코틀랜드 민요 '올드 랭 사인(Auld Lang Syne)'의 곡조를 이용하였다고 한다. 그런데 당시 해외에서 활동 중이던 안익태는 애국가에 남의 나라 곡을 붙여 부르는 것을 안타깝게 여겨 1935년 11월에 지금 우리가 부르고 있는 애국가 곡조를 작곡하였다. 대한민국임시정부는 이 곡을 애국가로 채택하여 사용하였으나, 이는 해외에서만 펴져 나갔을 뿐, 국내에서는 광복 이후 정부 수립 무렵까지 여전히 스코틀랜드 민요에 맞춰 부르고 있었다. 그러다가 1948년 대한민국 정부가 수립된 이후 현재의 노래 말과 함께 안익태가 작곡한 곡조의 애국가가 정부의 공식행사에 사용되고 각급 학교의 교과서에도 실리면서 전국적으로 애창되기 시작하였다.

- 애니미즘(Animism) : 영혼을 뜻하는 라틴어의 Anima에서 유래했으며, 온갖 다양한 영혼에 대한 신앙 전체를 애니미즘이라고 한다. 영혼은 사람의 눈에 실체로서 포착될 수 없지만, 예로부터 그 존재를 믿어 왔다. 영혼의 존재는 각 민족의 사회나 문화현상을 반영하는 것으로, 그 지역에서 사는 사람들의 세계관이나 사생관과 깊이 연관되어 있다. 일본에서도 사람이 죽으면 '혼'이 이탈한다고 믿었으므로 임종 시에는 '혼 부르기'라는 의례가 남아 있다. 유족들이 산 쪽을 쳐다보거나 오래 된 우물을 내려다보며 죽은 이의 이름을 여러 번 부르는 행위이다.

- 영(纓) : 관을 메는 끈.

- 예(禮) : 오랫동안 그 사회의 풍속이나 습관을 통하여 형성된 사회적인 규범을 말하는데, 다시 말하면 예란 인간 행위의 준칙(準則)이자 일종의 사회적 약속이다.

- 예절(禮節) : 생활규범으로서의 예(禮)를 일상생활 속에서 개인 간의 관계를 규율하는 측면에서 말할 때 이를 곧 예절(Etiquette)이라고 한다. 결국 예절이란 친절, 배려, 양보를 바탕으로 하는 상식적인 행동

양식을 말하는데, 개인 간의 인간관계를 원만하고 조화롭게 해주는 윤활유 역할을 하는 것이다.

• 예조(禮曹) : 고려와 조선시대 6조(曹) 중의 하나로서 예의(禮儀), 제향(祭享), 조회(朝會), 교빙(交聘), 학교, 과거(科擧) 등에 관한 일들을 관장하던 부서이다. 예조(禮曹)는 다시 계제사(稽制司), 전향사(典享司), 전객사(典客司) 등으로 나뉘는데, 이 가운데 계제사(稽制司)는 의식(儀式), 제도, 조회, 경연, 사관, 학교, 과거, 인신(印信 : 관청의 인장), 표전(表箋 - 표[表]는 왕에게 소회를 올리는 글. 전[箋]은 나라의 길흉사가 있을 때 왕에게 올리는 글), 책명(冊名 - 왕이 신하에게 명하는 글), 누각(漏刻 - 물시계), 국기(國忌 - 왕과 왕비의 제삿날), 묘휘(廟諱 - 왕의 사후 칭호), 상장(喪葬) 등에 관한 사무를 담당하며, 전향사(典享司)는 연회, 제사, 제물, 음선(飮膳, 酒肴), 의약 등에 관한 사무를 담당하고, 전객사(典客司)는 사신, 왜인 양인의 영접, 외방(外邦)의 조공, 그들에 대한 연회, 하사품 등에 관한 사무를 담당한다. 오늘날은 교육과학기술부, 외교통상부, 행정안전부, 중앙인사위원회 등이 주로 이와 같은 일을 나눠 담당하고 있다.

• 오례(五禮) : 길례(吉禮), 흉례(凶禮), 빈례(賓禮), 군례(軍禮), 가례(嘉禮) 등의 5가지 의례(儀禮)를 말한다. 즉 다섯 가지 의례를 중심으로 모든 정치 분야를 조정하여 왕권을 최고의 위상으로 분류하고 왕에게 최고의 권위를 향유하도록 한 고려시대 및 조선시대의 의례체계이다.

• 오복(五福) : 『書經』「洪範」에 나오는 5가지 행복을 말한다. 수(壽 - 장수), 부(富 - 재물), 강녕(康寧 - 질병 없이 건강함), 유호덕(攸好德 - 도덕을 즐김), 고종명(考終命 - 천명을 다하고 죽음) 등이다.

• 오정색(五正色), 오방색(五方色) : 전통 한복에 있는 5가지의 기본색(色)으로서 청(靑), 홍(紅), 황(黃), 백(白), 흑(黑)의 5가지 색깔이다. 여기에는 음양5행(五行)의 사상이 깃들어 있다. 청은 목(木)으로서

동(東)이요 숫자는 3~8에 해당하고, 홍은 화(火)로서 남(南)이요 숫자는 2~7에 해당하고, 황은 토(土)로서 중앙(中央)이요 숫자는 5~0에 해당하고, 백은 금(金)으로서 서(西)요 숫자는 4~9에 해당하고, 흑은 수(水)로서 북(北)이요 숫자는 1~6에 해당한다.

• 외생(外甥) : 사위.

• 우귀(于歸) : 남자가 여자의 집에서 장가들 들고 첫날밤을 치른 후, 아내를 데리고 시가(媤家)로 돌아오는 것.

• 원단(元旦) : 설날 아침.

• 원삼(圓衫) : 대의(大衣), 즉 큰 옷이다. 빛깔 있는 비단 혹은 명주로 만든 부녀자의 예복이다.

• 윤회설 : 윤회전생이라고 하는 예로부터 내려온 인도의 사고방식. 인간은 태어나서 죽고 죽어서 다시 태어나기를 거듭한다는 학설.

• 읍례(揖禮), 굴신례(屈身禮) : 반절. 장소나 기타 사정으로 절을 할 수 없을 때 절할 상대에게 간단하게 공경을 나타내는 동작의 예. 상읍례, 중읍례, 하읍례가 있다. 읍례는 간단한 예의 표시일 뿐 절은 아니다. 따랏 절을 할 수 있는 공간에 와서는 절을 해야 한다. 여자의 읍례동작이 다름 아닌 굴신례이다.

• 의궤(儀軌) : 의궤(儀軌)는 의식(儀式)과 궤범(軌範)을 뜻하는 용어로서, 국가적 주요 의례에 대해 그 준비 및 진행과정 등을 상세히 기록하여 후세에 참고하도록 만들어 놓은 보고서 형식의 책이다. 말하자면 조선시대에는 세자와 세자빈의 혼례, 왕의 행차, 국장(國葬) 등 주요 행사가 있을 때에 후대에 이를 참고하도록 하기 위하여 그 준비 및 진행과정, 소요경비, 참가인원 및 동원물자, 행사가 끝난 후 유공자에 대한 포상 등을 상세히 기록하여 놓도록 하였다. 행사가 있기 전까지는 일지(日誌) 형식으로 작성해 두었다가 끝난 후에는 이를 간추려 항목별로 분류한 다음, 행사 모습을 함께 담아 왕이 친

히 보는 어람용(御覽用) 1부를 포함해 대개 5~9부를 만들어 의정부, 예조, 춘추관 등에도 전달하고, 지방의 4대 사고(史庫)에 보관해 왔다. 이것이 바로 의궤(儀軌)이다. 이 의궤는 조선 중기부터 본격적으로 만들어지기 시작한 것으로 보이는데, 당시 시대상을 생생하게 알려주는 중요한 사료(史料)로서 그 가치가 매우 높다고 말할 수 있다. 의궤(儀軌)에 기록된 주요 행사는 왕실의 혼인(婚姻)을 비롯하여 왕과 왕세자의 책봉(冊封), 왕실의 장례(葬禮), 제사, 궁중잔치, 활쏘기, 태(胎)의 봉안, 국왕의 행차, 궁궐 건축, 친농(親農), 친잠(親蠶) 행사, 중국 사신의 영접 등 국가나 왕실 행사 전반에 관한 것이다.

- 의사(義士), 열사(烈士) : 우리의 독립운동에 몸 바치신 분들 가운데 어떤 분들은 의사(義士), 또 어떤 분들은 열사(烈士)라고 부르고 있다. 이유가 무엇인가? 의사(義士)는 어떠한 형태로든 성공하든지 아니면 비록 실패하더라도 그 결과에 불구하고 무력(武力)으로써 의거(義擧)를 행한 사람을 말하며, 바로 안중근 · 윤봉길 같은 애국자에게 보통 의사(義士)의 존칭을 붙이고 있다. 이와 달리 열사(烈士)는 의거(義擧)를 행하지 않았더라도 그 열열(熱烈)한 뜻을 굽히지 않고 스스로 자기 생명을 바친 사람을 말하며, 이준 · 유관순 같은 애국자에게는 열사(烈士)의 존칭을 붙이고 있다.

- 의전(儀典, Protocol) : 예(禮) 또는 예절(禮節)을 개인 간의 관계가 아닌, 일정하게 틀을 갖춘 조직 단위에서나 국가, 또는 국제간의 공식적 관계에서 적용할 때 이를 곧 의전(儀典)이라고 말한다. 의전(儀典)의 사전적 정의를 살펴보면 공사(公事), 불사(佛事), 신사(神事), 경조(慶弔) 등에서 행해지는 예법(禮法)이라고 할 수 있는데, 이러한 의전(儀典)은 예(禮)에 그 뿌리를 두고 있는 것으로서, 오늘날에는 '본분과 직분에 따라 마땅히 행하여야 할 기준과 절차'라고 새롭게 정의를 내릴 수도 있다. 결국 의전은 예(禮)를 바탕으로 하여 바람직한 방향으로 사회적 질서를 창조하고, 국민적 일체감을 조성하는 데에 기여한다. 뿐만 아니라 국가 간 또는 국제 간에 있어서도 상식과

배려를 바탕으로 바람직한 질서를 형성케 해줌으로써 세계평화의 유지에도 일익을 담당하고 있다.

의전의 역사는 매우 오래되었다. 중국에서는 이미 기원 전 11세기 경 주(周)나라 때 백성을 다스리는 군자의 덕목으로서, 또는 제후를 다스리는 천자(天子)의 지도 원리로서 '예(禮)'를 내세웠다. 전례(典禮)에 관한 책인 『예기(禮記)』가 중국 고대에 편찬되어 유가(儒家)의 3대 경전 가운데 하나로 후대에 까지 널리 통용되었다는 사실은 이를 뒷받침하고 있다. 조선시대는 '예(禮)의 나라'라고 할 정도로 국가의 통치이념으로서 또는 사회적 질서를 유지하는 하나의 축으로서 예(禮)가 강조되었다. 조선왕조 통치의 기틀이 된 기본 법전으로 편찬된 『경국대전』의 6전(典) 가운데 '예전(禮典)'에는 의장(儀章 - 복식), 의주(儀註 - 국가의 전례절차), 조정의 의식(儀式), 국빈을 대접하는 연회, 중국 및 기타 외국사신을 접대하는 방식, 제례, 상장(喪葬) 등 의전에 관한 사항이 두루 규정되어 있다. 또 조선 초기에는 『국조오례의』가 편찬되기도 하였다.

서양에서 근대적 의미의 의전(儀典)이 정착되게 된 때는 대체로 나폴레옹 전쟁 후인 19세기 초로 보고 있다. 산업혁명이 성공적으로 이루어져 서로 왕래가 활발해짐에 따라 자연히 국가 간의 마찰도 피할 수 없게 되었다. 이러한 과정에서 처음에는 사소한 다툼으로 시작된 의전상(儀典上) 서열(序列)이 국가 간의 불화로 이어지는 사례도 적지 않았다. 이러한 곡절 끝에 나폴레옹 전쟁 후에 개최된 1815년 비엔나 회의(Vienna Congress)에서 국제간 의전에 관한 원칙을 처음으로 정하게 되었다. 그로부터 140여 년이 지난 1961년에 체결된 『외교관계에 관한 비엔나 협정』에서 구체화되어 오늘날과 같은 의전 관행이 전 세계로 널리 파급되었다. 이 원칙에는 여러 나라 국기를 게양할 때에는 주최국 국기를 가장 중앙에 놓고 나머지 국가 국기는 영문 알파벳순으로 게양하며, 대사(大使)들 간의 서열은 그 해당 주재국에 신임장을 먼저 증정하는 순으로 한다는 내용 등이 들어 있다.

• 의전행사(儀典行事) : 일정한 시간에 다수의 사람들이 한 자리에 공통의 목적 달성을 위해 의전적 요소나 절차를 담아 어떤 일을 진행하는 것 또는 그 일.

• 의정관실(儀政官室) : 국가의전에 관한 업무를 담당하는 부서이다. 대한민국정부수립 후 오늘날까지 국가의전에 관한 업무는 정부조직의 개편에 따라 몇 차례 변동이 있었는데, 오늘날 국가의전에 관련된 제도를 관장하고 있는 부서는 바로 행정안전부 의정관실이다. 이 부서에서는 현재 태극기, 애국가, 무궁화 등 국가상징의 선양, 국기(國旗)에 대한 예절과 국민의례, 국새(國璽)의 보관 및 날인, 국내 주요인사에 대한 서열(序列) 및 호칭, 상훈(賞勳) 등 의전제도와 함께 대통령 취임식, 국경일 경축행사, 국빈(國賓) 영접 환영식, 국장(國葬) 및 국민장(國民葬) 등 여러 주요한 의전행사를 담당하고 있다. 그리고 국가의 중요한 정책을 심의하는 헌법상 기구인 국무회의 운영을 맡고 있다. 이외에 의전 관련부서로는 외국 국가원수 초청과 우리나라 대통령의 해외순방 등 외교 관계를 관장하는 외교통상부 의전장실(儀典長室)이 있으며, 현충일 추념(追念) 행사는 국가보훈처, 국군의 날 기념행사는 국방부가 담당하는 등 각 중앙부처가 소관별로 수행하고 있다.

• 인아(姻婭) : 인척(姻戚).

• 자관자례(字冠者禮) : 관례의 절차로서, 관자에게 빈(賓)이 이름[字-별명]을 내려 주는 절차이다.

• 자당(慈堂) : 남의 어머니를 일컫는 말. 돌아가시면 대부인(大夫人)이라 칭.

• 재가례(再加禮) : 관례의 두 번째 절차로서, 어른의 출입복(조삼[早衫] - 검은 빛깔의 깃을 둥글게 만든 공복)을 입고 혁대를 두르고 (신을 신음) 모자(갓, 草笠)를 씌우는 절차.

• 전(殿) 당(堂) 합(閤) 각(閣) 재(齋) 헌(軒) 누(樓) 정(亭) : 집(건물)의 등급을 이르는 말이다. 전(殿)은 임금이 기거하는 집이고, 고로 전하(殿下)라는 호칭을 쓰게 된다. 당(堂)은 강당, 사당(祠堂)으로서 두 번째 등급의 집이다. 합(閤)은 세 번째 등급(합하[閤下] - 대원군의 명칭)이다. 각(閣)은 네 번째 등급(각하[閣下])이다. 다섯 번째가 재(齋 - 東齋, 西齋)이다. 이어서 헌(軒) - 누(樓) - 정(亭) 순으로 이어지는 것이다.

• 전안례(奠雁禮) : 전통혼례의 시작에 즈음하여 신랑이 신부의 집에 가서 원앙같이 살겠음을 다짐해서 기러기를 드리는 의식.

• 전위의식(傳位儀式) : 선왕이 생존한 가운데 갖는 새로운 왕의 즉위식(卽位式)을 말한다. 조선시대 왕의 즉위식은 보통 국상(國喪) 중에 거행하는 경우가 대부분이었다. 따라서 아주 검소하게 즉위식을 거행하였다고 한다. 그런데 그리 흔치는 않았지만 세종대왕과 같이 선왕(先王)이 생존한 가운데 즉위식을 갖는 경우도 있었다. 이때는 매우 성대하게 즉위식을 거행하였다고 하며 이를 전위의식이라고 한다.

• 전채지례(奠菜之禮) : 시집온 지 3개월(『의례』) 혹은 3일(『주자가례』) 만에 가묘(家廟)에서 행하는 나물(菜)을 드리는 예(禮)[婚禮].

• 절의(節義) : 절개와 의리.

• 제천(祭天) : 하늘에 제사지내는 의식. 부여(夫餘)의 영고(迎鼓), 동예(東濊)의 무천(舞天), 고구려의 동맹(同盟) 등의 행사는 물론이요, 강화도 마리산(마니산)의 참성단(塹星壇 - 사적 136호), 황해도 구월산의 삼성사(三聖祠), 평양 교외의 숭령전(崇靈殿) 등에서 각각 행하여진 제천(祭天)행사에서 그 사례를 찾아볼 수 있다.

• 조사(弔辭), 추도사(追悼辭)·추모사(追慕辭) : 조사(弔辭)는 장례식 등에서 조상(弔喪)하는 말로서 고인의 죽음을 애도하고 생전의 업적을 기리며 명복을 비는 식사(式辭)이다. 추도사(追悼辭) 내지 추모사

(追慕辭)는 고인의 기일(忌日)을 맞아 제사의식이나 비석 제막식 등에서 하거나 현충일 추도식 등에서 하는 식사(式辭)이다.

• 조삼(早衫) : 관례(冠禮) 시 재가(再加) 때 갓과 함께 입는 선비들의 외출복을 말한다.

• 조(祖) - 종(宗) : 조선시대 역대 왕들의 호칭을 보면 '조(祖)'자 돌림의 명칭도 있고, '종(宗)'자 돌림의 명칭도 있다. 또한 '황제(皇帝)'자 돌림의 명칭도 있고, '군(君)'자 돌림의 명칭도 있다. 이 중 크게는 보통 조(祖)와 종(宗)으로 나뉜다.

그런데 이들 호칭으로 사용되는 이름은 왕의 묘호(廟號)를 일컫는 말이다. 이 경우 묘호(廟號)란 지금의 서울 종로구 훈정동에 있는 '종묘(宗廟 - 사적 제125호)'에 역대 왕들의 신위를 모시고 있는 묘실(廟室)의 이름을 말한다. 이 묘호는 돌아가신 왕의 신주를 종묘에 모실 때 그 묘실을 가리키기 위하여 조정에서 왕이 돌아가신 후 그 왕의 치적 등을 고려하여 중신회의에서 정하였다고 한다. 연산군이나 광해군은 재위 중 폐위되었기 때문에 묘실에 모시지 않아 조(祖)나 종(宗)의 묘호가 없이 왕이 되기 전인 '군(君)'의 위치로 되돌아갔다.

조정에서 묘호(廟號)를 정할 때는 태조 원년(1392년)에 정해진 '조공종덕(祖功宗德)'의 원칙에 입각하여 왕의 재위기간에 국가에 공이 많으면 '조(祖)' 국가에 덕을 많이 쌓았으면 '종(宗)'을 붙이도록 하였다. 그러나 이는 당시의 역사적 상황에 따라 정해졌기 때문에 지금의 잣대로만 본다면 역사적 사실과 다른 측면도 있을 수 있다. 예를 들면 임진왜란으로 고초를 겪은 제14대 선조(宣祖)의 경우 처음에는 국가적 재앙을 당하였다는 점에서 공(功)을 인정받지 못해 그의 첫 묘호(廟號)는 선종(宣宗)으로 올려졌지만, 세월이 많이 흐른 뒤에 왜란 중의 공로가 인정되어 다시 선조(宣祖)로 바뀌었다고 한다. 따라서 조선왕조실록에는 '선조실록(宣祖實錄)'이 아닌 '선종실록(宣宗實錄)'으로 편찬되어 있다.

• 존호(尊號) : 임금의 사후 신하들이 왕의 덕을 기리기 위하여 지어 올리는 이름.

• 주동객서(主東客西) : 손님을 맞이하여 주인과 손님이 좌석을 배치할 시 주인은 동쪽에, 객은 서쪽에 자리를 마련한다는 의미이다.

• 주최(主催), 주관(主管), 후원(後援) : 주최(主催)란 어떤 행사나 회합을 주창하여 연다고 하는 의미이며, 주관(主管)은 어떤 일을 주장하여 관할, 관리한다고 하는 의미이다. 그런데 그 구별이 쉽지가 않다. 사실 주최와 주관의 구분이 필요한 곳은 민간부문보다는 정부부문이다.

우선, 정부기관이 직접 행사를 담당하는 경우에는 <주관(主管)>으로 단일화하여 사용하는 것이 무방하다. 정부주관이라고 하지 정부주최라고 하지는 않는다. 실제로 광복절 경축행사의 주관기관은 행정안전부이다. 이 경우 주최기관은 별도로 존재하지 않는다.

그런데 정부산하단체가 업무와 관련된 행사를 거행할 때 해당 소속부처와 역할을 분담하게 되는데, 이때 주무부처는 주최(主催), 당해단체는 주관(主管)으로 설정하면 크게 무리가 없다. 예를 들어 무역진흥에 관한 행사라면, '주최(主催) : 산업자원부, 주관(主管) : 대한무역투자진흥공사'로 표시할 수 있다.

또한 정부산하단체 등이 행사를 거행할 때 그 행사의 대외 공신력을 높이기 위한 방안으로 소관 중앙부처로부터 <후원(後援)>을 받는 경우가 있다. 이 때 관련 중앙부처에 행사 전반에 대한 보고와 함께 후원(後援) 명칭을 사용할 수 있도록 건의하면, 관련 부서는 그 행사의 시기, 장소, 내용 등이 적정한 지 여부를 검토한 후 후원(後援) 명칭 승인 여부를 정한다. 후원 기관은 해당 분야 공로자에게 표창장을 수여하는 경우도 있다.

• 중구(重九) : 음력 9월 9일. 또는 중양(重陽)이라고도 한다. 양수(陽數)인 9가 겹친 날이다. 중국 한(漢)나라 위(魏)나라 때에는 이날을 국화꽃을 감상하고 등산하는 명절로 삼았다고 한다. 우리나라에서는

고려 때부터 이날을 기려 국화전, 화채 등을 시식(時食)으로 하여 조상께 차례를 드렸다.

• 중원(中元) : 7월 15일(백중)

• 지칭(指稱)예절 : 어떤 사람을 다른 사람에게 말할 때 가리키는 말이 지칭이며, 이 때 사용되는 적절한 언어예절이 지칭예절이다.

• 직령(直領) : 깃이 곧고 소매가 넓은 웃옷이다. 조선시대 사대부 계층에서는 편한 복식으로 입었던 것이다. 모양은 두루마기와 비슷하다. 심의를 갖출 수 없는 경우에 대신 사용한다. 일반적으로 일상복으로 입는 웃옷을 말한다.

• 축사(祝辭), 격려사(激勵辭) : 축사(祝辭)는 어떤 행사에 초빙된 외부 인사 가운데 내빈 자격으로 그 행사를 축하하는 뜻이 담긴 연설을 말하며, 대개 경사스러운 일이면 크게 제한 없이 널리 사용되고 있다. 격려사(激勵辭)는 어떤 특정한 임무 수행을 위한 별도의 집단이 발족할 때 그와 연관된 인사가 구성원들의 사기를 북돋아 주기 위하여 하는 연설을 말하며, '전국체육대회 ○○도 선수단 발단식'과 같은 경우에 쓰인다.
그러나 이 두 용어는 확연히 구분되는 것이 아니라 혼용되고 있다. 예를 들면, 행사에 초빙된 첫째 내빈이 축하의 의미로 '축사(祝辭)'를 했을 때 그 다음 내빈은 '축사(祝辭)'라는 똑같은 명칭을 사용하는 것이 적절치 않을 경우, 부득이 '격려사(激勵辭)'라는 이름으로 연설을 할 수가 있다는 것이다. 아무튼 축사(祝辭)와 격려사(激勵辭)는 그 말이 갖는 의미가 다소 차이가 있다는 전제 아래 행사마다 그 성격을 감안하여 적절한 용어를 선택해야 할 것이다.

• 칭호(稱號)예절 : 호칭예절과 지칭예절을 합친 예절.

• 태극기(太極旗) : 우리나라 국기(國旗)인 태극기(太極旗)는 흰색 바탕에 가운데 태극문양과 네 모서리의 건곤감리(乾坤坎離) 4괘(卦)로 구

성되어 있다. 태극기의 흰색 바탕은 밝음과 순수, 그리고 전통적으로 평화를 사랑하는 우리의 민족성을 나타내고 있다. 가운데의 태극문양은 음(陰 - 파랑)과 양(陽 - 빨강)의 조화를 상징하는 것으로 우주만물이 음양의 상호작용에 의해 생성하고 발전한다는 대자연의 진리를 형상화한 것이다. 네 모서리의 4괘(卦)는 음과 양이 서로 변화하고 발전하는 모습을 효(爻)의 조합을 통해 구체적으로 나타낸 것이다.

그 가운데 건괘(乾卦)는 우주 만물 중에서 하늘을, 곤괘(坤卦)는 땅을, 감괘(坎卦)는 물을, 이괘(離卦)는 불을 각각 상징한다. 이들 4괘는 태극을 중심으로 통일의 조화를 이루고 있다. 이와 같이 예로부터 우리 선조들이 생활 속에서 즐겨 사용하던 태극문양을 중심으로 만들어진 태극기는 우주와 더불어 끝없이 창조와 번영을 희구하는 한민족(韓民族)의 이상을 담고 있는 것이다.

우리나라의 국기 제정은 1882년(고종 19년) 5월 22일에 체결된 조미(朝美)수호통상조약 조인식이 직접적인 계기가 되었다고 한다. 당시 청나라는 자기나라 국기인 용기(龍旗)를 약간 변형하여 사용할 것을 요구하였으나, 우리는 '태극 도형기'를 임시 국기로 사용하였다. 그 후 '태극 도형기'에 8괘를 첨가한 '태극 8괘 도안'의 기를 사용하다가, 1882년 9월 박영효는 고종의 명을 받아 특면전권대신 겸 수신사로 이 국기를 가지고 일본으로 가던 중 선상(船上)에서 8괘 대신 건곤감리 4괘만을 그려 넣은 '태극 4괘 도안'의 기를 만들어 바로 그 달 25일부터 사용하였다. 10월 3일 본국에 이 사실을 보고하자, 고종은 다음 해인 1883년 3월 6일(음 1월 27일) 왕명으로 이 '태극 4괘 도안'의 '태극기(太極旗)'를 국기(國旗)로 제정 공포하였다. 1948년 8월 15일 대한민국 정부가 수립되면서 태극기의 제작법을 통일한 필요성이 커짐에 따라, 정부는 1949년 1월 『국기시정위원회』를 구성하여 그 해 10월 15일에 오늘날의 『국기제작법』을 확정 발표하였다.

- 택일(擇日) : 연길(涓吉)이라고도 함. 남자 측으로부터 사주를 받았으면 여자 측은 집안 사정을 감안하여 좋은 길일(吉日)을 택해 혼인예식의 날을 남자 측에 보내야 하는데, 이 절차를 말한다.
- 통과의례(通過儀禮) : 사람이 일생 동안 새로운 상황, 지위, 신분, 연령 등을 거치면서 치르는 갖가지 의례나 의식의 총칭을 말한다. 대표적인 통과의례로는 관례, 혼례, 상례, 제례 등이 있다.
- 항려(伉儷) : 배필.
- 호칭(呼稱)예절 : 어떤 사람을 직접 부르는 말이 호칭이며, 이 때 사용되는 적절한 언어 예절이 호칭예절이다.
- 혼담(婚談) : 남자 측과 여자 측이 혼인에 관하여 서로 상의하는 것. 즉 남자 측에서 청혼하고 여자 측에서 허혼하는 절차이다.
- 홀기(笏記) : 의례의 순서와 차례 절차를 적어 놓은 서식.
- 후지(厚紙) : 두터운 한지. 즉 장질 혼백상자용.
- 흉례(凶禮) : 국조 오례 중의 하나. 왕과 왕비의 흉사(凶事) 의식. 한편 국구(國舅 - 왕비의 친정아버지)의 상(喪)의 경우는 일반 사가(私家)의 경우와는 의례가 달랐는데, 왕은 자신의 장인이나 장모의 상에는 대궐 안에서 곡(哭)을 하고, 상복을 입도록 하였다. 아울러 조회도 중지하도록 규정하고 있다. 또한 장인이나 장모의 빈소에 신하를 보내 조문하고, 장례 도구 및 인부들을 국가에서 지급하여 상을 치르도록 하였다. 이를 조선시대에는 '예장(禮葬)'이라고 하였다. 왕비의 경우도 왕과 마찬가지로 대궐 안에서 곡을 하고 상복을 입도록 하였다. 왕비는 출가외인이며 동시에 조선의 국모이지만, 동시에 친정아버지의 딸이기 때문에 직접 친정에 가지는 않고 대궐 안에서 상을 치르도록 한 것이다. 조선 성종 때 완성된 『경국대전(經國大典)』에 의하면 예장(禮葬)을 하는 범위는 왕비의 친정 부모, 빈과 귀인, 왕자인 대군(大君), 군(君)과 그 부인, 공주와 옹주, 의빈(儀嬪)과 종

친, 종1품 이상의 문무신, 공신 등으로 규정하고 있다. 이 밖에 참찬, 판서 등 벼슬을 지낸 이도 대상이 될 수 있고, 왕의 특지(特旨)에 따라 예장(禮葬)을 받을 수도 있었다.

저자약력

양무석

- 충남대학교 철학과 학사
- 충남대학교 일반대학원 철학과 석사
- 동국대학교 일반대학원 철학과 박사
- 충남대, 한남대, 대전대, 청주대 등에서 강의
- 장례지도사 자격검정원장
- 한국장례문화학회 부회장
- 한국동서철학회 이사
- 현, 대전보건대학 장례지도과 교수

김철재

- 대전보건대학 장례지도과 전문학사
- 한남대학교 경영학과 학사
- 한남대학교 일반대학원 경영학과 석사
- 배재대학교 일반대학원 조경학과 박사과정 수료
- 현, 대전보건대학 장례지도과 겸임교수

상장·제의례 용어집성

인　쇄 | 2011년 8월 16일
발　행 | 2011년 8월 20일

편저자 | 양무석 · 김철재
발행인 | 박　상　규
발행처 | **도서출판 보성**

주　소 | 대전광역시 동구 삼성2동 318-31
전　화 | (042) 673-1511
팩　스 | (042) 635-1511
E-mail | bspco@hanmail.net
등록번호 | 61호
ISBN 978-89-6236-061-5 03190

정가 15,000원